Language +
翻译与国际传播研究论丛

本书出版得到 “西安交通大学人文社会科学学术著作出版基金”和
“中央高校基本科研业务费专项资金”的资助

计量语言学范式下的译入译出文本句法特征对比研究

詹菊红 著

西安交通大学出版社
XI'AN JIAOTONG UNIVERSITY PRESS

图书在版编目(CIP)数据

计量语言学范式下的译入译出文本句法特征对比研究 / 詹菊红著. --西安 ：西安交通大学出版社，2025.4
ISBN 978-7-5605-9056-1
Ⅰ. H059
中国国家版本馆 CIP 数据核字第 2025NH0514 号

计量语言学范式下的译入译出文本句法特征对比研究
JILIANG YUYANXUE FANSHIXIA DE YIRU YICHU WENBEN JUFA TEZHENG DUIBI YANJIU

著　　者　詹菊红
责任编辑　牛瑞鑫
责任校对　张　娟
封面设计　任加盟

出版发行　西安交通大学出版社
（西安市兴庆南路 1 号　邮政编码 710048）
网　　址　http：//www.xjtupress.com
电　　话　(029)82668357　82667874(市场营销中心)
(029)82668315(总编办)
传　　真　(029)82668280
印　　刷　西安五星印刷有限公司

开　　本　700mm×1000mm　1/16　**印张** 12.5　**字数** 226 千字
版次印次　2025 年 4 月第 1 版　2025 年 4 月第 1 次印刷
书　　号　ISBN 978-7-5605-9056-1
定　　价　88.00 元

如发现印装质量问题，请与本社市场营销中心联系。
订购热线：(029)82665248　(029)82667874
投稿热线：(029)82665371

致 谢

本书系作者在西安交通大学外国语学院攻读博士学位期间完成的研究成果。在研究工作的顺利推进过程中，作者蒙导师蒋跃教授悉心指导并受到国家社会科学基金一般项目“译出与译入文本语言特征的计量风格学研究”的大力支持。谨此向蒋跃教授致以崇高敬意并表达诚挚谢意。

在学术探索的过程中，作者亦深受复旦大学刘海涛教授和西安外国语大学黄立波教授的启发。刘海涛教授在计量语言学领域的开创性研究成果，为项目的学科交叉提供了重要引导；黄立波教授在语料库翻译学研究领域的相关成果和学术指导，对作者学术志趣的确立与研究思路的形成发挥了关键作用，在此谨致以特别感谢！

在项目语料库的构建与数据分析过程中，西安交通大学外国语学院蒋跃教授团队及西安交通大学电子信息科学研究院彭勤科教授团队的硕博士生给予了支持与帮助，在此一并致以诚挚谢意！同时，感谢西安交通大学外国语学院交叉学科博士点在长期的学术训练与研究发展过程中提供的坚实支撑！亦衷心感谢参与博士论文评审与答辩的专家学者，他们严谨细致的审阅与中肯专业的建议，使本书获益良多。

谨以此书献给在学术道路上给予我指导、支持与鼓励的所有师长、同仁与朋友，并特别献予始终以无限理解与坚定支持陪伴我的家人。

前　　言

在中华文化走出去的背景下，翻译的方向性研究获得了学术界的广泛关注。针对翻译活动的方向性，翻译学界提出了“译入”与“译出”的概念。“译入”指译者由外语译向母语，而“译出”专指由母语译向外语。在翻译方向性问题上，国际译界较为推崇“母语原则”，认为只有译入母语才能保证译作质量。

受到研究方法和研究范式的限制，前人研究对译本的系统性描写较为缺乏，尤其是句法特征方面的研究乏善可陈，尚未能系统科学地检验“母语原则”的合理性。基于此，本书融合交叉学科方法，综合考察译入与译出文本的浅层与深层句法复杂度、离散与线性句法特征，系统地描写两类文本在句法层面的共性与差异，并通过自动化文本分类的方法验证差异性特征集的有效性。

具体来讲，本书聚焦翻译的方向性问题，在控制原作者、源语体裁、源文本和译者水平多个变量的基础上，构建一本多译平行语料库，并引入 BNC 原创短篇小说作为参照语料库，设计了包含三组特征的句法量化指标体系，即句法复杂度特征、句法线性特征和句法离散特征，基于语料库辅助的研究范式，采用语料库翻译学、计量语言学和计算机文本分类相结合的方法，检验“母语原则”的合理性。研究结果在一定程度上证伪了“母语原则”，从而肯定了译出活动的合理性；但同时也发现了译入译出文本在句法层面存在的差异，为非母语翻译教学、文学外译实践、翻译批评、译文质量评估等提供启示。

本书立足于交叉学科，融合计量风格学、计量语言学和语料库翻译学进行句法特征的系统性设计，通过数学和统计学方法分析数据并提取差异性特征集，用自动化文本分类的方法验证了特征集的有效性。本书所采用的学科交叉融合的方法，更新了翻译研究的方法论，拓展了计算机科学特征工程的研究视域，加强了文本分类研究的解释力，为语言学和计算机交叉学科的研究提供了新的思路。

目　录

第一章 绪 论

1.1 研究背景与意义

1.1.1 研究背景

21世纪以来，中华文化走出去的需求日益强烈。作为文化对外传播的重要载体，文学作品自然是首先要走出去的。而中国文学作品要走出去，就离不开翻译，谈到翻译，“谁来译”始终是个挥之不去的话题。莫言获得诺贝尔文学奖，其作品的译者多为国外汉学家和汉语非母语的翻译家，这就使得学界又一次注意到翻译方向与译作的传播和接受之间可能存在的关联。所谓翻译方向(translation direction)是指译者是从母语译向外语(译出)还是从外语译向母语(译入)(translate out of/into one's mother tongue)(Beeby，1998)。对于这个问题，国际译界较为推崇“母语原则”，认为只有译入母语才能保证译作质量(Graham，1968)。

西方学界认为“最好的译本总是翻译成母语(Schwarz，1963)”，该观点最早由Martin Luther提出，后被诸多翻译学家推崇(Newmark，1988；Beeby，1998)。久之，这似乎成了国际翻译实践的一个准则。母语原则在理论上无可厚非，但在实践中却过于理想化，也不能满足日益强烈的文化传播需求。另外，虽然母语翻译优势颇多，但多数国家的译者总需要向非母语译出(Campbell，2014)，这种需求在“弱势文化”向“强势文化”的主动输出中显得尤为突出(谢天振，2014)。Pokorn(2005)指出非母语翻译在以下三种情形较为常见：在分布受限的语言中；在有些较大的、但被推到全球权力边缘的语言社区中；在需要与少数民族交流的语言社区中。因此，他指责传统翻译理论对非母语翻译的忽略，认为“译者只应该向母语翻译”是全球化时代的浪漫设想。

潘文国(2004)以“译出与译入”为题，批评了“母语原则”，论证了译出活动的意义。从母语到非母语的翻译长期被忽视，但这种翻译现象在世界范围内由来已久，而且近年来逐渐引起学界关注(马士奎，2012)。在文化全球化的今天，译出活动是翻译实践中的客观存在且不可或缺。然而，相关调查表明，目前译出的中国文学翻译作品在目的语文化中的接受度差强人意，常常难以达到预期的传播效果(谢天振，2014)。学界认为影响这种传播效果的因素涉及传播学、社会学、意识形态、译者水平，也可能涉及翻译方向，以及不同翻译方向所导致的译本语言差异和风格差异。本书主要关注与翻译方向相关的语言问题，即译入译出文本的句法特征及其异同点，目的是为了检验中国文学外译中“母语原则”的合理性，探索翻译方向是否并如何对译本的语言产生影响。

1.1.2 研究意义

本书的理论与现实意义主要体现在以下三个方面。

第一，针对国际翻译学界在“母语原则”上的争议，本书用科学、实证、量化的方法比较了译入与译出文本在句法层面的异同点，为解决“母语原则”的争议提供量化证据，为构建中国特色翻译理论和译介学的学科发展提供科学化参考。

第二，针对当前语言计量研究中句法指标系统性设计不足的问题，本书融合计量语言学、计量风格学和语料库翻译学的范式，系统设计了包含浅层句法特征、深层句法特征、线性句法特征和离散句法特征的句法特征体系。该体系兼顾文本计量研究的解释力和翻译学研究的科学性。

第三，针对语言学-计算机跨学科研究中深度学习解释力不足和分类模型稳定性不够的问题，本书结合特征工程和传统机器学习的思路，使用统计检验的方法提取了差异性句法特征，构建文本机器分类模型并验证其有效性，为语言学研究融合计算机科学的跨学科研究范式提供了启示。

1.2 译入与译出研究现状

针对不同翻译方向的具体表述，国际上尚没有通用的术语。目前国际译界倾向于采用“母语与非母语翻译”(native translation & non-native translation)和“正向与逆向翻译”(direct translation & inverse or reverse translation)(Beeby，1998)，“译入与译出”(translate into/out of one's mother tongue)还有源于二语习得领域的“一语翻译与二语翻译”(L1 translation & L2 translation)。除了这几个常用的术语之外，还有使用频率较低的“译入A语言和译入B语言”(translation into language A & translation into language B)，以及一些专门针对非母语翻译的提法，比如“译入第二语言”(translation into the second language)(Pavlović，2007；Campbell，2014)，“服务性翻译”(service translation)(Newmark，1988)，以及“译入非母语”(Translation into a non-native/non-mother language)(Whyatt et al.，2013；Pokorn，2000)

“译入”与“译出”的概念是在中华文化走出去的背景下针对译者行为或者翻译活动的方向性提出来的。国内学界赋予了这两个概念不同的含义，一部分学者认为“译入”与“译出”是系统性活动。根据谢天振(2014)的解释，译入是某一民族因对异族文学、文化的强烈需求而采取的翻译行为；译出则是向异族译介自己的文学和文化，不太考虑对方的需求。译入、译出活动的区别不仅仅表现在翻译方向上，也体现在选材、翻译、出版、接受、传播等方面的系统性行为上(李越等，2012)。更多学者倾向于使用“译入”与“译出”专指翻译行为的方向性，即从母语译向外语还是从外语译向母语。

本章以下的内容将对不同术语提出的背景和国内外翻译方向性研究的发展做全面回顾。

1.2.1 翻译的方向性研究现状

近年来，随着中国文化走出去的要求日益强烈，国内学界对译入译出的关注也在逐步升温。早在2004年，潘文国就率先提出中国译者从事汉籍外译的意义。他指出，长期以来，学界普遍质疑“从母语到非母语的翻译行为”，否认其存在的意义及合理性，认为这种行为是一种非常态翻译行为。但近年来，这种翻译现象日渐引起翻译界的关注。

国内学界对译入与译出的研究关注点经历了从传统的理论探讨到语料库翻译学范式，再到最近的计量语言学范式的转变。质性探讨多集中于译出活动的意义和必要性。比如，译出活动是文化全球化背景下翻译实践的客观存在，体现了“弱势文化”向“强势文化”主动输出的突出需求(谢天振，2014)。文化外译应摒弃“母语原则”的偏见(潘文国，2004)。“母语原则”的确在翻译方向问题上过于理想化(马士奎，2012)。应正确对待和评价译出活动，树立动态的文化历史观，正确认识译出活动所承载的国家意志，同时积极加强译出理论探索与构建(许多等，2019)。

语料库范式的研究致力于探索译入与译出文本间的差异，以期对文化走出去背景下的译出实践提供启示。黄立波(2011)发现译入与译出文本在文学叙事方式、叙事视角和人称代词显化程度方面存在的差异。王瑞等(2015)发现了译入、译出文本在词汇丰富度、文本呈现模式和翻译策略方面存在的差异。李越等(2012)发现译入作品的接受效果更好。蒋跃等(2020)发现译入、译出文本在语篇主位结构和主位推进模式上存在差异。赵征军(2019)发现译入、译出文本在词汇量、词汇变化度、用词正规程度、单句信息量、符号意象的处理策略方面存在差异。詹菊红等(2017)发现译入、译出文本可能在缩合形态的使用上存在差异，或意味着两类文本的文体正式性有差别。李颖玉(2020)探讨了译入、译出文本在传达词语情感色彩方面的异同。这些发现在一定程度上证实了谢天振(2014)的观点，“在对译入语国家读者细微的用语习惯、独特的文字偏好和微妙的审美品位等方面的把握上，国外译者显示出了国内翻译家难以企及的优势”，因此译入的文学作品传播性和读者接受度更好。许明等(2020)用计量语言学的方法发现两类文本并未呈现出明显和规律性的差异。因此认为在译者和译本翻译风格的评判和区分上，是否译入母语并非唯一标准。该研究是翻译风格研究范式上的新尝试，但研究语料量不足，语言指标局限于词汇层面，因此研究结论有待进一步验证。

前期研究通过理论探讨和实证分析，对译出活动的合理性、必要性，译入、译出文本的差异等方面进行了探讨。虽然发现了一些译入、译出文本间的差异，但这些差异并不足以否定译出文本的质量。国内翻译界在翻译方向上似乎达成了共识，即在文化全球化和中华文化走出去的大背景下，译出活动客观存在且会继续蓬勃发展。因此对于译入、译出文本间差异的探索将始终具有意义，它将对中华文化对外翻译活动、翻译教学和翻译质量评估具有指导作用。

在翻译方向问题上，国际译界和学界的传统观点认为，只有从非母语译入母语才能保证译作质量。这就是翻译界约定俗成的“母语原则”。《圣经》译者 Martin Luther 早在 1517 年开始翻译赞美诗，后来先后将《圣经》的拉丁语、希腊语和希伯来语版本翻译成德语。整个翻译生涯中，他致力于翻译一本普通老百姓能理解和接受的《圣经》德语译本，秉承的翻译理念被认为是“母语原则”的雏形。1968 年，英国汉学家 Graham 在其译作《晚唐诗选》之序《论中国诗的翻译》中提出：“在翻译上我们几乎不能放手给中国人，因为按照一般规律，翻译都是从外语译入母语，而不是从母语译出到外语，这一规律鲜少例外”。英国翻译理论家 Peter Newmark(1988)也认为，“只有当译入惯用语时，译者才能译得自然、准确，并获得最高程度的有效性”，这里的惯用语，便是译者的母语。Keith 也认为(1989)，英国的惯例是翻译成译者惯用的语言。Marmaridou(1996)也提出职业译者通常都是向母语方向翻译，并在认知语义学的框架下论证了“从外语译入母语更容易，且译文优于由母语译出到外语的译文”，因为“译入母语时，母语和目标语言的概念结构被直接并自动激活，成功地映射到第二语言的源文本上。”这也是学界首次从认知角度探讨母语与非母语翻译的认知机制，为“母语原则”提供了依据。

从 Martin Luther 首次提出“译入母语”的优势开始直至 21 世纪初期，西方译学界在长达约 400 年的时间里，似乎一贯秉持着“母语原则”。但在翻译实践中，从《旧约》翻译时代开始，就有许多希腊语和希伯来语的母语译者将《圣经》译出到其他语言。在古罗马，著名的翻译家都是以拉丁语为母语的，而早期的基督教拉丁文译者却似乎是希腊人，对此人们觉得并无不妥。这种现象一直持续到 18 世纪末期。宗教改革之后，许多译者从非母语翻译活动转向科学和语言教学领域。但到了 20 世纪，由于文化全球化的发展，非母语翻译在一些社区重新活跃起来。比如，一些规模较大的边缘化社区，或者叫分布受限或传播受限的语言社区，尤其在那些没有中心地位、被迫处于全球边缘的文化中，非母语翻译行为更为普遍(Pokorn，2000)。由此可以看出，在“母语原则”这一问题上，长期以来学界的理念和业界的实践似乎背道而驰。

直到 1998 年 Campbell 出版了《译入第二语言》一书，非母语翻译才逐渐进入研究者的视野。在该研究中，作者评估了澳大利亚移民从母语(L1)到第二语言(L2)英语的翻译能力，表明翻译能力并不仅局限于语言层面。与前期研究不同，该研究关注的重点并非二语译文质量是否劣于母语译文，而是二语译者翻译能力的发展，它开启了学界对“非母语”翻译的关注。2005 年，Pokorn 基于理论分析、语料分析，用问卷调查的方式研究了斯洛文尼亚文学英文译本在英语世界的接受情况，发现“译文质量并非由译者的母语身份决定，而更多取决于译者本人的语言能力”。该结论挑战了传统的“母语原则”，首次对母语翻译的优越性提出了质疑，具有里程碑式的意义。

自从“翻译方向”的争议进入研究者的视野之后，学界有关翻译方向的讨论和研究开始呈现多元化趋势。研究大致可以分为以下几类。

1)翻译方向与翻译质量评估

Pokorn(2016)研究了翻译方向与学生译者翻译能力之间的关系。研究具体关注了学生译者 L1(一语)翻译表现与 L2(二语)和 L3(三语)翻译表现之间是否存在关联。调查发现，学生向 L1 翻译比向 L2 或 L3 的平均表现更好，但学生的 L2 翻译成绩和 L1 翻译成绩之间表现出很强的相关性。因此，作者得出初步结论，即方向性并不是影响学生翻译表现和译作可接受度的决定性因素。Pokorn 等(2020)又研究了培训环境下译员的翻译错误(尤其是语义和文体错误)是否是由翻译方向导致的，哪种能力对翻译产出质量起决定性作用。研究在实验条件下对 14 名硕士毕业班译员的 112 篇译文进行了准确性

(语义内容)和文体质量(语域和搭配)方面的评估。结果表明，除翻译方向以外的其他因素对翻译质量的影响更具决定性作用，如 L2 的熟练程度和译者知识面。Pavlović (2013) 分析了翻译中的方向性及翻译方向对 L1 和 L2 翻译质量的影响。值得一提的是，为提高研究结果的可信度，作者使用了有声思维法、翻译质量评估以及问卷调查的三角验证法。研究认为，关于翻译方向性研究的传统观点完全忽视了 L2 翻译，并不合适。然而，在欧洲国家进行的各种研究表明，L2 翻译不仅是可能的，而且是非常必要的，特别是在那些语言传播较少或传播受限的国家。研究结果表明，L1 和 L2 的翻译都是可能的且都涉及某些困难。研究者指出，全球交流对翻译服务的需求日益增长，应进行广泛的实证研究重新评估"母语原则"。

2)翻译方向与翻译过程

Pedersen(2000)提出 L1 和 L2 翻译确实有很多共同点：无论哪个翻译方向，都涉及两个主要环节：理解源语信息的相关含义和在目标语言中充分呈现这些含义。他认为，在目标语中呈现源语信息的过程主要体现在两个方面，一是在目标语文化中描述源语言不为人知的现象，二是弥补源语言和目标语言词汇结构之间不可避免的差异问题。无论哪个翻译方向，都需要用语言手段克服这些问题。Pavlović (2007)比较了 L1 和 L2 新手译者的翻译过程，从而寻找不同翻译方向的译者在翻译过程中表现出来的显著性差异特征，进而用以改善翻译教学。研究发现，虽然母语和非母语译者在遇到问题时，会采取类似的解决方案。但是母语译者更倾向于依赖内部资源，非母语译者更倾向于依赖外部资源；母语译者的输出监控比非母语译者更严格，产出译文更流畅，译文质量更高。

3)翻译方向与译者认知

自我认知是翻译能力认知模型中的一个关键。Heeb(2016)调研了专业 L2 译员的自我认知是否区别于专业的 L1 译员。该研究通过回顾性言语协议对一组双向译员和一组单向译员的自我认知进行了调查。结果表明，两组译员的自我认知没有实质性差异。该研究结论从认知的角度证实了非母语翻译的可行性和合理性。侯林平等(2022)则发现"不同翻译方向对专业笔译员认知加工路径的影响在总体上存在差异"。冯佳等(2021)发现，翻译方向对译者总体注意力分配和投入译文产出活动的注意力分配有显著影响。译出方向的学生译者在总体注意力分配和投入译文产出活动的注意力分配上均显著高于译入方向的学生译者。赵全备(2023)则研究了翻译方向对译者翻译歧义词的加工过程的影响。

4)翻译方向性问题的社会文化因素

Zahedi(2013)认为，翻译理论家和翻译机构对非母语翻译持怀疑态度，认为其不自然、不完美、处于边缘地位，而母语翻译则是正常的，位于中心位置的。这些观点可具体表现为规定主义和低估主义。规定主义将L1翻译理想化，并抵制L2翻译；规定主义的翻译理论家通常处于一个不缺少L1翻译的国家，他们低估L2翻译往往是因为他们国家并不缺少L1译者。而在那些只有通过L2翻译才能实现对外传播信息的国家，情况则恰恰相反。低估主义含蓄地表明，只有译入母语才能保证译文准确、自然，因为母语译者和听众具有相同的社会文化和语言背景。文章进一步解释了导致非母语翻译边缘化的原因。①非母语翻译不够流利、自然。非母语译者受到语言能力和母语干扰的制约，会产出不够自然的译文。比如，L2翻译在习语、搭配和固定表达等的翻译方面表现出明显的弱势(Newmark，1988)。从翻译策略来看，传统观点认为，母语译者更倾向于采用意译的策略，而非母语译者则更喜欢直译，因而造成译文在自然性、流利性方面的差异。②受学界传统观点的影响，学界(Venuti，1995；Benjamin，1968，1969；Berman，2021)普遍认为译者应是目标文化的一部分，其主要职责是尊重源语言的外来性。翻译中方向性的传统观点，在一定程度上忽略了一些事实，比如，译文的审校、译者所使用的技术工具、译者的经验和语言能力、翻译方法、翻译过程和语言对等。由于翻译是一种非常复杂，很难预测的心理行为，所以研究者认为，影响翻译质量的不仅是方向性问题，还有其他社会文化因素。不带任何偏见的科学研究和客观的数据是揭示非母语翻译细节性特征的关键。另外，对非母语翻译的研究不应仅仅停留在翻译的心理层面或产品的质量方面，还应研究影响翻译方向性的社会文化因素，了解非母语翻译被拒绝或接受是否是由质量问题以外的其他原因导致的。周宣丰等(2023)也认为“翻译方向优劣之辩有深厚的历史社会政治原因，‘译入母语’原则流露出强烈的民族中心主义和语言文化霸权”。因此，中国本土译者须增强文化自觉和文化自信并积极主动地承担具有文化抵抗性和自我赋权的“译出母语”翻译。

5)翻译方向与情感元素

徐左浩等(2021)基于六个英译本构建语料库，借助USAS语义标注系统，对比译入与译出文本在情感元素再现方面的差异，分析屈原形象在不同翻译方向的再造情况。研究发现，虽然译入文本的情感多样性超过了译出文本，但情感总量不及译出文本，且随着翻译年代的推近，译入文本的积极情感越来越多，同时译出文本的消极情感逐渐越少。译入文本中塑造的屈原形象更复杂、更多面化且更加模糊，感染力相对不足；译出的屈原形象清晰分明、感染力更强。历时地看，译入和译出文本的屈原形象都更加积极和正面。研究认为，翻译方向确实能够影响文学作品的情感传递，影响文学形象的再造，进而影响文学和文化的对外传播。

6)非母语翻译教学

Sayaheen 等(2020)比较了约旦耶尔穆克大学翻译系一年级和三年级学生的英阿和阿英翻译。结果显示，由于学习了更多旨在发展语言和非语言能力的课程，三年级学生的表现优于一年级学生。研究者认为，如果译者拥有必要的语言能力并接受必要的培训，他们可以有效地向非母语翻译。基于此，研究者提出了一个可应用于约旦和其他国家的本科翻译课程实施计划。类似的研究还包括 Rodríguez-Inés 等(2018)的“西班牙语逆向翻译课程设计”，以及 Horcas-Rufián 等(2020)进行的“逆向翻译教育”研究。

1.2.2 研究述评

前人研究在研究对象、研究内容、研究方法和研究结论方面，表现出以下特点。

①从研究对象上来看，国际上翻译方向性研究的对象主要集中在印欧语言，比如斯洛文尼亚语、克罗地亚语、西班牙语、希腊语等，另有一项阿拉伯语英语语对，而国内的研究集中在汉英语对间的文学译本。

②从研究内容来看，国际上的研究主要内容包括翻译方向与翻译质量评估、翻译方向与翻译过程、翻译方向与译者认知、非母语翻译教学等。国内研究的主要内容包括译出活动的合理性和必要性研究、译入译出文本特征描写性研究、译入译出的译者风格研究、译入译出文本的叙事学差异研究、不同翻译方向译本的情感塑造研究等。

③研究方法上，除了质性研究和理论思辨之外，主要为问卷调查、实验研究、基于语料库和语料库驱动的研究，简单的频次统计、统计分析，以及最新发展的计量语言学范式下的研究。

④研究结论上，有的研究发现了支持“母语原则”的证据，有的则否定了“母语原则”的合理性，认为翻译方向不是影响译本语言质量的关键因素。

整体而言，由于受到研究方法和研究范式的限制，现有研究未能深度系统地挖掘不同翻译方向文本的特征，未能为“母语原则”的争议提供充分的实证研究方面的证据；缺少翻译文本句法描写研究的量化指标体系设计，句法特征方面的研究乏善可陈。虽然前期研究涉及了翻译语言的浅层句法特征，但对于线性和深层句法特征的关注不足。为弥补这一不足，本书拟结合计量风格学、计量语言学和语料库语言学的方法，综合考察译入、译出文本的浅层与深层句法表现、离散与线性句法特征，系统描写译入、译出文本在句法层面的共性与差异。

1.3 风格计量研究现状

风格学认为风格是一种无意识的、普遍的倾向性，是作者个性化的语言表达方式。虽然写作风格会随着时间的推移而发生一些变化，但每个作者实际上都有一个可识别的风格倾向。例如，即使一个作家会有意识地使用复杂的表达方式，他/她也不可避免地需要在写作中使用许多平凡的词汇；而这种对普通和简单词汇的使用会显示出作者的独特特征。Holmes(1998)认为，“作者风格是无意识的体现，不能被有意识地操纵，它与众不同且可以量化”。识别作者独特的语言风格特征，就有可能发现作者指纹，进而把某位作者与其他作者的作品区分开来。

风格计量的核心是“通过量化作者风格的某些特征，来把握那些往往难以捉摸的特点”(Laan，1995)，其核心是使用计算和定量方法，“从数量上把握一个人使用语言的本质”(Merriam et al.，1994)，得出作者风格的可靠结论。风格测量法使研究人员能够区分真正的风格和仅由机会造成的偶然特征(Holmes，2004)。风格计量研究的研究范式主要包括计量风格学和计量语言学范式。传统的风格计量几乎都是在计量风格学的理论框架和方法体系中进行的，但近年有研究将计量语言学的指标和方法引入计量风格学研究，拓展了计量风格学的方法和语言参数维度。以下将从计量风格学和计量语言学两个方面，对风格计量的相关研究进行文献述评。

1.3.1 计量风格学研究

1)计量风格学的定义

计量风格学(stylometry)，也叫统计风格学(stylostatistics)，是专门研究风格计量的学科，其主要目的是使用风格计量的方法，用数量特征刻画文本或作者的语言风格(刘颖 等，2014a，2014b；Omar et al.，2019；Langlois，2021)。计量风格学研究者的主要任务包括作者归属判定、文本风格分析及文本抄袭检测等(Schuster et al.，2020)。Neal等(2017)对风格计量研究做了详细分类。

①作者归属。作者归属指根据文体特征而不是文件的内容来确定一份文件是由某个特定作者书写的概率。

②作者身份验证。作者身份验证通常是在给定许多标记样本的情况下，

试图确定某个未标记文本的作者。这通常是一个二元分类问题，可判断两个文本是否由同一作者撰写。

③作者特征分析。作者特征分析是对文本进行分析，以确定作者性别、年龄、文化程度等，而不直接识别作者。例如，语言的使用可能与作者年龄有关，代词的使用随着作者年龄的增长而减少；青少年可能比成年人使用更多新词。

④作者风格历时变化测量。作者风格历时变化测量，研究和测量作者风格随时间变迁的变化。因为语言的不稳定属性，历时文本语言的变化有可能反映语言系统的整体变化，而非作者特异风格的变化，因此研究需要控制作者、时代、语言等变量。与作者归属和身份验证相比，作者风格的历时测量尚未成熟，也未被广泛接受(Constantina，2008)。

简单来讲，现有的风格计量研究有三个主要目标(Langlois，2021)。①确定作者身份归属：谁是文本的作者？②验证作者身份：该文本是否来自作者X，是否来自作者Y或来自X和Y？③刻画或剖析作者风格：什么构成了X的风格？本书涉及计量风格学的第三个问题，即风格刻画，拟结合计量风格学和计量语言学句法层面的指标，系统地刻画译入、译出文本的句法风格。

2)计量风格学的发展历史

计量风格学的缘起可追溯至19世纪中期。伦敦大学数学教授Morgan于1851年提出一个猜想，即词长可作为考察作者写作风格的语言指标。其后，美国地球物理学家Mendenhall(1887)研究比较了莎士比亚、培根等人作品中的词长，对Morgan的猜想进行了检验和发展，他发现莎士比亚和马洛的作品在词长方面表现出相似之处，因此词长并不能有效区分作者风格。此项工作似乎暂时阻止了统计学家在风格计量方面的探索。直到30年后，英国的Yule和美国的语言学家Zipf重新开始计量风格研究。Zipf(1932)发现，如果把文本中出现的单词频率由高到低进行排列形成词频表，则单词在词频表中的位次及其频率之间存在简单的反比关系，这一发现最终形成了著名的“齐普夫定律”。Yule先后使用句长(1938)和词汇丰富度参数Characteristic'K(1944)调查*Imitation of Christ*的作者身份，最终判定Thomas Kempis是该作品的作者。该项研究是将风格计量用于作者身份判定的开篇之作，此后风格学的现代数据统计方法粉墨登场。

计量风格学在20世纪60年代初取得了突破。1962年，Ellegard调查了著于18世纪的*Julius Letters*中的“附加词(plus words)的比例”，确定了作者为Sir Philip Francis。1964年，美国统计学家Mosteller等尝试用统计功能词词频的方法破解《联邦党人文集》的作者身份之谜。该分析为现代计算机化的风格计量开辟了道路，取得了文学检测领域的突破性进展。

在《联邦党人文集》的研究取得突破性进展之后，风格计量法又经历了约20年的发展才开始赢得传统人文学科的认可。那个时期的分析主要在词汇层面进行，各种基于词频分布的数学模型层出不穷，其中最有争议的方法是“莫顿方法”(Morton，1978)。该方法声称可以通过测试位置、搭配和词对来确定英语作品的作者。Merriam将Morton的技术应用于对莎士比亚的研究中(Merriam，1979；1980；1982)，却被Smith(1985；1986)诟病为“缺乏严谨性，数据采集方式可疑，样本规模小”。Smith与Morton的争论一直延续到“单现词(hapax legomena)”的发现。Morton声称单现词在句子中的位置可以区分不同作家，因为单现词出现在句首的概率较低，而出现在句末的概率却很高。但Smith(1987)认为莫顿的工作在统计学上并不可靠，没有证据表明句子中单现词的位置可以确定作者归属。这一争论反映了学者们对将统计方法引入人文科学研究的迟疑。

该时期的另一个主要争议源于英国著名统计学家Fisher等的研究(1943)。他们开发了一种概率预测方法：如果一支蝴蝶猎人探险队回到马来西亚并重新制定诱捕计划，可能会发现多少新的蝴蝶物种，以及在同一时间内可以诱捕到多少已知物种。20世纪70年代中期，美国统计学家Efron等指出不同物种相当于文本中不同的词，已经“捕捉到”的词是作者现有作品中的词，尚待发现的词是作者知道但从未使用的词。Thisted等(1987)用Fisher的技术对莎士比亚的匿名诗进行作者身份归属判定。该研究的发现对莎士比亚的作者身份判定提供了有力支持，使计量风格学研究走出学术界进入媒体的视野。但Ward等(2000)对该测试方法表示怀疑，他们发现这些测试不仅未能将马洛的作品归于马洛，也未能正确归属莎士比亚的一些作品。这些争论推动计量风格学家更加深入地探索作者身份鉴定方法。

计量风格学在20世纪80年代末和20世纪90年代初取得了重大进展。Burrows计算了75个常见高频功能词在文本中出现的比例，并用主成分分析的方法(Burrows，1987；1989；1992)对比了奥斯汀、勃朗特姐妹的作者风格，并对斯科特与拜伦的作品进行了体裁分析，取得了显著的效果。Burrows挖掘的这种作家潜意识里的用词方式正是计量风格学家一直寻找的、有效的、可量化的文本描述参数。Burrows的方法成为风格计量中确定作者身份归属问题的首选方法(Holmes et al.，1995)，自此以后多变量统计方法成为计量风格学的发展趋势。虽然主成分分析法缺乏成分的可解释性并且可能导致信息损失，但多变量指标体系的转变推动了计量风格学向前发展(Holmes，1992；Ledger et al.，1994；Mealand，1995)。20世纪之后的最后

20 年间，多变量方法一直是学界讨论和探索的核心话题。

进入 21 世纪之后，大数据、机器学习和神经网络等新信息检索技术推动计量风格学进一步发展。计量风格学家致力于寻找一种能成功应用于所有流派、语言和时代的稳定且可靠的计量方法(Holmes，1995)。这种追求体现在量化指标的选择上，表现为从早期的词汇特征到现代的词汇、句法、语义、语篇和语境等的组合特征。Chaski(2001)基于句法、标点符号、句子复杂度、文本易读性、单词拼写错误、标点错误、语法错误等指标，采用卡方检验等方法对四位同龄女作者的部分作品进行了比较分析。Gamon(2004)除了统计词长、句长和虚词外，还在词性标记基础上抽取了 3 元(3-gram)词类组合，并以其频率作为特征，使用支持向量机的方法对文本进行分类。Argamon 等(2005)选取虚词作为指标，通过文本分类的方法对作者风格进行研究。Grieve(2007)基于词长、句长、用词丰富度、字母频率、词频、标点符号、搭配及 N 元文法等指标，采用卡方检验等方法对文本进行作者归属判定。研究者也通过计算词型、词类的比例、高频词(Garcia et al.，2007)和罕见词(Blatt，2017)来解决作者身份争议问题，使用文本可读性指数、词汇丰富度、文本正式性测量指标、连贯性指数等进行了极端主义文本的识别(De Pablo，2020)。

以刘颖团队为代表的国内学者在计量风格学研究上做了大量的工作。他们先后进行过抄袭判别(2013)、文体差异(2020)、体裁差异(2020)、作者风格差异(2013；2014；2015；2019)、文学作品质量分类(2019)等研究，选取的语言特征包括词、主题词、词的依存关系、词类、标点符号、句长、句法结构、*n* 元组、词性 *n* 元组、颜色词等。比如，刘颖、肖天久(2014 a；2020)基于平均段落长度、词长离散度、具体实词、虚词、高频词、词类以及标点符号、*n* 元文法等多个特征，对金庸、古龙的作品风格进行研究。刘颖、肖天久(2014 b；2015)在虚词的基础上，引入词长分布、词长变化程度、词类、独特词、单现词、高频词、词汇密度、关键词、标准型例比、人称代词、颜色词等特征对《红楼梦》后四十回与前八十回进行了风格区分。冷婷、刘颖(2015)使用支持向量机(SVM)进行了文本分类实验，比较冰心与鲁迅小说创作风格的历时变化。涂梦纯、刘颖(2019)选用段落、句子和分句的长度，标点及其 *n* 元组，词类及其 *n* 元组，词汇及其 *n* 元组和颜色词为特征，使用层次聚类、K-S 检验的方法从整体上判断余华和莫言的长篇小说的风格差异。吴海燕、刘颖(2020)使用成词、词类、标点符号、2 元文法、句法结构等多种组合特征，证实了不同体裁的文本在词、主题词、词的依存关系、词类、标点符号和句法结构方面呈现显著差异。此外，学者们也先后采用多种组合特征进行了如下研究：韩寒与郭敬明的作家身份判定研究（陈芯莹，2012）、网络与经典小说的质量分类研究（李艳丽等，2019）、当代四位武侠小说作者的风格区分研究（钟敏等，2020），以及巴金和茅盾的作家风格研究（沈威等，2021）。

可以看出，词汇丰富度、词频分布等词汇层面的指标在早期的风格学研究中很受欢迎，而且基于词汇还演化出多样化的词汇丰富度统计参数，如型例比（Type/Token Ratio，TTR）、移动平均型例比（Moving Average Type-Token Ratio，MATTR）、移动窗口型例比（Moving Window Type-Token Ratio，MWTTR），单现词、熵、Yule's K 和 Simpson's D 指数（Holmes，1994）、t 分数（t-score）、z 分数（z-score）、互信息分数（MI score）以及词法多样性度量指标 MTLD 和 HD-D 等。但是当学界发现文本的词汇表征不足以判定作者身份或定义作者风格时，便开始探索从短语、句法、语篇和语义等维度对文本进行表征。

计量语言学家认为，语言计量研究有两种互补的方法，这两种方法分别基于语言的非线性（language-in-the-mass）和线性特征（language-in-the-line）（Herdan，1966；刘海涛，2017）。线性特征，也叫序列特征，是语言的主要特征之一，能更好地体现上下文的搭配和句法信息，比离散特征的分类效果更好。大部分早期的文本特征研究，关注的是语言单位的频次，假定语言单位在统计意义上是独立的；而线性特征反映语言单位之间的相互排列关系，极大地拓宽了超单词层面的语言特征研究。风格计量研究中最经典的语言线性特征是 *n* 元语法（*n*-gram）模型和计量语言学领域的语言动链（motif）。

n 元语法模型指语言中相邻的 *n* 个特定语言单位所组成的字符串，是自然语言处理中基本的语言概率模型，从中可以捕捉到上下文相邻词间的搭配信息。常见的 *n* 元模型基于字符、单词或词类。基于字符和单词的 *n* 元组通常可看作词汇和短语层面的特征，而基于词类的 *n* 元组则能反映文本的句法信息。如今，*n* 元语法模型已经成为自然语言处理和计量语言学中被广为接纳且非常重要的语言序列特征。

研究者通过文本分类的方式，使用字符 *n* 元组和字母 *n* 元组进行作者身份归属、文学作品风格及文体学研究（Kjell，1994；Kešelj et al.，2003；Houvardas，2006；Peng et al.，2004；Stamatatos，2006）。Manousakis 等（2018）基于字符 *n* 元组，运用文本聚类分析的方法，对古希腊悲剧《瑞索斯》进行了作者身份归属研究，证实了该模型的有效性。*n* 元组除了基于字符和单词形成词和词串以外，也可基于词类特征形成句法序列，用来考察文本的句法特征。常见的做法是对文本进行简易的词性标注，然后基于标注后的词

类特征抽取 n 元组作为句法向量。词类 n 元组属语言线性特征，可以反映句法和词间语境信息，是计量风格学范式下进行句法风格研究的重要方法。Argamon-Engelson 等(1998)采用功能词和词性标注三元模型的方法，对不同新闻故事进行实验，显示了词性标注方法和词类 n 元组的有效性。Abney (1997)使用部分句法标注语料，抽取二元文法模型，并将其作为特征向量之一对夏洛蒂・勃朗特和安妮・勃朗特的作品进行聚类分析，结果显示该方法准确性很高，且 n 元语法模型性能比词汇特征更稳定。Sidorov 等(2014)提出以依存关系为基础的句法 n 元模型，结果显示，二元、三元和四元等 n 元模型的分类正确率都要高于词和字符的 n 元模型，其中二元和三元模型的正确率达到了 100%。类似采用 POS n-gram(词类 n 元组)的研究在近几年有很多，学者们在多种语言中进行作者身份识别(López-Anguita et al.，2018)、性别识别和文本分类等。Liu 等(2018)选择了古龙三个时期的 16 部代表作，基于 14 个组合特征：平均段长、字长、句长、字长分散度、句长分散度、语篇 POS、实词 POS、功能词 POS、标点符号、高频词、POS 的 n 元组、词的 n 元组、标点符号的 n 元组和多重特征，通过分层聚类的方法对语料进行聚类。结果表明，古龙的小说风格在其创作生涯的前、中、后三个时期存在差异，而且多年来经历了深刻的变化。该研究最大的特点是在文学作者风格研究中，使用了前期研究较少使用的、基于多种语言特征的 n 元组向量且证实了其有效性。

对文本进行词性标注简单易行且准确率高，因此，基于词性标注的 n 元语法模型非常有利于进行针对大规模语料的句法研究。

1.3.2 计量语言学研究

计量语言学主要采用定量的方法，对不同语言现象、语言结构、结构属性以及它们之间的相互关系进行动态分析和描写，以揭示语言现象的关系、地位、规律、总体面貌，探索语言系统的自适应机制和语言演化的动因，促进语言研究的精确化和科学化(刘海涛，2017)。计量语言学研究工作主要涉及对计量语言学定律的验证、对语言单位分布规律的拟合、基于语言计量特征进行的语言类型学研究、文本分析、写作风格研究、文体研究、作者身份归属研究等。

计量语言学的定律“描述了语言结构在语言系统和语言使用中的定量特征”(刘海涛，2017)。计量语言学的三大基础定律包含齐普夫定律、门策拉-阿尔特曼定律和皮奥特罗夫斯基-阿尔特曼定律。著名的齐普夫定律描述了文本中词频分布的规律，研究者们用它来拟合各种语言特征的分布规律，并反复加以验证；门策拉定律揭示了语言结构与组成成分之间长度的反比函数关系，即“一种语言结构越长，其构成成分越短”(Altmann，1980)。这种语言层级关系最早由 Menzerath(1954)于语音层面发现，反映了自然语言使用中的“经济原则”，即“整体越大，其组成部分就越小”。皮奥特罗夫斯基-阿尔特曼定律是关于语言演化的规律，可研究借词数量增加、形态变化等有关语言演化的问题(刘海涛，2017)。

计量语言学常用的计量指标包括型例比、熵、*h* 点、主题集中度、词汇丰富度、词汇重复率、活动度、描写度、文本的 Lumbda 值、单现词、作者视野、动词间距等(刘海涛，2017)。这些特征值可通过计量语言学软件 QUITA 自动分析得出。这些指标在计量语言学领域、计量风格学领域、文体学领域、翻译学等领域被反复使用且行之有效。但是这些指标都是基于词频表或者词汇层面的特征经过特定运算得出的参数，聚焦于语言的离散特征，不利于捕捉文本的句法和语篇特征。

“动链”，也称为“片段 ”或“序列”(Köhler/Naumann 2006；2008；2009；2010)，是个相对较新的计量语言学指标。该术语最初是由 Boroda (1982)创造的。他试图在乐谱中寻找一个与人类语言中的单词相似的音乐单位，用以进行音乐作品的频率特征研究。因此，他基于乐谱中音符的持续时间，创造了一个音乐单位“F-motif”，即 F 动链(Boroda，1982)。语言学中的 F 动链是指最长的、连续的语言序列，该序列中语言单位的某个属性值保持递增趋势，不重复、不下降(Köhler，2006)。语言动链(motif)体现人类语言单位的线性组织模式，是不受语法规则限制的超句法层面的语言单位，可以反映文本中任何语言单位的顺序组织信息(Köhler，2006)。考察动链的分布规律有利于揭示语言句法及语篇方面的特征(Köhler，2006；2008)。

相比传统的语言特征，动链具有以下优势(Köhler，2015)。

①任何文本或话语都可以通过运行简单的计算机程序，以客观、明确、毫无争议的方法进行穷尽式切分。

②动链的切分粒度比较灵活。研究者可以选择以音素、音节、字母、单词和超词汇及句法层面的语言单位进行切分，以达到不同的研究目的，回答不同的研究问题。不同的切分粒度可以产生不同的动链及数据。

③最重要的是，动链与自然语言中的其他基本特征一样，符合 Zipf-Mandelbrot 类型的秩频分布。研究者可利用分布拟合模型的参数进行文本分类和作者身份归属研究等(Köhler，2006)。

根据 Köhler 的定义，动链可分为 4 种数值型动链和 2 种范畴型动链。数值型动链包括长度动链(L-motif)，频次动链(F-motif)，多义度动链(P-motif)和多文度动链(T-motif)。数值型动链表现为一串不重复的数值，这些数值分别代表某一语言特征的长度、频次、多义度和多文度等。

以下示例长度动链的切分方式，该动链基于以音节数量为单位的词长。比如句子“Word length studies are almost exclusively devoted to the problem of distributions.”可以切分为5个长度动链，即(1-1-2)、(1-2-4)、(3)、(1-1-2)、(1-4)，在数值重复或下降的地方自动进行切分。

常见的范畴型动链包含R-动链(Beliankou，2013)和依存动链(D-motif)，由一连串不重复的类别标签组成，如POS词性标签或论元结构中的关系类型。在Beliankou等(2013)的研究中，R动链取值于论证关系，如情况、条件、让步、证据、阐述、对比、评价。以下是Potsdam评论语料库中标注后的报纸评论文本的片段。将原文本标注为一连串的论证关系，并分割成R动链，示例如下。

[“elaboration”][“elaboration”“concession”][“elaboration”“evidence”“list”“preparation”“evaluation”“concession”][“evidence”“elaboration”“evaluation].

([“阐述”][“阐述”“让步”][“阐述”“证据”“清单”“准备”“评价”“让步”][“证据”“阐述”“评价”])

第一个R动链由一个元素“elaboration”组成，因为下面的关系是第一个关系的重复；第二个R动链也在相同元素“elaboration”再次出现时结束。依据这样的切割，Beliankou对Potsdam评论语料库中R动链的长度进行概率分布拟合，发现这些动链的长度分布符合超二项式分布(hyper-Binomial distribution)。

受该研究的启发，Chen等(2017)尝试了另外一种范畴型动链，词性动链(POS-motif)，即句子中不重复的POS标签序列，对兰开斯特普通话语料库(The Lancaster Corpus of Mandarin Chinese，LCMC)和弗莱堡-布朗美国英语语料库(Frown Corpus)的五种不同的中英文文本类型进行分类。具体指标为POS动链的多样性和丰富度指标，即型例比、单现词百分比、词汇丰富度、熵、重复率和基尼系数。研究使用判别分析、决策树和随机森林的方法，发现POS动链丰富度可以作为一个有效指标对中文和英文的一些文本进行分类，尤其适用于叙述文和说明文的二分类问题。

自从动链作为一种新的语言单位被引入语言学研究(Köhler，2006；2008)，文本组合结构的研究粒度便得到极大拓展。*Sequences in Language and Text* (Mikros et al.，2015)一书中收录了基于多种类型动链特征进行不同语言特征和语体的研究。研究证实，动链(motif)能穷尽文本中的相关数值，描述文本的整体特征，可以很好地对文本进行分类。*Motifs in Language and Text*(Liu et al.，2017)所收录的研究中，计量语言学家们基于不同语言单位进行动链统计和分布规律拟合，如词长(Wang，2017b)、词性标注(Chen，2017)、动词配价(Čech et al.，2017)、依存距离(Jing et al.，2017)等，分析了多种语言、不同语体和文本风格，发现动链分布都存在一定的规律，动链分布的拟合参数可以很好地对文本进行分类，进一步证明了动链在语言研究中的有效性和重要性。

研究者们对各种语言动链进行数学模型分布拟合(Köhler，2006；2008；2015；Köhler et al.，2009；2010；Sanada，2010；Milička，2015；Liu et al.，2017)，最常见的拟合模型为 Zipf-Mandelbrot 模型，并将模型的参数用于作者身份、文本分类和文体研究。Köhler 和 Naumann(2010)对 L 动链和 F 动链的秩频分布进行拟合，发现 Zipf-Mandelbrot 模型可以很好地拟合动链的分布情况，他们以该模型的参数为特征向量之一，比较了诗歌、小说、法律、科学和新闻 5 个语体的文本，取得了令人满意的分类效果。张和刘(2017)在英汉两种语言中，验证了价位动链既是基本的语言单位，也是多样化过程的结果。研究发现：①两种语言中的价位动链遵循同样的分布规律，共同遵守右截断修正的 Zipf-Alekseev 模型，该模型由 Altmann(1991)提出，是一个反应多样化过程的模型；②动链长度的秩频分布遵循右截断修正的 Zipf-Alekseev 模型；③动链的长度和频次的关系可拟合为 Hyperpoisson 模型。这进一步论证了动链和单词一样，是自然语言的基本单位，从而为动链在语言研究中的应用提供了理论基础。Zhang(2017)调查了 1855 年至 2010 年六个现代中文版本的《马可福音》中词长和 F-motifs 的分布规律；Chen 等(2017)比较了现代汉语口语和书面语中的词长动链。这两项研究均表明，动链可以作为考察语言进化的指标。Jing 等(2017)研究了印欧语系语言中的依存距离动链，发现人类语言对递减型依存距离动链的偏爱以及依存距离动链在控制句法复杂性方面的作用。Wang(2017)使用 L 动链和 F 动链研究了不同体裁的语言特征。研究发现，不同体裁中 L 动链和 F 动链的秩频分布均可拟合为 Zipf-Mandelbrot 模型。Zipf-Mandelbrot 模型的参数和单次频率 F 动链的比例可以区分不同的体裁。这表明，L 动链和 F 动链可以用作体裁分类的指标。Yang(2017)研究了汉语和英语中多义词动链(P-motif)的量化属性。Huang(2017)研究了中文文本中词长动链的频率分布和长度分布。Fang(2017)比较了两部翻译作品中 L 动链的型例比，证明了动链可以作为文本分类和语言类型学的指标。

这些研究证实了语言动链在语言研究中的价值和作用。但前期研究大多聚焦于词长动链(L-motif)的研究，对词性动链(POS-motif，又称 POS 动链)的关注有限。Köhler 等(2010)认为 POS 动链是句法特征，可反映文本句法复杂度。他们以词类来表征文本，提取基于 POS 词性标注的 R 动链(R-motif of POS tags，又名 S 动链)，使用其相关参数，对意大利总统的年终演讲稿进行文本分类。虽未取得满意的效果，但研究者认为，S 动链作为衡量文本句法复杂度的指标在前期研究中取得了不错的效果，值得更加深入的研究。Yan(2017)基于词性动链和依存动链(dependency motif)，对失聪学生三个学习阶段的写作语料树库进行了计量研究。研究发现，Zip-Mandelbrot 模型对 POS 动链分布的拟合效果很好；而依存动链分布符合 Popescu-Altmann-Köhler 函数。高频动链主要集中在高频词类和依存类型中；两类动链中的单现动链比例都非常高，意味着句子结构的离散性较强。该研究揭示了动链在描述性语言研究中的有效性。Chen(2017)通过使用句内词性动链，对兰开斯特普通话语料库和弗莱堡-布朗美式英语语料库中中英文五种文本类型进行分类。研究选取六个代表 POS 丰富度或变化度的定量指标，包括 POS-TTR、单现 POS 动链的百分比、POS 动链词汇丰富度、熵，POS 动链重复率和基尼系数。结果表明，POS 动链丰富度可以作为中英文文本类型分类的可靠指标，能很好地区分叙事文和说明文。杨轩(2022)选用 Zip-Mandelbrot 模型拟合词频动链，选用 Hyper-Pascal 模型拟合词性动链的秩频分布和长度分布并统计单现动链比例，对《魔戒》和《哈利·波特》两部小说进行计量风格学比较。研究发现，单现动链百分比可有效区分两部作品，词频动链的秩频分布可以用齐普夫—曼德布洛特模型成功拟合，拟合参数 b 在《魔戒》和《哈利·波特》文本间有显著差异，表明该参数可以作为作者身份验证的指标。词性动链的秩频分布则没有发现合适的拟合结果，这可能反映出词性动链的独特计量特征，提示后续研究在更多颗粒度层级上进行验证。

1.3.3 翻译风格计量研究

21 世纪以来，伴随着语料库翻译学的发展，计量风格学研究开始向翻译领域拓展，主要涉及翻译文本特征、译者风格、翻译文体学、人机翻译对比以及翻译过程中的风格变异等研究。研究考察的语言特征既包含经典的计量风格学指标，也有从语料库翻译学、计量语言学，以及其他语言学相关学科引入的可量化指标。

早在 2008 年，Ji Meng 研究了塞万提斯著《堂吉诃德》两个中文版本中短语的使用情况。霍跃红(2010)用机器学习法研究了典籍英译译者的文体并进行了译者识别实验。Ji Meng(2013)通过降维和聚类的方法先后考察了翻译过程中的文体变异、翻译语言的地道性(idiomaticity)，提出翻译过程中可能存在两个一般规律，即文体转换规律和译语地道性增强的规律。Jan Rybicki(2012)用 Delta 对文本进行聚类，发现同一作者的文本可以聚在一起，但同一译者的文本却不能，研究证实了译者的隐身。Rybicki(2013)用聚类分析的方法，准确发现了两个波兰语合作译者在译本中的“交接点”。研究者还论证了将型例比，词频-逆文档频率(tf-idf)、Yule'K、z 分数、词汇搭配等计量特征应用于描写性翻译学研究的可行性(Michael，2012)，并尝试用词汇丰富度、网络动链检测译者风格(El-Fiqi 等，2019)，证明了经典词汇特征和基于网络的特征对检测译员风格计量的有效性，同时证明了网络动链可用于译者风格研究。

在国内，计量风格学在翻译研究中的应用与语料库翻译学的发展并肩而行。詹菊红、蒋跃基于语料库翻译学和计量风格学经典指标，分别运用统计学检验和机器学习的方法，成功地进行了《傲慢与偏见》的译者身份判定(2016)和译本风格差异研究(2017)。蒋跃等 (2017)采取词汇丰富度、词汇密度、虚词密度、词语选用等特征对比了鲁迅小说《阿 Q 正传》杨宪益译本和 Lyell 译本的翻译风格和翻译策略，发现杨宪益译本翻译策略趋于异化、Lyell 译本趋于归化。蒋跃、李听炎(2020)在系统功能语言学的理论框架下，考察了《荷塘月色》四个英译文在不同翻译方向上主位结构和主位推进的差异，从语篇层面对比了译入、译出文本的风格差异。徐佐浩等(2021)借助 USAS 语义标注系统，对比译入与译出译本在情感元素再现方面的差异，分析《离骚》六个英译本中屈原形象在不同翻译方向的再造情况。学者们运用的计量指标从简单的词汇层面，逐步拓展到句法、语义和语篇层面。

近年来，翻译学界也开始将计量语言学特征与相关定律引入翻译语言特征研究、译者风格研究和翻译文体学研究。许明、蒋跃(2020)采用计量风格学中经典的词汇丰富度、文本可读性指标和计量语言学中的活动度、主题集中度、文本相似度指标，对比了《阿 Q 正传》不同翻译方向的英译本的风格，发现文本计量风格与翻译方向之间不存在必然联系。蒋跃等(2021)引入计量语言学中的句长分布定律和句法结构定律(门策拉定律)，探究“第三语码”是否存在。研究证实了翻译英语、原创英语和源语汉语的句法特征均符合语言普遍定律，而且模型的相关拟合参数在一定程度上可反映翻译英语与原创英语和源语汉语的句法差异，间接证实了“第三语码”的存在。蒋跃等(2020)使用计量语言学领域的作者视角三角形、词汇秩频分布及 h 点三个指标对 4 位译者 32 个译本片段进行翻译对比研究。研究发现，基于译者视野三角形可以观察各个译本之间的词汇秩频分布规律，可间接探索翻译过程中译者在词汇使用上的调控过程。徐佐浩等(2021)使用计量语言学中的活动度为参数，比较了翻译汉语与原创汉语、原创英语中4大类和15小类文本体裁的差异。蒋跃等(2019)将依存距离引入口译过程分析，证明了依存距离用于衡量和预测口译任务认知负荷及任务难度的可行性。蒋跃等(2021)将平均依存距离和依存方向两个指标引入翻译研究，证明了翻译文本有别于目的语原创文本，具备“第三语码”的特征。该研究也证明了依存语法的计量指标应用于翻译研究的可行性。杨轩(2022)也发现词频动链的Zip-Mandelbrot模型拟合参数可作为作者身份验证的有效指标。

1.3.4 研究述评

风格计量研究从最初的词长和词频分析开始，经历了200年左右的发展，融合了来自计量风格学、语料库语言学和计量语言学的指标，到现在基本形成了词汇、句法、语篇和语义四个维度的量化指标(见表1-1)。

①词汇维度。经典研究依赖词包(Bag of Words，BoW)来表征文本。词包将文档表示为一个词汇集合，抛弃了上下文、语法和词序。功能词不依赖语境，受话题和体裁的影响较小，因此是最早被认可的风格计量特征之一，并在当今的研究中继续得以使用。字符*n*-gram也是最可靠和最有效的作者身份识别特征，很容易提取，与语言无关，并且能够容忍噪音。词汇维度的特征还包含通过各种运算而得出的词汇丰富度和词汇多样性指标。

②句法维度。句法维度的统计指标涉及简单的句子数量统计指标、句长统计指标、句型统计指标和语言序列特征指标，如*n*-gram、语言动链以及计量语言学领域与依存语法相关的指标。最近，研究者又设计了自动句法分析器L2SCA，可自动统计单位长度、整体句子复杂度、从属结构数量、并列结构数量以及短语结构等五类共14个指标(Lu，2011)，极大地便利了句法量化分析。

③语篇维度。语篇层面的指标包含段落长度、段落数量、语篇连贯性、文体正式性、文本可读性，还包括主题集中度、描写度、活动度等基于词类的频率统计和运算而获取的指标。这些指标虽然基于文本词类频率统计，但能够反映文本语篇层面的特点。

④语义维度。计量风格学中对语义的研究尚处于初级阶段，翻译研究中涉及的指标有情感元素、语义韵、语义场、语义网络和潜在语义分析等。

通过回顾现有文献，可以发现以下几个主要问题。

①前期风格计量研究采用“词袋”方法进行文体分析，专注于词汇层面的

离散特征，忽略了语言的线性或者序列特征。

②前期涉及语言序列的翻译研究，绝大多数是在生语料中直接统计的语言特征，在标注文本中提取句法序列特征的研究较少。

③前期研究涉及的句法特征考察，以句长、句子数、平均句长等简单的统计特征为主，对深层句法特征和句法分布规律的关注不足。

顺序性是文本和话语的内在特征，而顺序是很难被操纵的，对计量风格学研究有潜在的价值。根据 Bailey(1969)的观点，风格分析中的语言特征指标应该满足以下条件，即“突显的、结构性的、使用频繁的、容易量化的，并且相对不受意识控制的”指标。作为等值或递增的最长连续语言序列，动链无须依赖特定的语法，但却能够以可量化的形式对任何话语进行详尽的分割，能为句法特征和语篇计量研究提供重要信息。语言动链为风格计量领域的句法研究提供了新的维度和视野，且其有效性在前期研究中被反复证实，研究结果具有普适性，因此，可以作为风格计量的新指标。

表 1-1 风格计量研究中不同维度的常见指标

维度	常用指标
词汇层面	字符数、单词数、平均词长、高频词、低频词、单现词、实词与虚词、词频分布、各词类占比、关键词、词频-逆文档频率指数(TF-IDF)、词汇丰富度系列指标(熵、Lumbda、Yule's K、Simpson's D、Burrows' Delta、TTR、STTR、MATTR、MWTTR、MTLD、HD-D)、高频词串、词汇搭配特征、字母 *n* 元组、多词序列(*n*-gram)等
句法层面	句长、平均句长、句长概率分布、小句长、小句长概率分布、各种句型占比、句法型式密度、句法复杂度系列指标，词类 *n* 元组(POS *n*-gram)、依存方向、依存距离、依存类别、各种语言动链等
语篇层面	段落长度、主题集中度、活动度、描写度、文本相似度、连贯性指数、可读性指数(Fog Count、Smog Count、Flesch、Flesch-Kincaid)、文本正式性指数(形容词得分、F 得分)、主位推进模式和主位结构、指称衔接等
语义层面	同义词和反义词、颜色词、情感元素、语义韵、语义场、语义网络、潜在语义分析等

计量风格学拥有开放的指标系统，可以量化的语言特征几乎都可以纳入计量风格学的指标体系中。从翻译研究来讲，研究者可以通过计量风格学的指标体系，获取关于文本语言特征的多样化数据，对这些数据的深入分析有助于实现对文本宏观风格特征全面而细致的描写。在前期研究基础上，本书在计量风格学、计量语言学和语料库语言学的知识框架下，拟选取三个维度

的句法指标，即句法复杂度相关特征、线性句法特征及其概率分布规律，以及离散句法特征及其分布规律，系统地考察译入、译出文本在句法方面的异同。

1.4 研究内容与组织结构

1.4.1 研究内容

在中华文化走出去的背景下，翻译的方向性研究获得学术界的广泛关注。由于受到研究方法和研究范式的限制，现有研究未能深度系统地描写不同翻译方向文本的语言特征，未能为“母语原则”的争议提供实证研究方面的证据。具体来讲，一方面，前期研究聚焦于词汇层面的特征，对句法层面特征的关注不足。另一方面，前期研究主要涉及翻译语言的浅层句法特征和个别典型的句法特征，对线性和深层句法特征的关注不够，系统性设计不足。为弥补这些不足，本书拟结合计量风格学、计量语言学和语料库语言学的方法，综合考察译入、译出文本的浅层与深层句法表现、离散与线性句法特征，全景式描写译入、译出文本在句法层面的共性与差异。

具体来讲，本书聚焦于翻译的方向性问题，在控制译者语言水平和源语文本两个变量的基础上，构建一本多译平行语料库，选取三组句法特征，即句法复杂度相关特征、句法线性特征及其分布规律和句法离散特征及其分布规律，采取计量风格学、计量语言学和语料库驱动的研究范式，分别比较译入、译出文本的句法差异，检验“母语原则”的合理性。

本书的具体内容和贡献如下。

①译入、译出文本在句法特征上不存在系统性差异。在句法复杂度特征上，线性句法特征及其分布规律、离散句法特征及其分布规律方面都表现出高度的相似性和趋同性，绝大多数指标在译入、译出文本间并无显著性差异。具体来讲，译入、译出文本的句法复杂度都显著高于原创文本，译入、译出文本之间不存在显著性差异；不同方向译本的语言动链、多词序列等线性特征及其概率分布都可以拟合为相同的数学模型，且绝大多数模型参数没有显著性差异；词类特征的秩频分布可以拟合为相同的数学模型，且模型参数没有显著性差异。因此，可以说，译入、译出文本在句法方面不存在系统性差异和天然的分界。

②译入、译出文本在某些句法特征上表现出显著性差异。

从句法复杂度特征来看，平均子句长度(MLC)、每句中 T 单位数量(T/S)、每句中子句数量(C/S)和子句中复杂名词性短语数(CN/C)4个指标在不同翻译方向的译本中呈现出显著性差异，译出文本呈现出深度句法结构复杂化的倾向。从句长与小句长的概率分布来看，不同翻译方向译本的句长-频次概率分布和小句长的秩频分布的数学模型参数都表现出显著性差异。因此本书认为，虽然平均句长没有差异，但不同翻译方向译本的句长与小句长的分布规律表现出不同程度的差异。

从句法线性特征及其分布规律来看，以小句为边界的POS动链长度-频次分布规律的拟合结果显示，数学模型EPNB参数 k 和 p 在翻译方向上存在显著性差异，在每个方向内部不存在显著性差异。这说明，在细粒度的语言线性特征分布上，两个方向的译本间存在规律性差异。基于POS 4元组的文本相似度研究显示，4位译者基于词类4元组的文本相似度普遍较高；同一翻译方向译本之间的相似度更高，表明不同翻译方向的译者在词类序列的使用上，体现出规律性的相似性和相异性，而不同翻译方向的译本对特定序列的偏好存在一定差异。

从句法离散特征及其分布规律来看，在POS的秩频分布上，两类文本均符合Negative Hypergeometric数学模型，且模型参数不存在显著性差异。统计检验显示，有20项词类特征在译入、译出文本间的分布存在显著性差异。针对其中的短语动词、缩合现象及动词ing形态进行的译例展示和语境分析表明，相比译入文本，译出文本的口语性和习语性稍弱，文体正式性更高，语义更加显化；译出文本在时态的表达上更加忠实于原文，译本语言动态性更强，句子的视点较为分散，而译入文本体现出更强的静态性，情感传递更丰富。

基于差异性句法特征的文本自动化分类。文本分类对比实验表明，基于差异性特征集所构建的分类器性能明显优于全特征集和非差异性特征集，这一方面验证了本书特征选择的有效性，另一方面也证明了译入与译出文本在句法复杂度、线性句法特征的概率分布和离散句法特征的分布方面，的确存在一些规律性差异。这些差异不但可以通过概率统计学的方法捕获，也可通过文本分类的方法得到验证。同时，本书发现4项深层句法复杂度指标、6项细粒度的线性句法特征和句法离散特征的特征集，与传统的句长和小句长指标相比，能明显提高文本分类的效果。此外，离散句法特征和句法复杂度特征的分类效果整体优于线性句法特征。

1.4.2 组织结构

本书内容分为以下七个章节。

第一章，绪论。首先，简要介绍翻译方向性研究，即译入与译出研究的背景及其意义。接着，详细回顾国内外翻译方向性研究和风格计量研究的进展及现状，并述评当前研究的不足。最后，阐述本书的研究问题、研究内容和组织结构。

第二章，语料与方法。首先，描述本书构建的鲁迅小说译入、译出翻译文本语料库和基于英国国家语料库小说子库随即抽样而构建的原创文本参照语料库。然后，详细介绍本书采用的语料标注工具、句法分析工具、统计学工具和语料检索工具，以及本书选取的句法计量指标。

第三章，句法复杂度相关特征对比研究。首先，使用自动句法分析器L2SCA获取译入、译出文本的14个句法复杂度指标，通过计算获得每个文本的总体句法复杂度并与原创文本进行比较。然后，计算文本的句长，对其分布规律进行数学模型拟合，并对模型的拟合参数进行统计学检验，探索模型拟合参数在不同翻译方向是否具有显著性差异。接着，计算文本的小句长，对其分布规律进行数学模型拟合，并对模型的拟合参数进行统计学检验，探索模型参数在不同翻译方向是否具有显著性差异。最后总结译入、译出两类文本在句法复杂度上的异同点。

第四章，线性句法特征对比研究。首先，在计量语言学框架下分别提取F动链和不同颗粒度的POS动链特征，对所抽取的两类动链分别进行秩频分布和长度-频次分布的数学模型拟合，探索译入、译出文本的句法动链分布模型，并对模型参数进行统计学检验；同时对POS动链的丰富度、长度、每句中的平均动链数和单次动链的比例等四个指标在两类文本间进行统计学检验，对比两类文本的异同。接着，在两类文本中抽取POS 4元组即4-gram，对其秩频分布进行数学模型拟合并对模型参数进行统计学检验；以POS四元组构建“词袋”，采用余弦相似度的方法，计算不同译者文本间的相似度。最后，讨论并总结译入、译出文本在线性句法特征上的异同点。

第五章，离散句法特征对比研究。首先，对POS词类的秩频分布进行数学模型拟合，并对其参数做统计学检验。其次，采用语料库驱动的研究范式，对137个POS标签进行还原之后，共计得到101个POS词类。统计并计算每个文本中101个POS词类各自的占比，并基于这些数据进行译入、译出文本间的统计学检验，探索译入、译出文本间存在显著性差异的词类特征。最后，基于以上发现回归语境进行质性分析。

第六章，基于差异性特征的译入、译出文本自动化分类。首先，对比文本自动化分类的两种方法，即传统的机器学习和深度学习的方法，并解释传统机器学习方法对本书的适用性。其次，介绍特征选择的两种方法，即前文所选用的统计学检验法和信息增益的方法。再次，介绍常见的文本分类算法及其各自的特点。最后，基于全特征集、差异性特征集和非差异性特征集构建分类器，进行机器学习分类实验，并通过交叉验证的方法，验证差异性特征的有效性和分类器的泛化能力。

第七章，结论与展望。本章总结本书主要研究结论和创新点并对未来研究提出了展望。各章节之间的关系如图 1-1 所示。

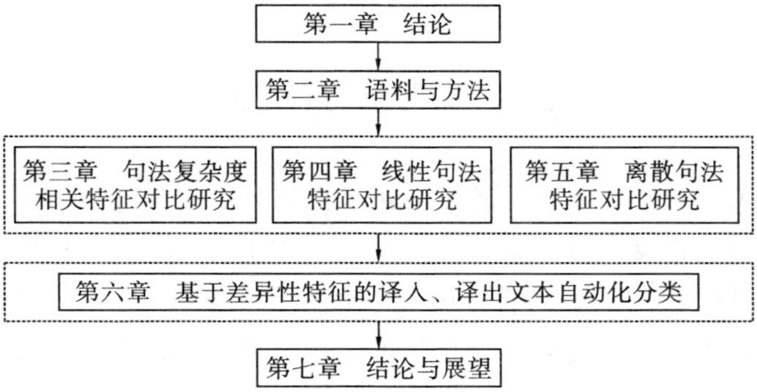

图 1-1　各章节关系图

第二章　语料与方法

2.1　语料库介绍

本书选取鲁迅小说及其英译本构建平行语料库。鲁迅是中国新文学、大众文学语言及白话文的代表和奠基人之一，其作品时代感鲜明、语境丰富、风格独特(蒋跃 等，2017)，在中国文学史上无人能及。鲁迅也是中国现代乡土主义文学的开创者，其语言含蓄曲折、隽永深刻，其作品中含有大量普通人物的日常对话，反讽和俚语的使用较多，口语性和习语性较强(Wang et al.，2011)。鲁迅作品译本应当是考察翻译风格的理想语料资源。另外，鲁迅小说的国际影响力大，译者和译本众多，每个翻译方向的译者都是国内外颇负盛名的翻译家，语料代表性很强。这些译者包括以王际真、杨宪益为代表的译出译者和以两位汉学家 William Lyell 和 Julia Lovell 为代表的译入译者。

值得一提的是，杨宪益译本其实是其与外籍妻子 Gladys B. Tayler 合作翻译而成的。因为杨氏夫妇秉承忠实与通顺的翻译原则，非常重视保持原作的文化氛围，所以“杨宪益在选择翻译策略和把握译文风格时占据了主导，试图将中国特色的词句全部译出，而妻子则负责修改局部细节”(王颖冲 等，2013)。翻译界普遍认为，该译本还是杨宪益主导的翻译。本书将沿袭翻译界的普遍认知，在构建语料库时将杨宪益译本作为译出的文学作品来对待。

本书共选取鲁迅 10 部短篇小说及其在两个翻译方向上的 40 部英译本，对源文本和译本进行清理后，用 CLAWS7 对译本进行标注并完成句级对齐，具体见表 2－1。

表 2-1 鲁迅作品译入、译出文本平行语料库

小说名	缩写	原文字数	译入译本字数		译出译本字数	
			Lovell译本	Lyell译本	王译本	杨译本
《风波》	FB	4302	2748	3853	3401	3125
《祝福》	ZF	9160	6454	9050	6475	7053
《阿Q正传》	AQZZ	21329	16014	21087	15550	16739
《在酒楼上》	ZJLS	6054	4124	5583	4543	4521
《伤逝》	SS	10730	6728	9727	7970	7109
《狂人日记》	KRRJ	4529	3469	4850	4138	3851
《离婚》	LH	5127	3217	4718	3831	3318
《故乡》	GX	4976	3557	4684	3930	3938
《肥皂》	FZ	5881	4029	5666	3955	4154
《孤独者》	GDZ	11930	7849	10712	8704	7463
总计		84018	58189	79930	62497	61272

注：王译本，即王际真译本；杨译本，即杨宪益译本。

研究基于BNC小说子库中的元数据信息，筛选出所有的短篇小说文本并用随机抽样的方法，抽取并构建了由40个文本组成的原创文本语料库作为参照语料库，并用CLAWS7进行标注，语料具体情况见表2-2。

表 2-2 BNC 小说子库随机抽样语料库

文本名称	题目	字数
ALS	*Captain Pugwash and the Huge Reward*	4149
FSL	*Under the Moon*	4773
FPE	*Dead Man's Island*	5161
FP5	*The Coldest Place on Earth*	5523
FPT	*Anne of Green Gables*	5760
GWA	*Voodoo Island*	5872
GV9	*The Love of a King*	6021
GVM	*New Yorkers*	6047
GV3	*The Piano*	6140

续表

文本名称	题目	字数
FPL	*The Phantom of the Opera*	6203
FNS	*Alice in Wonderland*	6263
GUL	*Taped*	6264
H8P	*Sherlock Holmes Short Stories*	6365
GWC	*White Death: Oxford Bookworms Edition (Stage 1 Readers)*	6371
FRD	*Mary Queen of Scots*	6558
FPP	*Grace Darling*	6645
FRX	*Robinson Crusoe*	6801
CH9	*The Minpins*	6850
HPR	*Unpublished Short Stories*	6983
J2F	*Unpublished Short Stories*	7206
FSJ	*Tooth and Claw*	8178
GW5	*Skyjack! Oxford Bookworms Edition*	8765
FSB	*The Star Zoo*	8817
FS3	*The Life and Times of William Shakespeare*	9090
FRY	*The Railway Children*	9266
H8G	*Frankenstein: Oxford Bookworms Edition*	9942
GUS	*The Picture of Dorian Gray: Oxford Bookworms Edition*	10405
FNY	*The Brontë Story*	10527
FS2	*The Secret Garden*	10645
FRU	*Prisoner of Zenda*	10658
CCA	*A Bad Spell for the Worst Witch*	11471
HUA	*Unpublished Short Stories*	12336
GV7	*Dr Jekyll and Mr Hyde: Oxford Bookworms Edition*	13411
HSA	*Unpublished Creative Writing*	14700
FSK	*Treasure Island*	15070
FPV	*Gulliver's Travels*	15297
CFJ	*A Tale of Anabelle Hedgehog*	15315
FUB	*The Kingdom under the Sea and Other Stories*	16637
GWH	*Wuthering Heights: Oxford Bookworms Edition*	18719
H7V	*The Hound of the Baskervilles: Oxford Bookworms Edition*	19951
总计	40 篇	371155

2.2 研究工具与计量指标

2.2.1 研究工具

1)英文自动词性赋码器 CLAWS7

CLAWS7(Constituent-Likelihood Automatic Word-tagging System 7)是由英国兰卡斯特大学计算机语料库研究中心(University Center for Computer Corpus Research on Language) Leech 等于 1983 年研制开发的词性赋码工具，是目前英语语料词性标注使用最广泛的赋码工具。该系统通过概率统计模型来消除兼类词歧义，词性标注正确率高达 96%～97%。国际上几个大型语料库都使用该工具进行标注，其中包括英国国家语料库(British National Corpus, BNC)、美国当代英语语料库(Corpus of Contemporary American English, COCA)、英国本族语料库(Freiburg-LOB Corpus of British English, FLOB)等。本书使用 CLAWS7 版本，可标注 137 种词性码(见附录 A)，能满足基于词性的多种语言研究需求。

经过标注的平行语料如下所示。

原文：他见人很怕羞，只是不怕我，没有旁人的时候，便和我说话，于是不到半日，我们便熟识了。(摘自鲁迅《故乡》)

译文：Though he was usually shy around company, it was different with me. As long as no one else was about, he would burble happily away, and within a few hours we were fast friends. (*My Old Home* translated by Lovell)

标注文本 Though_CS he_PPHS1 was_VBDZ usually_RR shy_JJ around_II company_NN1,_,it_PPH1 was_VBDZ different_JJ with_IW me_PPIO1. _. As_CS31 long_CS32 as_CS33 no_PN121 one_PN122 else_RR was_VBDZ about_RP,_, he_PPHS1 would_VM burble_VVI happily_RR away_RL,_,and_CC within_II a_AT1 few_DA2 hours_NNT2 we_PPIS2 were_VBDR fast_RR friends. _NNU (CLAWS 标注文本)

2)Python 自编程序

Python 是自然语言处理领域和文本分析领域常用的计算机语言，其语法简洁清晰、易于学习、第三方开源库丰富强大，在语言学领域广受欢迎。语料库语言学家可用简洁的 Python 代码解决复杂的语料统计问题。本书用 Python 语言编写程序，实现句长、语言动链、*n*-gram 等特征的自动抽取、自动统计和运算以及文本相似度研究等。此外，自动文本分类也是通过Python编程实现的。

3)分布拟合工具 Altmann-Fitter

Altmann-Fitter(2013)是计量语言学领域最常用的概率分布拟合软件，可用于对语言特征的秩频分布进行单变量离散概率分布拟合。它内置了超过200种概率分布的数学及其相关属性的信息，其拟合优度的标准基于卡方检验。软件通过迭代的方式不断提高拟合优度，直到找到最佳拟合结果为止。本书使用 Altmann-Fitter 3.1.0 版本对译入、译出文本相关的句法特征进行概率分布拟合。如果译入、译出文本语言特征的概率分布能够拟合为相同的数学模型，则对拟合模型的数学参数进行统计学检验，判断译入、译出文本是否具有显著性差异。本书主要用 Altmann-Fitter 3.1.0 将文中的句长频次分布、句长秩频分布、动链频次和秩频分布、词类秩频分布拟合为特定的数学模型。

4)二语句法复杂度分析器(L2 Syntactic Complexity Analyzer，L2SCA)

二语句法复杂度分析器是针对二语写作句法复杂度开发的分析器(Lu，2010)。自开发以来，该工具与人工句法标注间的相关信度系数可达0.834以上(Lu，2011)，涵盖多个维度，有效提高了数据分析的效率和研究结果的丰富度与可靠性(陆小飞 等，2016)，已被广泛应用于句法复杂度研究的各个领域，获得学界高度认可。本书将在 TAASSC1.3.8 软件(Kyle，2016)的辅助下对语料进行自动化处理，自动标注、识别、统计句法复杂度指标后得到研究数据。

5)统计学软件包 SPSS

社会科学统计软件包(Statistical Package for Social Sciences，SPSS)是用于统计分析的软件包，是社会科学统计分析中广泛使用的自动化工具。在本书中，使用 SPSS26.0 版本进行数据的正态检验、描述性统计分析、方差分析、t 检验、聚类分析等。

6)语料库检索及分析软件

本书使用最常用的语料库检索分析软件 AntConc 和 CUC _ Paraconc。AntConc 用于分析文本中的词汇主题挖掘，还提供索引、词表生成、主题词计算、搭配和词族提取等功能，是语料库语言学研究领域使用最多的检索分析工具之一。CUC _ ParaConc 是由中国传媒大学开发的一款平行语料检索软件。软件主要用于检索双语、多语平行语料，支持 Unicode、UTF8、ANSI 等编码的纯文本文档，可以实现一本多译平行语料库中多译本的语境检索和观察。本书用 AntConc 进行语言特征的频次检索，并使用 CUC _ ParaConc

对语言现象进行语境考察，对译文进行质性分析。

2.2.2 句法计量指标

本书选取的句法计量指标包含三类。第一类是句法自动分析器所产出的句法复杂度指标；第二类是计量语言学理论框架下的不同颗粒度的句法线性特征，即语言动链及其相关特征和句法 n 元组特征；第三类是语料库翻译学框架下的句法离散特征，即 POS 词类特征。

1)句法复杂度指标

二语句法复杂度分析器涵盖多个句法维度，已被广泛用于句法复杂度研究的各个领域。本书将在 TAASSC1.3.8 软件的辅助下，使用 L2SCA 句法标注体系，对语料进行自动化处理，自动标注、识别、统计句法复杂度指标后获得研究数据。

L2SCA 句法复杂度分析分为以下三步。首先使用斯坦福句法剖析器(Stanford Parser)(Klein Manning，2003)对文本进行断句、分词、赋码等并生成句法树；之后使用 Tregex(Andrew，2006)对句法树进行检索，统计出 9 种基本语言单位，即单词(Word)、句子(Sentence)、子句(Clause)、T 单位(T-unit)、从属子句(Dependent Clause)、复杂 T 单位(Complex T-unit)、并列短语(Coordinate Phrase)、复杂名词性短语(Complex Nominals)、动词短语(Verb Phrase)，并统计各种语言单位的数值；最后利用相关单位的数量自动计算出 14 个句法复杂度指标数值，并划分为五类。所用指标名称、定义及计算公式见表 2-3。

该工具对语言单位的界定如下。句子是由一组以表示结束的标点符号(句号、感叹号、问号等)隔开的一组词。子句“具有主语和限定动词的结构”，包括独立子句、形容词子句、副词子句和名词子句，但不包括非限定性动词短语(如动名词、不定式和分词)。从属子句的定义和大多数研究相同，是指限定性形容词、副词或名词性从句。T 单位的定义较为复杂多样，Lu(2010)指出二语写作应遵循 Hunt(1970)的句法原则，即一个结构由一个主子句加上任何从属子句或者是附着(嵌入)在主子句中的非子句结构构成。因此一个复杂的 T 单位在基本 T 单位的基础上至少包含一个从属子句(Casanave，1994)。最后，并列短语包括并列形容词短语、副词短语、名词短语和动词短语。其中动词短语包括限定性动词短语和非限定性动词短语两类。需要特殊说明的是，复杂名词性短语形式多样，包括带一个或多个前/后修饰词(形容词、所有格、介词短语、形容词子句、分词或同位语)的名词短语、名词性子句和充当主语(而非宾语位置)的动名词和不定式。

表 2-3　句法复杂度指标名称及定义

类别	名称	定义	类别	名称	定义
单位长度	MLS	平均句子长度	从属子句使用量	C/T	每个T单位中子句数量
	MLT	平均T单位长度		CT/T	复杂T单位比率
	MLC	平均子句长度		DC/C	从属子句比率
句子复杂度	C/S	每句中子句数量		DC/T	T单位中从属子句数量
特定短语结构	VP/T	每个T单位中动词短语数量	并列结构使用量	T/S	每句中T单位数量
	CN/C	每个子句中复杂名词性短语数量		CP/C	每个子句中并列短语数量
	CN/T	每个T单位中复杂名词性短语数量		CP/T	每个T单位中并列短语数量

2)语言特征概率分布模型参数

本书使用Altmann-Fitter软件对语言特征的概率分布进行拟合。Altmann-Fitter软件包所拟合的概率分布的数学模型可用以区分语言类型、文本类型、作者风格等。本书对句长与小句长及其概率分布、词频动链概率分布、词性动链概率分布、POS词类及其概率分布进行统计学拟合，拟合之后获得译入、译出两组文本每个语言单位的概率分布模型。对该模型的数学参数进行统计检验，可判断两类文本是否具有显著性差异。本书涉及的数理语言学模型包含Hyperpoisson(a，b)模型、Extended Positive Negative Binomial (k，p；α fixed)模型、Shenton-Skees-Geometric(p，a)模型、Zipf-Mandelbrot (a，b；$n=x$-max)模型、Right Truncated Modified Zipf-Alekseev(a，b；$n=x$-max，α fixed)模型和Negative Hypergeometric(k，m，n)模型。

3)POS n-gram序列

在计算语言学和NLP领域，n-gram是来自给定文本或语音样本的含n个项的连续序列。这些项可以是音素、音节、字母或单词。n-gram中，如果$n=1$，记为unigram，$n=2$为bigram，$n=3$为trigram。$n\geqslant4$后，直接记为4-gram，5-gram等。在自然语言处理中，n-gram是基于马尔可夫假设(Markov Assumption)的概率判别模型，用于计算一句话中某一词在只与前$n-1$个词相关的情况下出现的条件概率，常应用于词性标注、分词、机器翻译和语音识别等领域。

与 n-gram 等各种形式的多词序列相比，POS n-gram 可以反映具有类似或相同语法结构和话语功能的语言序列，可以揭示语言的模式化特点以及每一种模式之下多变的词汇选择。POS-gram 可以丰富句法学和短语学分析，其在句法分析中拥有独特优势。本书将文本中所有单词转换为 POS 标注，依据 POS n-gram 模型得到词类 4 元组及其频率，以 4 词序列对应向量空间的元素，在此基础上计算文本余弦相似度，考察译者文本在句法结构上的相似性和相异性。

4)POS 词类特征

CLAWS7 软件可对文本进行 137 种词性码，能满足基于词性的句法特征研究的需求。研究将文本转化为词性赋码文本后，统计并计算各词类的频次和比例，并针对所有特征在两类文本间进行方差分析与显著性差异检验。

2.3 数据分析方法

本书所用数据分析方法主要包括统计检验、方差分析、文本聚类、相似性计算和文本自动分类。

①独立样本 t 检验和方差分析用于检验某一样本统计量是否与总体参数相等，本书用来检验译入、译出两组独立样本的均值是否有统计学差异。独立样本 t 检验要求数据符合正态分布和方差齐性。否则，则需要用 Mann-Whitney 秩和检验。独立样本 t 检验一般用于两组数据，多组数据采用单因素方差分析。

②层次聚类方法。层次聚类的原理是根据文本向量之间的欧式距离(Euclidean Distance)，逐次合并相近的对象，继而组成更大的簇，直到形成译入、译出两个簇为止，树状图可以清晰地显示译入、译出文本的分类结果。

③相似性计算。通过测量两个向量夹角的余弦值来度量文本之间的相似性。余弦相似度取值[−1，1]。余弦相似度越接近 1，说明两个文本相似度越高。本书基于 POS n-gram 模型获取词类 4 元组(POS 4-gram)组成向量空间，计算译入、译出文本间以及各译者文本间的余弦相似度，探讨翻译方向对句法相似性的影响。

④文本自动化分类。本书采用软件 MATLAB，通过多种机器学习算法对译入、译出文本的差异性句法特征进行建模，对译入、译出文本进行分类。对该分类问题表现较好的分类模型，将采取交叉验证的方法对其性能进行评估。

第三章　句法复杂度对比研究

本章将对比译入、译出文本的句法复杂度以及与句法复杂度相关的特征，共包含三个小节，即基于 L2SCA 句法分析器的句法复杂度对比研究、句长对比研究、小句长对比研究。研究工具包含自动句法复杂度分析器 L2SCA 和计量语言学工具 Altmann Fitter。

在 L2SCA 句法复杂度对比研究中，本书首先用 L2SCA 自动提取 14 项句法复杂度特征，然后基于 14 项指标，用 z-score 的方法计算出每个文本的总体句法复杂度，并在译入、译出和原创文本间进行比较；接着，在译入、译出和原创文本间分别对 14 项具体的句法指标进行比较；最后，总结译入、译出和原创文本的总体句法复杂度和具体句法复杂度的对比结果。

句长对比研究中，首先对译入与译出两组文本的平均句长进行对比；然后用 Altmann Fitter 对句长的概率分布进行数学拟合，并对拟合模型的参数在两组文本间进行对比分析。

小句长对比研究中，首先对译入与译出两组文本的平均小句长进行对比；然后用 Altmann Fitter 对小句长的概率分布进行数学拟合，并对拟合模型的参数在两组文本间进行对比分析。

3.1　句法复杂度对比研究

句法复杂度是指语言产出中句法结构的多样性和复杂性(陆小飞 等，2016)。目前句法复杂度相关研究多见于二语习得领域，意在衡量写作者的二语水平、写作质量及其动态发展变化，已有学者尝试将句法复杂度指标引入翻译研究。Liu 等(2021)采用 13 个句法复杂度指标，对比了不同文体的原创和翻译文本，发现翻译文本的句法复杂度整体低于原创文本。Xu 等(2021)将研究内容从中英双语文本扩大到多语种文本，但是发现翻译文本的句法复杂度更高，具体特征的表现与源语文体的正式性相关，翻译文本句法复杂度提高在文学译本中表现得尤其突出。Liu 等(2022)发现中译英文本相比原创中文文本在词汇方面存在简化，而在句法方面呈复杂化。这几项涉及句法复杂度的研究聚焦于翻译文本和原创文本的对比，但似乎受到文体、语言对等因素影响，研究结果不一而足。

最近的一项研究关注了翻译的方向性。Yue 等(2021)发现译入、译出文本在词汇、句法和语篇三个层面的复杂度都存在显著性差异，且译出文本展现出翻译腔和中介语的特点。研究者认为翻译方向是值得关注的视角，同时指出因为受严格的语料选择标准的限制，该研究仅以林语堂的“逆向翻译”为例，研究发现，具体差异是否适用于更大范围内的语料和译者群体，仍然有待验证。

本节基于鲁迅小说不同翻译方向的译本，使用 L2SCA 的 14 个句法复杂度指标，比较译入、译出文本的句法复杂度，并引入原创文本作为参照语料库，探究译入、译出文本分别与原创文本相比，呈现出哪些句法方面的特点。具体拟回答以下研究问题。

①在总体句法复杂度上，译入、译出文本和原创文本之间是否存在差异?

②在具体的句法特征上，译入、译出文本和原创文本之间存在哪些异同点?

具体实施步骤如下。

①L2SCA 自动句法分析的实现方式是选用 TAASSC1.3.8 软件平台。首先用 TAASSC1.3.8 对语料进行自动化处理，获取 14 个句法复杂度指标数值，用 z-score 的方法计算出每个文本的平均句法复杂度，并用 SPSS18.0 在译入、译出、原创文本之间进行显著性差异检验，从而回答第一个研究问题。

②基于 14 个具体的句法指标，在译入、译出文本间逐一进行组间方差分析，关注 $p<0.05$ 的指标，以此判断哪些指标在翻译方向存在显著差异，并引入原创文本进行比较，考察每个指标在译入、译出和原创文本中的表现；

③由于本书译者数量有限，过于凸显的译者个人风格可能会对数据结果造成影响，只有那些在组间存在显著性差异，而在组内不存在显著性差异的特征，才与翻译方向相关。如果在组间存在显著性差异，而在组内也存在显著性差异，则是受译者风格的影响或者受译者风格和翻译方向的共同影响。因此，针对组间的差异性特征，本书进一步在译入、译出组内分别进行独立样本 t 检验，重点关注 P 值和指标均值的表现，以确定差异性特征的表现是受翻译方向或译者风格的影响还是受两者共同影响。

步骤②和③用以回答第二个研究问题。

3.1.1 总体句法复杂度对比

从文本层面来讲，由于各个指标的数据量值不同，所以本书沿袭前人的经验(Liu et al.，2021)，对原始数值进行 z-score 标准化处理，然后计算出原创、译入和译出文本三组语料的句法复杂度均值(见表 3-1)。z-score 标准化方法代表着原始数值与平均值之间的距离，以标准差为单位计算，计算公式为(原始数值－平均数)/标准差。z-score 后数值呈负数说明原始数值低于均值，反之则高于均值。

首先本书发现译入、译出文本在总体句法复杂度上都明显有别于原创文本，都与原创文本存在显著性差异($P<0.001$)，并且二者的句法复杂度均显著高于原创文本。但译入、译出文本间并不存在显著性差异($P>0.05$)，表明总体上译入、译出文本的句法复杂度表现出高度一致性。

其次，从 z-score 后的文本均值中，也可以观察到译入、译出文本的细微差异。原创文本句法复杂度均值为－0.70，说明原创文本数值低于平均值。译入文本句法复杂度为 0.59，而译出文本的句法复杂度为 0.82。虽然译入、译出文本都比原创文本更加复杂，但从均值上可以发现，译入文本的总体句法复杂度低于译出文本，更接近原创文本。

因此本书认为总体上，译入、译出文本的句法复杂度都显著高于原创文本，而且译入、译出文本间不存在显著差异，具有高度趋同性；但是译入文本比译出文本更加靠近原创文本。

表 3－1　四组文本总体句法复杂度差异

语料	句法复杂度	组别	Sig(双侧)
原创文本	－0.70	译入比原创	0.000***
译入文本	0.59	译出比原创	0.000***
译出文本	0.82	译入比译出	0.099

注：*** $P\leqslant 0.001$。

3.1.2　具体句法指标对比

在对比了译入、译出和原创文本的总体句法复杂度后，发现译入、译出文本间在总体句法复杂度上并不存在显著性差异，因此本书继续考察在 14 个具体的句法特征上，译入、译出之间存在哪些异同点，并引入原创文本作为参照，了解译入、译出文本与原创文本之间的关系。

表 3－2 是译入、译出文本组间在 14 个指标上的单因素方差分析结果。可以看出，①译出文本在所有 14 个指标上，与原创文本存在极显著的差异，所有指标 $P<0.001$；②译入文本在 2 个指标上，即 T/S($P>0.05$)和 CP/C($P>0.05$)与原创文本不存在显著性差异，在其余 12 项指标上与原创文本存在极显著的差异($P<0.001$)；③译入、译出文本在大多数指标上无显著差异，但在 6

个指标上体现出显著差异，分别为平均子句长度(MLC)、每句中T单位数量(T/S)、每句中子句数量(C/S)、每个子句中复杂名词性短语数量(CN/C)、每个T单位中并列短语数量(CP/T)和每个子句中并列短语数量(CP/C)。

表3-2 14个指标在译入、译出和原创文本间的表现(*P*值)

指标	译入与原创文本的显著性差异	译出与原创文本的显著性差异	译入与译出文本的显著性差异	指标	译入与原创文本的显著性差异	译出与原创文本的显著性差异	译入与译出文本的显著性差异
MLS	0.000***	0.000***	0.174	C/T	0.000***	0.000***	0.154
MLT	0.000***	0.000***	0.273	CT/T	0.000***	0.000***	0.180
MLC	0.000***	0.000***	0.002**	DC/C	0.000***	0.000***	0.823
C/S	0.000***	0.000***	0.004**	DC/T	0.000***	0.000***	0.463
VP/T	0.000***	0.000***	0.826	T/S	0.817	0.000***	0.000***
CN/C	0.000***	0.000***	0.009**	CP/C	0.468	0.000***	0.004**
CN/T	0.000***	0.000***	0.127	CP/T	0.001***	0.000***	0.004**

注：* $P\leqslant 0.05$，** $P\leqslant 0.01$，*** $P\leqslant 0.001$。

为探索这6个句法指标的差异是因翻译方向不同而产生的还是因译者的个人风格产生的，本书将对这6个指标进行译入、译出组内和两两译者间的单因素方差分析(见表3-3)，并观察其均值表现(表3-4)。

根据以上检验结果和表3-4中各指标的均值表现，本书倾向于将这6个指标划分成三类：与翻译方向密切相关(MLC和T/S)；受翻译方向和译者风格共同影响(C/S和CN/C)；基本不受翻译方向影响，与译者风格密切相关(CP/T和CP/C)。

表3-3 6个复杂度指标在不同方向组内和译者间的显著性差异检验(*P*值)

组类		MLC	T/S	C/S	CN/C	CP/T	CP/C
(译入组内)	Lovell比Lyell	0.212	0.710	0.008*	0.481	0.000***	0.001***
译出组内	王比杨	0.079	0.397	0.890	0.049*	0.002*	0.000***
译者间	Lovell比王	0.064	0.011*	0.001***	0.206	0.000***	0.000***
	Lovell比杨	0.003**	0.008*	0.009**	0.015*	0.005**	0.020*
	Lyell比王	0.278	0.001***	0.180	0.315	0.009**	0.002**
	Lyell比杨	0.001***	0.278	0.278	0.002*	0.127	0.131

注：* $P\leqslant 0.05$，** $P\leqslant 0.01$，*** $P\leqslant 0.001$。

王，即王际真；杨，即杨宪益。

表 3-4　6 个复杂度指标在不同方向组内和译者间的表现(均值)

译者	MLC	T/S	C/S	CN/C	CP/T	CP/C
Lovell	9.38	1.14	1.67	0.91	0.20	0.14
Lyell	9.39	1.13	1.91	0.87	0.32	0.19
王际真	9.10	1.22	2.02	0.83	0.39	0.24
杨宪益	8.65	1.24	2.04	0.77	0.28	0.17

1)与翻译方向密切相关

首先，本书发现平均子句长度(MLC)和每句中 T 单位数量(T/S)这 2 个指标受到翻译方向的影响最大，具有相同特点。

在 MLC 指标上，译入、译出文本组间体现出极显著的差异($P<0.01$)，并且译入文本的平均子句长度都大于译出文本(Lyell＞Lovell＞王＞杨[①])，表明译入、译出文本具有高度的群组特征。根据表 3-3，MLC 在译入组($P=0.212$)和译出组($P=0.079$)的 P 值均大于 0.05，组内没有显著性差异，说明该指标在两个组内部表现出较高的一致性。

在 T/S 指标上，译出文本 T 单位数量多于译入文本(杨＞王＞Lyell＞Lovell)，见表 3-4，译入、译出文本展现出显著的群组特征($P<0.001$)，同时译入($P=0.710$)和译出($P=0.397$)各自组内不存在显著性差异，体现出高度一致性，见表 3-2、表 3-3。此外，表 3-2 显示译入文本和原创文本在该指标上不存在显著差异($P>0.05$)，译入文本中的 T 单位数量和原创文本相近。这一结果表明 T 单位数量特征显著地受翻译方向的影响，且译入文本在该指标上的表现趋近于原创文本，译出文本则与原创文本之间存在显著性差异。

因此，本书认为平均子句长度和每句中 T 单位数量指标受到翻译方向的影响较为强烈，是使译入、译出文本间具有显著性差异的语言指标。

2)受翻译方向和译者风格共同影响

本书观察到每句中子句数量(C/S)和子句中复杂名词性短语(CN/C)两个指标受到翻译方向和译者风格的共同影响。

从表 3-2、表 3-3、表 3-4 可知，在 C/S 指标上，译入、译出组间差异极为显著($P<0.01$)，且译出文本均值大于译入文本(杨＞王＞Lyell＞Lovell)，说明该指标同样受到翻译方向的影响。通过组内检验结果可知，译

① 为表达简约，本书中以译者姓或名指代其译本。

出方向内部无显著差异（$P>0.05$），表明译出译者间表现出较强的趋同性；而译入方向组内差异极为显著（$P<0.01$），表明译入的两个译者使用的子句数量有明显差别，其中 Lovell 译本在该指标上与其他三位作者都存在显著差异，使用的子句数量最少，这说明 Lovell 的个人风格在该句法指标上得以凸显。

同样，在 CN/C 指标中也存在相似之处。即译入文本中复杂名词性短语多于译出文本（Lovell＞Lyell＞王际真＞杨宪益），且译入、译出文本之间差异显著（$P<0.05$），翻译方向的影响较为明显。同时，译入文本组内无显著性差异（$P>0.05$），而译出文本组内存在显著性差异（$P<0.05$），其中杨宪益译本和其他三位译者的译本均存在显著差异，使用的复杂名词性短语最少（见表 3 - 2、表 3 - 3、表 3 - 4）。

根据上述内容，不同方向的译者除了表现出高度的群组特征之外，也体现出译者个人风格。因此，可以认为这两个指标的显著性差异受到翻译方向和译者突出个人风格的共同影响。

3）由译者风格导致，与翻译方向基本无关

最后，从均值数据和统计检验结果来看，T 单位中并列短语（CP/T）和子句中并列短语（CP/C）两项指标表现出相同的特点，基本不受翻译方向影响。

基于表 3 - 3 中的 P 值表现，这两项指标上，除 Lyell 与杨宪益的译本间没有显著差异之外，剩下 5 组都存在显著差异。根据均值排列，并列短语使用数量最多的是王际真，然后是 Lyell、杨宪益，最少的是 Lovell。可以看出，不同方向的译者在并列短语数量指标上的表现交错混杂，因此该指标和翻译方向基本无关。本书倾向于认为，并列短语结构指标之所以在不同的翻译方向组间呈现显著性差异，是由王际真和 Lovell 凸显的个人风格所致，而非受到翻译方向的影响，这与前文所讨论的 4 个句法复杂度指标有明显区别。

3.1.3　讨论

本节从总体句法复杂度和具体句法指标两个层面比较译入、译出文本的句法复杂度及其各自与原创文本的关系，研究发现以下几点。

1）译入与译出文本的句法复杂度不存在天然的分界

将译入、译出文本分别和原创文本相比，发现总体上译入和译出文本的句法复杂度都显著高于原创文本，且译入、译出文本的句法复杂度不存在显著性差异，具有较高的一致性。这一发现在某种程度上否定了“母语原则”的合理性，表明在句法的总体表现上，译出译者与译入译者并不存在规律性差异或者天然的分界。

2)译入文本比译出文本更加靠近原创文本

译入文本的总体句法复杂度低于译出文本，与原创文本更加接近；并且译入文本在并列结构特征上和原创文本不存在显著性差异，这说明虽然“母语原则”具有不合理性，但是译入、译出文本的确存在着差异。这一发现在一定程度上证实了谢天振(2014)的观点，“在对译入语国家读者细微的用语习惯，独特的文字偏好和微妙的审美品位等方面的把握上，国外译者显示出了国内译者难以企及的优势”。

3)译出文本比译入文本的深层句法结构更复杂

基于前文中 4 个受到翻译方向影响的句法指标，本书沿袭前人经验将其分为长度测量指标(MLC 和 CN/C)和密度测量指标(C/S 和 T/S)(鲍贵，2009)。二者的侧重点不同：长度测量指标强调句法复杂度的广度，密度测量指标偏向于句法复杂度的深度或从属程度。

首先在长度指标上，相比译出文本，译入文本的平均子句更长，复杂名词性短语数量更多，句法似乎更复杂。但是平均子句长度的增加和句法复杂度并不直接相关，其中名词性短语、分词结构或修饰语的增加都会使句子变长，但句子复杂度或许不变或下降，因此仅仅看子句长度并不能断定译入文本比译出文本的句法更加复杂。

其次，体现复杂性的密度指标是句法复杂度的积极表征(赵俊海 等，2012)。T 单位和子句数量作为密度测量指标之一，可以反映句子深层结构的复杂度(凌征华 等，2019)，能够较好区分文本复杂度(安福勇，2015)。也就是说，T 单位越多，句中成分越多，句子结构越复杂，文本句法复杂度越高(王萃田，1985)。本书发现，译出文本中 T 单位和子句数量均大于译入文本，因此可以断定在句子深度结构上，译出文本比译入文本的复杂度更高，换言之，译出文本比译入文本的句法更加复杂。

基于上述发现，本书倾向于认为译出文本的句法呈现出深层结构复杂化的特点。

4)凸显的译者风格

除了重点关注翻译的方向性之外，本书也发现了每个翻译方向内部所凸显的译者风格。

观察表 3-4 可知，译入译者的共同特点是子句使用数量少，复杂名词性短语的使用多于译出译者；同时在译入方向内部，Lovell 译本的复杂名词性短语数量明显多于 Lyell 译本，子句数更少，这或许表明 Lovell 倾向于用复杂名词性短语结构来替代子句。而译出译者的共同之处是 T 单位数量和子句数量较多，但在译出方向内部，杨宪益译本中的子句长度短、数量多，短语结构较少，展现出较为强烈的个人风格。可以看出，杨宪益倾向于使用短句、子句等结构进行表达，较少使用复杂冗长的短语结构，他忠实于源文本，更加重视译本与原文间的句式对应。

本书发现不仅不同翻译方向的译本在某些句法特征上存在一定的差异，而且各方向内部的译本也具有明显的译者风格，其中译入方向的 Lovell 和译出方向的杨宪益的译者风格表现得较为强烈。具体来讲，Lovell 更加偏好名词性短语结构，杨宪益则更重视句式结构与原文本的对应。

本节运用 L2SCA 的 14 个句法复杂度指标，选取 10 部鲁迅小说及其 4 个英译本构建平行语料库，并引入原创文本进行对比，分析译入、译出文本相比于原创文本的句法表现，考察译入、译出文本的句法复杂度差异，探讨翻译方向对句法特征的影响。

本节发现，与原创文本相比，译入、译出文本的总体句法复杂度显著高于原创文本，译入和译出文本间不存在显著性差异。因此"母语原则"存在不合理之处；但译入、译出文本之间的确存在一些差异，译入文本的复杂度低于译出文本，与原创文本更接近，且译出文本比译入文本的句法复杂度更高，呈现出深度结构复杂化的特点。

对 14 个具体句法指标进行考察后，发现有 8 个指标在不同翻译方向的译本之间不存在显著性差异，分别为单位长度类别中的 2 个指标(MLS、MLT)、特定短语结构类别中的 2 个指标(VP/T、CN/T)和从属子句结构类别中的 4 个指标(C/T、CT/T、DC/C、DC/T)。而存在显著差异的 6 个指标可以分为三种情况，平均子句长度(MLC)和每句中 T 单位数量(T/S)明显受到翻译方向影响；每句中子句数量(C/S)、子句中复杂名词性短语数量(CN/C)受到翻译方向和译者风格的共同影响；影响并列短语结构使用(CP/T 和 CP/C)的因素是译者强烈的个人风格，与翻译方向关系不大。综合各个指标均值的表现，本书认为译出文本比译入文本的句法复杂度更高，呈现深度结构复杂化的特点。

3.2 句长对比研究

句长是计量风格学和自然语言处理(NLP)领域的经典指标，在风格研究、身份识别和文本分类研究中起着重要作用。英语中句长的度量以单词、小句、字母、音节和音位数量为单位。早在 1923 年，来自美国新罕布什尔大学的英语教师 Scudder 就发现了句长问题是英语写作教学中的难点之一。为了解决写作教学中句长问题的困惑，他选取了 19 世纪和 20 世纪的 10 位作者与学生作品中的176个句子进行句长统计，发现句长与作者和文体风格似乎存在一定的关系，同时他发现20世纪作者作品中的句长比19世纪作品中的句长明显缩短的历时变化趋势。Mosteller 等（1963）在破解《联邦党人文集》（*Federalist Papers*）的作者身份之谜时，发现句长平均值和标准差对解决作者身份争议没有帮助。Clayman（1981）以单词数、音节数和音位数为单位，测量了荷马、赫西奥德、荷马赞美诗和四位希腊诗人作品中的句长。研究发现，以音素数量为单位的句长分布能够区分作品文体和主题，但不足以区分作者身份。语料库翻译学家 Mona Baker(2000)基于语料库对比了 Peter Clark 和 Peter Bush 两位译者在词汇型例比、平均句长和报道动词使用方面的差异，开创了计量指标研究在译者风格研究中的先河。Lehtonen（2015）通过作者身份识别实验，证实了句长是作者风格的一个重要属性，而且以字母为单位计算的句长比以单词为单位计算的句长更可靠。Borbély 等(2019)发现，相比传统的高频词特征，由句长、特殊字符和标点符号组成的非词汇特征集能更准确地预测作者身份。

除了探索句长度量的各种不同方式并验证其可靠性之外，计量语言学家们越来越关注句长分布的各种规律。他们通过分析句长的概率分布，以数学建模的方式进行作者风格分析、身份识别和不同语体之间的差异比较。1939年著名英国统计学家 Yule 以平均句长、句长中位数、四分位数和十分位数为计量指标，来衡量不同作家的写作风格并进行 *The Imitation of Christ* 的作者身份识别(Yule，1939)，从此句长逐步成为计量风格学研究中最受关注的指标。Williams（1940)基于 Yule 的研究进一步探索了文学作品中句长分布的对数平均数(log mean)和对数标准差的统计学规律，提出文学作品句长符合对数正态分布模型。Wake(1957)和 Morton(1965)分别讨论了希腊作家散文中句长的对数正态分布以平均数、中位数、四分位数和十分位数等为特征。Tallentire(1972)认为在作者身份研究中，考察像平均句长这样的总体参数不如考察句长分布有意义。随后，Sichel(1975)提出了句长分布的复合泊松分布(Compound Poisson Distribution)模型，并证明该模型在区分作者风格上的有效性。Schils 等(1993)研究了相邻句子长度的分布规律。他们假设相邻句子的句长会长短交替出现，但研究结果推翻了原假设，表明相邻的句子长度更相似，在小说文本中尤为如此。Mannion 等(2004)通过拟合优度检验和倒数平均法，将 Goldsmiths 的16篇和未知作者的10篇文章进行句长对比，发现 Goldsmiths 的文章能够较为紧密地聚合，另将 Goldsmiths 与同时代的9个人所写的50篇文章进行比较，发现 Goldsmiths 独特的句长模式，进一步判定了未知文本的作者归属。研究者认为，在 Goldsmiths 作品身份判定中，句长分布是一个可靠的文体标签。Sigurd 等(2004)采用了基于齐普夫定律的方程，将英语中句长和频率之间的关系拟合成近似于伽马分布的公式 $f_{exp}=a\times L^{b}\times c^{L}$，其中参数 a、b、c 可以用来区分不同文体。Pande 等(2015)将句长频率分布及其模型参数用于印地语作者身份识别和写作风格分析中，将印地语句长的区间分布拟合为 EPNB 模型(Extended Positive Negative Binomial Distribution)，并发现模型参数与其他句长相关的 16 个指标一起，能够很好地区分 4 位印地语作者的写作风格，并进行 77 个文本的作者身份判定。门策拉定律是由 Menzerath 发现并由 Altmann 提出的，描述了语言结构及其在所有语言层次上的直接成分之间的相关性。Hou 等(2017)考察了不同语域文本中句子及其成分、子句之间的层级关系，发现书面文本中句子的层级关系符合门策拉定律。王(2020)也用句长分布的数学模型参数来区分英汉语言中的不同语体。

2000 年以来，随着语料库翻译学的兴起，句长作为一个重要的量化参数进入翻译研究领域。研究者们采用句长来考察译者风格、译本文体和翻译语言普遍及个性特征。但是总体而言，翻译研究领域较多的是针对平均句长的考察，研究者很少将句长的分布规律这类间接指标纳入对文本或者译者的研究中。蒋跃等(2021)首次尝试用门策拉定律考察翻译语言句子内部的层级关系，验证了翻译语言属“第三语码”的假设，开创了将句长概率分布引入翻译研究的先河。

本节将首先通过 Python 编程抽取两组文本中所有的句子，计算并对比两组文本的平均句长，之后用 Altmann-Fitter 对句长的秩频分布和长度一频次分布进行数学模型拟合，对比句长分布规律。

3.2.1 平均句长对比研究

本书以词为单位测量句长。句子的划分标准为句子标记，包含句号、问号、感叹号、省略号和破折号。英语句子为以上标点符号之间的单词序列(蒋跃 等，2021)。文中诸如 Mr. 和 Ms. 等包含的句号会对断句产生干扰，因此全部替换为 Mr 和 Ms。考虑到双引号和括号会对句长测量产生干扰，予以去除。搜索所有句号、叹号、问号、省略号，替换为p̂。之后，抽取所有句子、测量其长度，并计算平均句长。

各译者文本的平均句长(Average Sentence Length，ASL)及句长标准差(Standard Deviation，SD)见表 3 - 5 。

表 3-5 各译本平均句长及标准差

翻译方向	译入				译出			
译者	Lovell 译本		Lyell 译本		王际真译本		杨宪益译本	
文本	ASL	SD	ASL	SD	ASL	SD	ASL	SD
AQZZ	18.4	11.92	17.19	11.31	17.95	12.87	17.71	12.25
FB	15.83	11	15.48	10.01	14.79	9.24	12.8	9.22
FZ	13.43	10.63	16.35	11.03	15.4	9.93	11.22	8.83
GDZ	15.36	9.19	18.79	12.04	16.07	9.53	13.96	8.53
GX	16.16	10.92	15.87	10.84	17.36	12.28	18.86	13.8
KRRJ	13.59	9.13	15.17	10.22	17.67	12.19	18.03	13.1
LH	13.64	9.01	16.84	10.2	16.26	10.66	11.63	7.47
SS	16.78	10.01	20.71	12.84	19.41	12.17	15.6	9.09
ZF	16.56	10.19	17.88	11.02	19.6	13.97	18.21	12.95
ZJLS	16.8	9.38	17.3	10.41	18.33	11.38	18.03	11.03
均值	15.7	10.1	17.2	11.0	17.3	11.4	15.6	10.6

注：ASL 的单位为每句中的单词数。

独立样本 t 检验显示，译入、译出文本在平均句长和句长标准差两个特征上没有显著性差异；4 个译者的平均句长两两之间也不存在显著性差异。文本的平均句长以王际真译本为最高，杨宪益译本为最低，具体排序为王＞Lyell＞Lovell＞杨，分别为 17.3、17.2、15.7 和 15.6。句长标准差以王际真译本为最高，Lovell 译本最低，具体排序为王＞Lyell＞杨＞Lovell。图 3-1 可更为直观地反映各译者和译本平均句长的情况。

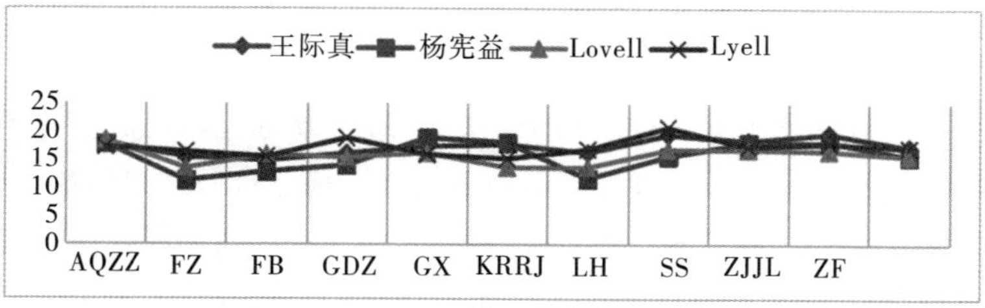

图 3-1 四位译者各译本的平均句长

独立样本 t 检验描述性结果如表 3-6 所示，译入、译出译本的平均句长约为 16.4，且不存在显著性差异（$P>0.05$）。

由此可以看出，译入、译出文本的平均句长表现出高度的相似性，并不存在显著性差异。同时也说明，平均句长并不能作为区分译入、译出文本的有效指标。

表 3-6 译入、译出文本平均句长独立样本 t 检验

翻译方向或译者	个案数	平均句长/单词数	标准差	P 值(双尾)
译入	20	16.407	1.790	0.954
译出	20	16.445	2.483	
Lovell	10	15.655	1.653	0.058
Lyell	10	17.158	1.667	
王际真	10	17.284	1.629	0.139
杨宪益	10	15.605	2.966	

注：* $P \leqslant 0.05$，** $P \leqslant 0.01$，*** $P \leqslant 0.001$。

3.2.2 句长概率分布研究

1)句长 *R-F* 概率分布研究

R-F(Rank-Freq.)秩频表将文本中的句长频次由高到低排列(如表 3-7)，R 代表每个频次相对应的位次。本书用 Altmann-Fitter 对列表中各频次对应的位次和频次之间的关系进行概率分布拟合。

表 3-7 各译者句长秩频分布表

位次(R)	频次(F)			
	Lovell	Lyell	王际真	杨宪益
1	136	229	172	190
2	124	220	171	184
3	121	212	170	181
4	118	212	166	176
5	118	210	165	150
6	113	207	162	146
7	112	205	160	146
8	109	197	150	145
9	105	195	147	145
10	99	192	144	133
…	…	…	…	…

拟合结果显示，四位译者的句长秩频概率分布都符合数学模型 Hyperpoisson (a，b)分布(见图 3-2)。Hyperpoisson 模型的数学公式如下：

$$P_x=\frac{a^{x-1}}{b_1^{(x-1)}F_1(1;\ b;\ a)},\quad x=1,\ 2,\ 3,\ \cdots$$

具体参数见表 3-8。在 Altmann-Fitter 拟合结果中，三个判定模型拟合效果的系数分别为 $P(\chi^2)$、C 和 R^2。$P(\chi^2)$ 为概率，当 $P(\chi^2)>0.05$ 时，拟合效果极佳，C 为差异系数，$C<0.02$，结果为好；$C<0.01$，结果为非常好；R^2 为拟合的决定系数，$R^2>0.8$，结果为可接受，$R^2>0.9$，结果为非常好（刘海涛，2017）。如表 3-8 所示，在本次拟合结果中，所有译者卡方值的概率 $P(\chi^2)>0.05$，差异系数 $C<0.01$，拟合决定系数 $R^2>0.99$，各个译者句长 R-F 拟合效果极优，所有译者译本均可以拟合为 Hyperpoisson 数学模型。

表 3-8　四译者句长 *R-F* 拟合 Hyperpoisson 模型参数

译者	a	b	χ^2	$P(\chi^2)$	DF	C	R^2
Lovell	265.315	265.754	21.428	0.9999	52	0.008	0.991
Lyell	357.758	358.745	18.753	1.0000	64	0.004	0.998
王际真	459.552	468.877	25.775	1.0000	64	0.007	0.995
杨宪益	438.814	446.588	18.252	1.0000	62	0.005	0.994

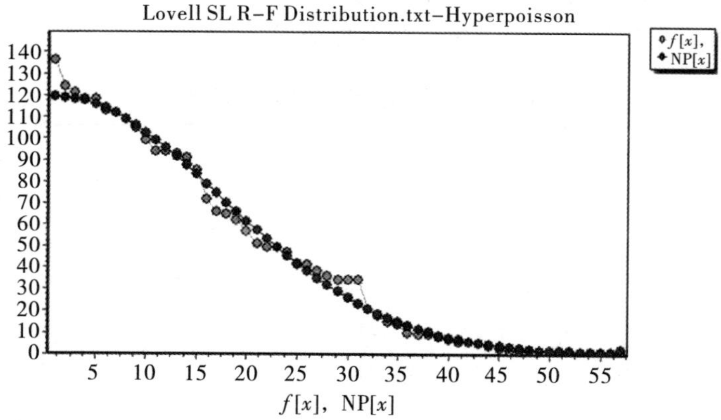

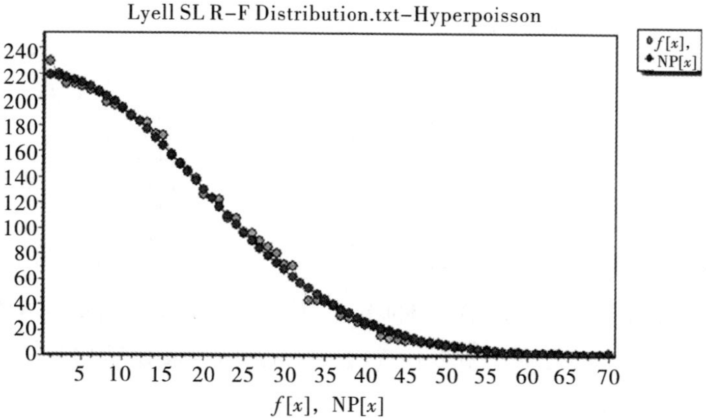

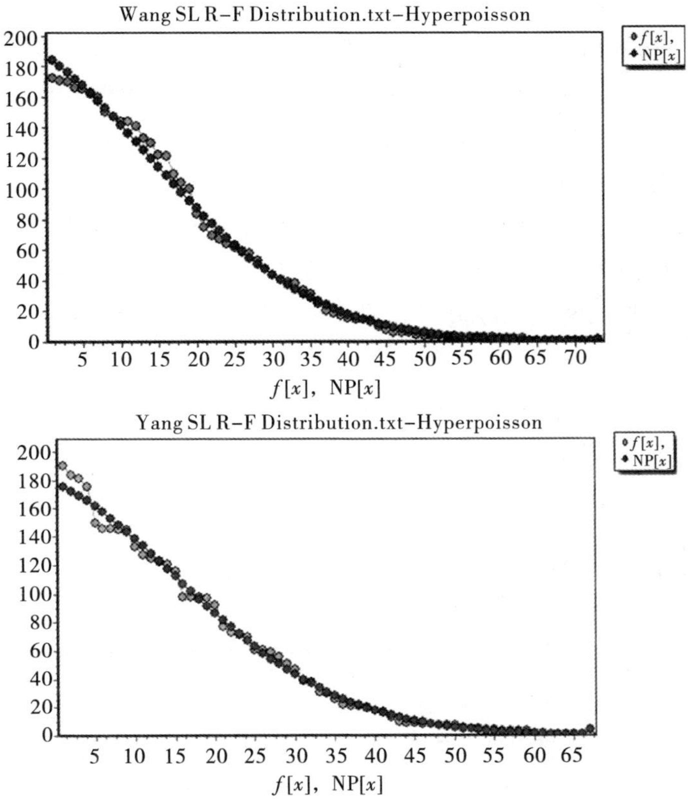

图 3-2 各译者文本句长 *R-F* 概率分布拟合图

针对拟合参数做显著性检验，发现几个参数在翻译方向上均不存在显著性差异(P>0.05)，具体结果见下表(表 3-9)。

表 3-9 Hyperpoisson 模型参数 *a*、*b* 独立样本 *t* 检验

参数	翻译方向	个案数	平均值	标准差	*P* 值(双尾)
a	译入	20	318.391	114.471	0.467
	译出	20	348.563	143.363	
b	译入	20	323.189	120.175	0.461
	译出	20	355.305	150.712	

注：* $P\leqslant0.05$，** $P\leqslant0.01$，*** $P\leqslant0.001$。

由此可以得出，译入、译出所有的译本在句长秩频分布上均符合 Hyperpoisson (a，b)模型，分布规律没有差异。模型拟合参数也不能区分译入、译出文本。因此，可以确定，两组译者译本的句长秩频分布不存在差异。

2)句长 *L-F* 概率分布研究

L-F(Length-Frequency)概率分布即句长-频次概率分布。由于单个句长的分布过于分散，可能会影响最终的模型拟合效果，因此在统计句长分布时，本书沿袭前人经验(Pande et al.，2015；王，2020)，采用句长区间的秩频分布代替单个句长分布。每五个句长分为一个区间，统计每个区间的频次。然后以每个区间的序号作为句长组分布的秩频，如 1、2、3 等，分别代表句长区间为 1～5、6～10、11～15 等。每个秩频都有相对应的频次，从而得到了句长区间的秩频分布。图 3－3 展示了四个译者句长区间的总频次分布图。

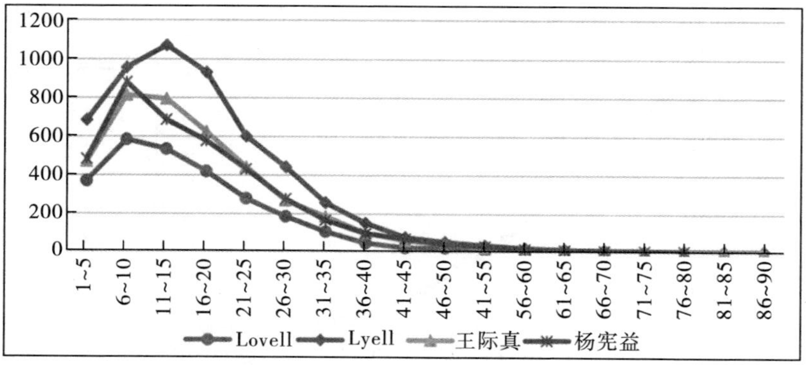

图 3－3　各译者句长组的频次分布图

从图 3－3 可以看出，四个译者的句长分布都显示了相似的变化趋势：呈正偏态分布，曲线右侧偏长，左侧较短，在达到峰值以后，句长越长，频次越低。具体来看，王际真、杨宪益和 Lovell 的句长频次峰值处于 6～10；而 Lyell 的句长频次峰值处于 11～15。但从纵轴的频次来看，王际真和杨宪益表现出更多的相似性，两条曲线几乎重叠；而两位译入译者 Lovell 和 Lyell 则表现出更多的相异性。因此，译出译者之间的句长特征表现出更多的相同点，这或许反映了译出译者作为二语使用者的共性，而译入译者则彰显出更明显的译者风格。

本书使用 SPSS 软件的“Statistics”按钮，选中并运行“Outliers”功能，发现输出结果中的 5 个最大值，即高于 60 的句长，频次极小，没有代表性且基本不影响模拟结果，因此将其作为异常句长的极端值删去。之后用 Altmann-Fitter 软件对译者句长区间频次进行拟合发现，四个译者的句长区间频次都符合 EPNB 模型，具体拟合参数如表 3－10 所示。

表 3－10　四译者句长 *L-F* 分布拟合 EPNB 模型参数

译者	χ^2	$P(\chi^2)$	C	DF	R^2	k	p	a
Lovell	3.581	0.893	0.001	8	0.998	2.690	0.531	0.823
Lyell	6.542	0.587	0.001	8	0.998	3.145	0.547	0.852
王际真	3.501	0.899	0.001	8	0.998	2.714	0.520	0.866
杨宪益	0.690	1.000	0.000	8	0.999	1.789	0.448	0.824

如表 3－10 所示，在 Altmann-Fitter 拟合的结果中，所有译者卡方值的概率 $P(\chi^2)>0.05$，差异系数 $C<0.01$，拟合决定系数 $R^2>0.99$，各个译者句长区间 *L-F* 拟合效果极优，所有译者译本均符合 EPNB 数学模型（k，p，a）（见图 3－4），这与前人研究结果完全一致（Pande et al.，2016；王雅琴，2020）。

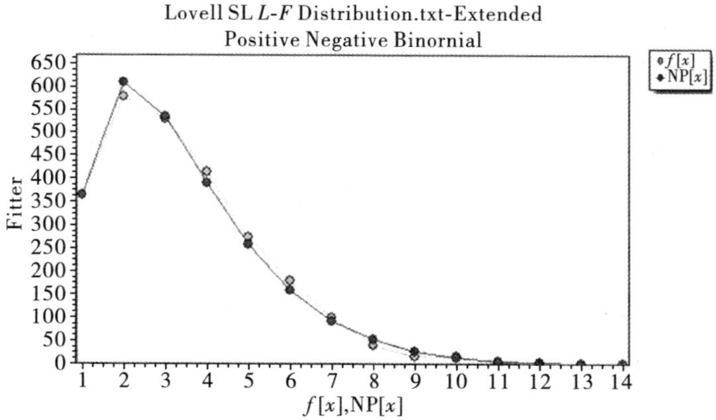

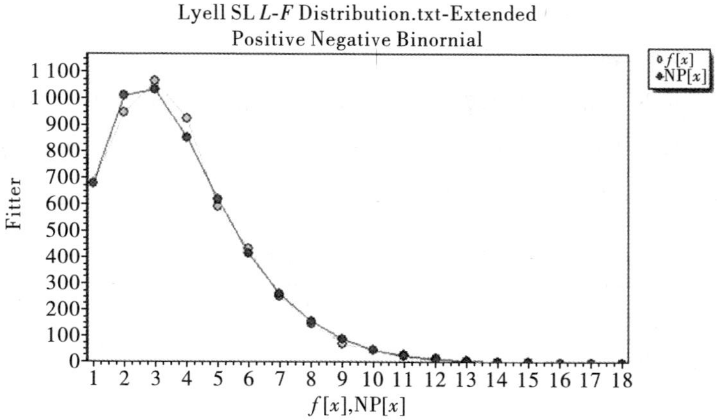

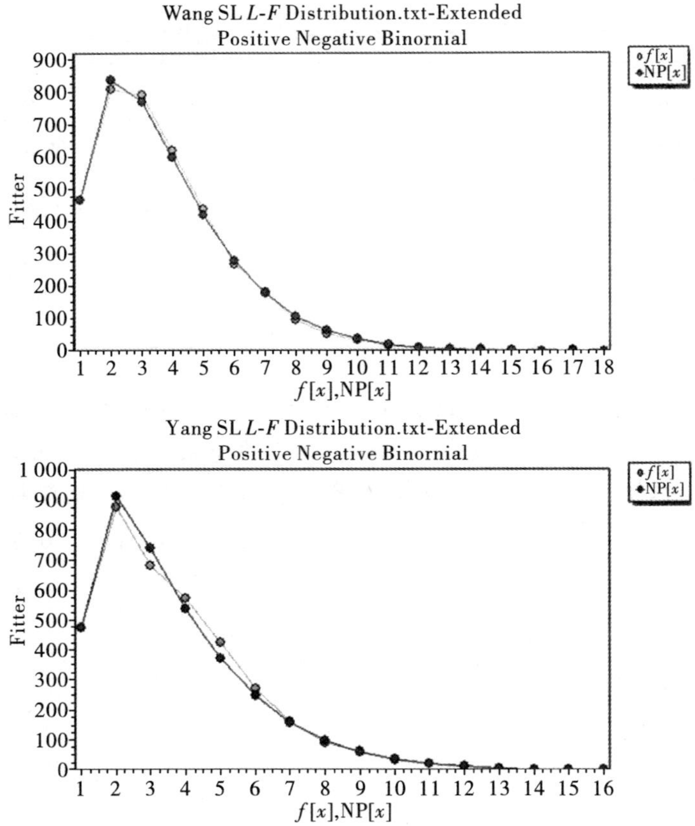

图 3-4　各译者文本句长 *L-F* 概率分布拟合

EPNB 模型公式如下，

$$P_x=\begin{cases} 1-\alpha & x-1=0 \\ \dfrac{\alpha\dbinom{k+x-2}{x-1}p^k q^{x-1}}{1-p^k} & x-1=1,\ 2,\ 3,\ \cdots \end{cases};\ k>0,\ 0<p,\ \alpha<1,\ q=1-p$$

Pande 和 Dhami（2015）提出用句长拟合模型的参数来比较不同作者的作品。本书遵循前人做法，对两个不同翻译方向的译本模型参数 k、p、α 分别用 SPSS 进行显著性检验，检验结果如表 3-11 所示。

表 3-11　EPNB 模型参数独立样本 *t* 检验结果

参数	翻译方向	个案数	平均值	标准差	*P* 值(双尾)
k	译入	20	3.899	1.820	0.02*
	译出	20	2.705	1.246	

续表

参数	翻译方向	个案数	平均值	标准差	P 值(双尾)
p	译入	20	0.586	0.086	0.014*
	译出	20	0.507	0.107	
α	译入	20	0.836	0.418	0.368
	译出	20	0.847	0.544	

注：* $P\leqslant 0.05$，** $P\leqslant 0.01$，*** $P\leqslant 0.001$。

方差齐性检验发现，各个参数均符合方差齐性。参数 k 和 p 在译入、译出文本间具有显著性差异($P<0.05$)。因此，虽然平均句长在译入、译出文本间没有表现出显著性差异，但是句长-频次的拟合模型 EPNB 参数却体现出显著性差异。图 3－5 和 3－6 可以直观地反映参数 k、p 在两类文本中拟合的参数分布。译出文本的模型参数 k、p 整体低于译入文本。

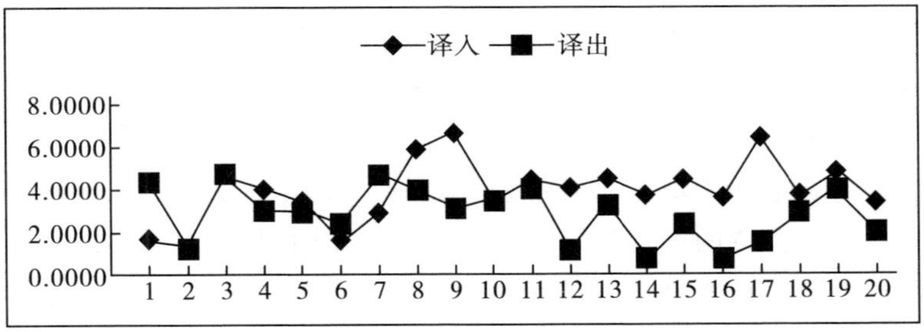

图 3－5　译入、译出文本的句长-频次 EPNB 模型拟合参数 k 的分布

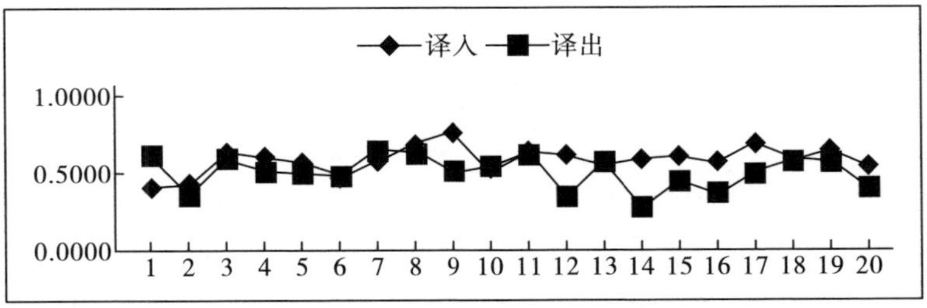

图 3－6　译入、译出句长-频次 EPNB 拟合模型参数 p 的分布

方差分析的齐性子集结果可更直观地反映译者之间的异同。如表 3－12 所示，在同一个翻译方向的译本中，杨宪益和王际真不存在显著性差异；Lovell 和 Lyell 不存在显著性差异。虽然王际真和 Lovell 既可以分在 L1(译入)子集，又可以分在 L2(译出)子集，但组间差异还是一目了然。

表 3-12　模型参数齐性子集 S-N-K 法分组结果

译者	个案数	*k*		*p*	
		1 组	2 组	1 组	2 组
杨宪益	10	2.170		0.471	
王际真	10	3.241	3.241	0.542	0.542
Lovell	10	3.668	3.668	0.568	0.568
Lyell	10		4.130		0.604
显著性		0.090	0.411	0.074	0.326

Hou 等(2017)和王(2020)发现数学模型的参数可以作为分类语体的有效特征，本书也证实模型参数可以有效区分不同翻译方向的文学译本。本节发现，译入、译出文本表现出高度的相似性，这一方面可能跟自然语言的特性有关，另一方面是因为所有译本都受到同一原文的制约，所以句长区间的频次分布和句长秩频分布都符合相同的数学模型。所有译本句长 *R-F* 秩频分布都可拟合为 Hyperpoisson 模型，所有译本句长 *L-F* 长度-频次分布都可拟合为 EPNB 模型，这体现出翻译语言的共性。同时，EPNB 模型的参数 k 和 p 在译入、译出文本间表现出显著性差异，证明了两个方向的翻译语言在共性的基础上，也有独特的个性特征。这一结论符合本书的假设，即译入、译出文本并不存在系统性差异，但是在语言的细微之处各有千秋。发现这些细微的差别，对于外化和文学外译、翻译语言特征研究、翻译文体和译者风格研究、翻译教学等都有所启发。

3.3　小句长对比研究

英语中关于小句的定义并不一致，对于英语文本的小句切分，前期研究的划分方法是，将小句界定为包含主语和谓语的语言单位(王雅琴，2020；Jiang et al.，2022)。具体的做法是在标注语料中，统计谓语动词的数量并辅以人工校对，即可获得小句数量。但是因为本书需要抽取所有的小句，统计其长度并对其分布规律进行拟合，在抽取小句的时候，用以上方法难以将小句和其他修饰成分分离，很难确定小句的边界。所以本书采用 NLP 中最常见的粗粒度处理方式，将小句可操作化为标点符号之间的语言序列。标点符号包含逗号、句号、冒号、分号、感叹号、破折号和省略号。因此本节采用“小句”这个术语，以区别句法复杂度指标中的“子句”。

本节将首先通过 Python 编程抽取两组文本中所有的小句，计算并对比两组文本的平均小句长，之后用 Altmann-Fitter 对小句长的秩频分布和长度-频次分布进行数学模型拟合，对比小句长分布规律。

3.3.1 平均小句长对比研究

各译本平均小句长如表 3－13 所示。

表 3－13 各译本平均小句长

翻译方向	译者	AQZZ	FB	FZ	GDZ	GX	KRRJ	LH	SS	ZF	ZJLS
译入	Lovell	6.61	6.11	5.84	6.45	6.21	5.78	5.97	6.19	6.27	6.51
	Lyell	8.29	8.22	8.09	8.56	8.49	8.16	8.33	8.61	8.04	8.10
译出	王际真	8.33	8.07	7.60	8.83	7.98	8.84	7.95	8.74	8.94	8.47
	杨宪益	7.93	7.51	6.13	6.22	7.58	7.71	6.61	7.26	7.69	7.64

注：小句长单位为单词数。

对不同翻译方向的小句长进行独立样本 t 检验之后，结果见表 3－14。

表 3－14 不同翻译方向小句长独立样本 t 检验结果

翻译方向	个案数	平均值	标准差	P 值(双尾)
译入	10	7.243	0.192	0.004**
译出	10	7.802	0.465	

注：* $P \leqslant 0.05$，** $P \leqslant 0.01$，*** $P \leqslant 0.001$。

可见，译入与译出译本的小句句长存在极显著的差异($P<0.01$)，且译出译本平均小句长高于译入译本(7.8020>7.2430)，同时译出译本小句长标准差也远高于译入译本，说明译出译本比译入译本的小句长更加离散(见图 3－7)。

虽然，译出译本的平均小句长均值大于译入译本，且组间具有显著性差异。为了解两个方向的组内是否具有显著性差异，以及平均小句长在译者间所表现出来的规律，继续进行单因素方差分析。

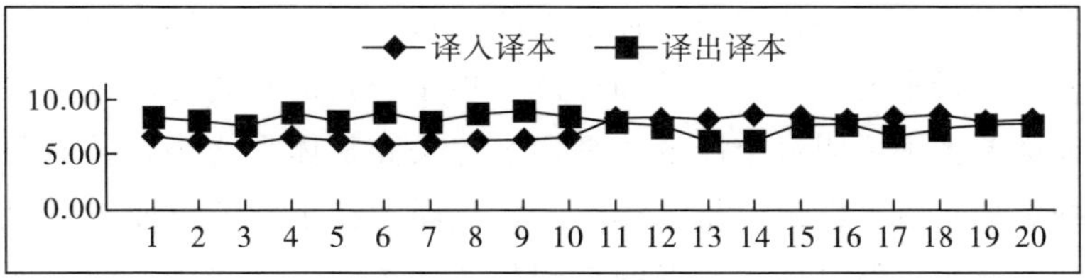

图 3－7 不同翻译方向译本的平均小句长

表 3-15 显示，Lovell 译本与 Lyell 译本的小句句长存在极为显著的差异($P<0.001$)，且 Lyell 译本小句长显著高于 Lovell 译本(8.289>6.194)。Lovell 译本与王际真译本的小句句长存在极为显著的差异($P<0.001$)，且王际真译本的小句长显著高于 Lovell 译本(8.375>6.194)。Lovell 译本与杨宪益译本的小句句长存在极为显著差异($P<0.001$)，且杨宪益译本的小句长显著高于 Lovell 译本(7.228>6.194)。Lyell 译本与王际真译本的小句句长不存在显著差异($P>0.05$)。Lyell 译本与杨宪益译本的小句句长存在极为显著的差异($P<0.001$)，且 Lyell 译本的小句长显著高于杨宪益译本(8.2890>7.2280)。王际真译本与杨宪益译本的小句句长也存在极为显著的差异($P<0.001$)，且王际真译本小句长显著高于杨宪益译本(8.3750>7.2280)。由此可见，粗粒度划分的小句句长主要反映译者的个人风格，译入译本与译出译本组间的显著性差异是由极为突出的个人风格导致的。

表 3-15(1)　各译者平均小句长描述性统计结果

译者	平均值	标准差
Lovell	6.194	0.279
Lyell	8.289	0.205
王际真	8.375	0.462
杨宪益	7.228	0.660

表 3-15(2)　各译者间平均小句长独立样本 *t* 检验结果

译者	Lyell	王际真	杨宪益
Lovell	0.000***	0.000***	0.000***
Lyell		0.663	0.000***
王际真			0.000***

注：* $P\leqslant 0.05$，** $P\leqslant 0.01$，*** $P\leqslant 0.001$。

值得一提的是，译入译者 Lovell 和 Lyell 译本的平均小句长的标准差均小于译出译者王际真和杨宪益。标准差能反映一个数据集的离散程度。标准差小说明每个译本的平均小句长和整体平均小句长的距离比较小，数据较为集中；标准差大则说明每个译本的平均小句长和整体平均小句长的距离比较大，数据更加离散。由此可见，译入、译出译者在小句长方面虽然没有表现出规律性的差异，但是译入译者的小句长在译本间表现趋于一致，而译出译本的小句长则受到源文本的影响较大。

虽然平均小句长在翻译方向上存在显著性差异，但是并不意味着译出译者的平均句长都大于译入译者。相反，在平均小句长方面，Lyell 译本和王际真译本显示出更大的相似性，不存在显著性差异($P>0.05$)；而其他译者两两间均存在显著性差异。译本平均小句长排序为王际真(8.375)＞Lyell(8.289)＞杨宪益(7.228)＞Lovell(6.194)。可见，平均小句长更多地反映译者的个人风格。组间的差异是由 Lovell 和杨宪益突出的个人风格引发的。

3.3.2　小句长概率分布研究

1)小句长 *R-F* 概率分布研究

R-F(Rank-Freq.)秩频表是指将文本中的小句长频次由高到低排列，*R* 代表每个频次相对应的位次。用 Altmann-Fitter 对列表中各频次对应的位次和频次之间的关系进行概率分布拟合(见表 3－16)。

表 3－16　小句长 *R-F* 秩频分布表

位次(*R*)	频次(*F*)			
	Lovell	Lyell	王际真	杨宪益
1	1006	849	646	845
2	943	824	629	837
3	933	823	593	816
4	908	807	585	761
5	898	800	522	683
6	834	797	502	650
7	706	769	496	613
8	656	718	485	572
9	540	662	485	528
10	431	583	411	467
…	…	…	…	…

小句长 *R-F* 拟合的模型为 Hyperpoisson (a，b)。如表所示，在 Altmann-Fitter 拟合的结果中，所有译者卡方值的概率 $P(\chi^2)>0.05$，差异系数 $C\leqslant 0.01$，拟合决定系数 $R^2>0.99$，各个译者小句长 *R-F* 拟合效果极优，所有译者译本小句长均可以拟合为 Hyperpoisson 数学模型。模型参数如表 3－17 所示。

表 3-17　小句长 *R-F* 分布拟合 Hyperpoisson 模型参数

译者	$P(\chi^2)$	C	DF	R^2	a	b
Lovell	0.87	0.0078	24	0.9954	38.83	38.82
Lyell	0.98	0.0063	35	0.9959	81.61	81.58
王际真	0.95	0.0099	35	0.9923	96.92	98.95
杨宪益	0.88	0.0045	28	0.9968	57.26	58.03

小句长秩频具体分布如图 3-8 所示。

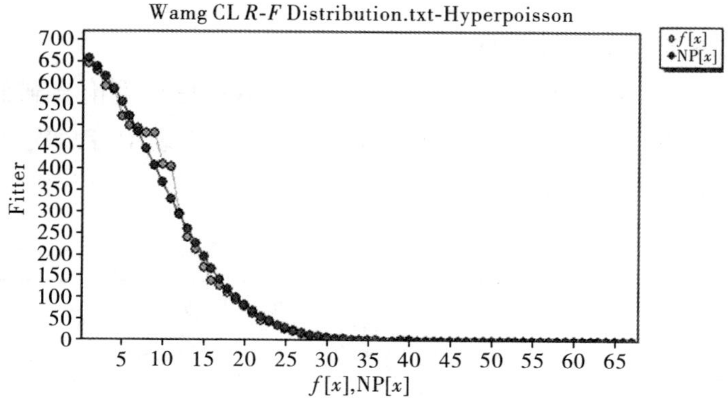

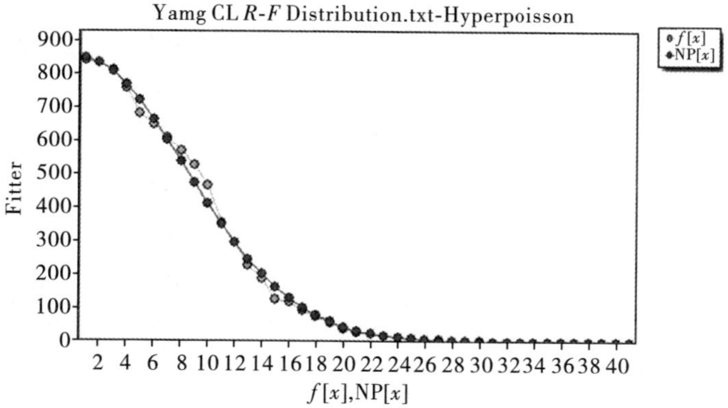

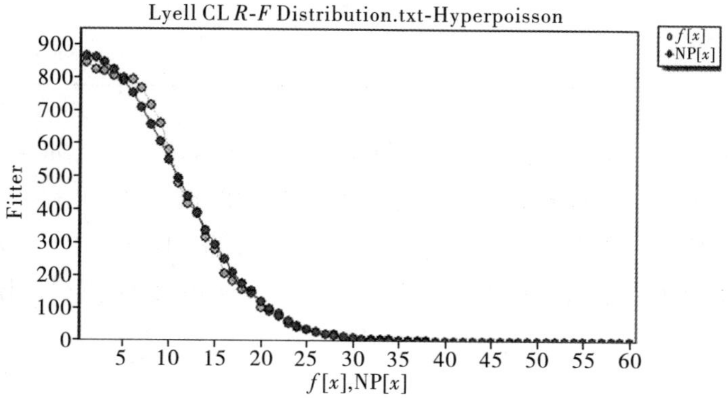

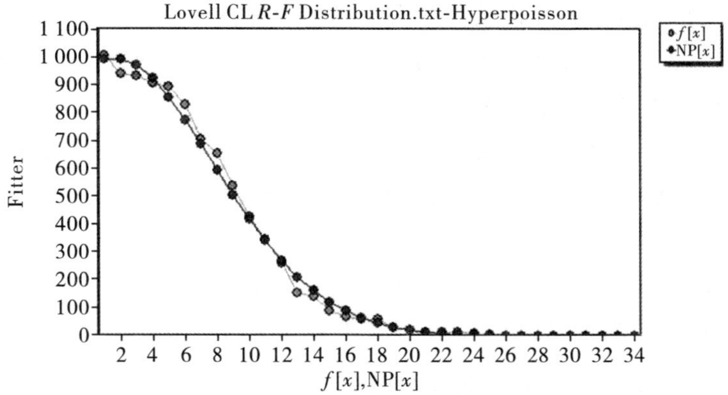

图 3－8　四译者译本小句长 *R-F* 概率分布拟合

四译者小句长 *R-F* 拟合参数(a，b)如表 3－18 所示。

表 3－18　各译本 *R-F* 分布拟合参数(a，b)

译本	Lovell		Lyell		王际真		杨宪益	
	a	*b*	*a*	*b*	*a*	*b*	*a*	*b*
AQZZ	44.226	44.244	60.861	59.999	106.239	109.400	88.639	89.383
FB	44.553	46.662	83.107	87.525	136.798	145.290	117.385	122.692
FZ	30.473	30.511	69.006	76.256	102.799	109.511	114.051	119.526
GDZ	33.682	32.690	29.238	28.273	93.585	95.736	92.784	93.895
GX	31.404	30.588	82.619	87.522	78.825	79.751	101.155	104.080
KRRJ	32.558	33.264	77.524	83.203	98.359	100.701	62.677	61.800
LH	35.066	35.296	31.990	30.785	94.386	97.656	35.631	35.659
SS	51.642	53.002	40.855	39.664	87.537	88.563	100.264	102.044
ZF	36.534	37.092	72.480	74.556	125.509	130.368	76.941	77.496
ZJLS	32.905	32.563	61.540	63.123	168.120	181.538	66.308	65.896

对参数进行独立样本 t 检验发现，参数 a 和 b 在翻译方向上存在显著性差异，具体结果见表 3－19。

表 3－19　两组间模型参数 a、b 的独立样本 t 检验结果

参数	翻译方向	个案数	平均值	标准差	P 值(双尾)
a	译入	20	49.113	19.082	0.000***
	译出	20	97.400	28.211	
b	译入	20	50.341	21.158	0.000***
	译出	20	100.549	31.368	

注：$^{*}P\leqslant0.05$，$^{**}P\leqslant0.01$，$^{***}P\leqslant0.001$。

继续进行组内显著性检验，探索模型参数在两个方向的组内是否具有显著性差异。表3-20显示，模型参数 a、b 在译出译者内部不存在显著性差异，但是在译入译者内部表现出显著性差异。

综上，译入、译出文本的小句长秩频分布符合相同的数学规律，都可以用数学模型 Hyperpoisson 来表示。从模型参数均值来看，译入文本的参数 a 与 b 的均值低于译出文本，在不同翻译方向体现出显著性差异，说明模型参数可以区分翻译方向。同时该模型参数在译出译者内部也表现出显著性差异，也能够用来区分译者的风格，确定译者个人在小句使用方面的特色。

表3-20　各组内模型参数 a、b 的独立样本 t 检验结果

参数	译者	平均值	标准差	P 值(双尾)
a	Lovell	37.304	7.056	0.003***
	Lyell	60.922	20.225	
	王际真	109.216	26.919	0.059
	杨宪益	85.583	25.401	
b	Lovell	37.591	7.723	0.004***
	Lyell	63.091	22.895	
	王际真	113.851	30.636	0.055
	杨宪益	87.247	27.303	

注：* $P \leqslant 0.05$，** $P \leqslant 0.01$，*** $P \leqslant 0.001$。

2)小句长 L-F 概率分布研究

由于单个小句长的分布过于分散，可能会影响最终的模型拟合效果，因此在统计小句长分布时，本书依然沿袭前人经验(Pande et al.，2015；王，2020)，采用小句长区间的秩频分布代替单个小句长分布。每五个小句长分为一个区间，统计每个区间的频次。然后以每个区间的序号作为小句长组分布的秩频，如1、2、3等，分别代表小句长区间为1～5、6～10、11～15等(见表3-21)。每个区间的小句长都有相对应的频次，从而得到了小句长的秩频分布。

表3-21　各译者小句长频次

序号	小句长区间	Lovell	Lyell	王际真	杨宪益
1	1～5	4461	4013	2670	3389
2	6～10	3394	3619	2678	3383
3	11～15	992	1895	1335	1192

续表

序号	小句长区间	Lovell	Lyell	王际真	杨宪益
4	16～20	237	811	557	386
5	21～25	49	312	221	95
6	26～30	5	95	70	30
7	31～35	1	34	13	4
8	36～40	0	8	6	0
9	41～45	0	2	4	0

图 3-9 展示了四个译者小句长的总频次分布图。

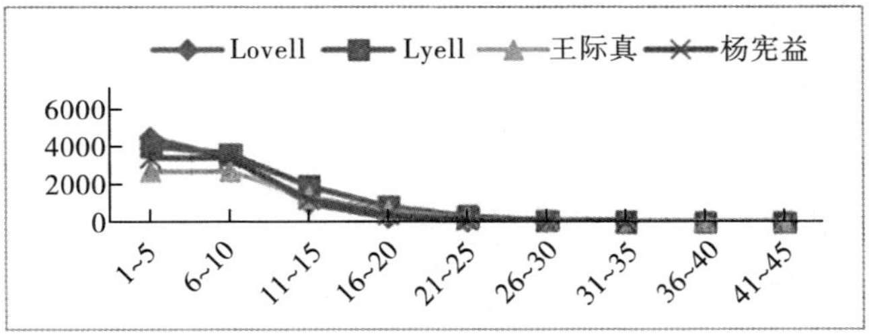

图 3-9　小句长频次分布图

从图 3-9 可以看出，四个译者的小句长分布都显示了相似的变化趋势：呈正偏态分布，曲线右侧偏长，左侧较短，在达到峰值以后，小句长越长，频次越低。具体来看，所有译者的小句长频次峰值处于 1～5；从纵轴的频次来看，高频次区，王际真和杨宪益的曲线更加接近，Lovell 和 Lyell 两译者的曲线更加接近。

小句长分布规律可以拟合为数学模型 Shenton-Skees-Geometric(p, a)。该模型的数学公式为：

$$P_x = pq^{x-1}\left[1+a\left(x-\frac{1}{p}\right)\right] \quad \begin{matrix}(x=1, 2, 3, \cdots)\\ \left(0<p<1, q=1-p, 0<a<\frac{1}{q-1}\right)\end{matrix}$$

拟合模型参数如表 3-21 所示。在 Altmann-Fitter 处理的结果中，三个判定模型拟合效果的系数分别为 $P(\chi^2)$、C 和 R^2。$P(\chi^2)$为概率，当 $P(\chi^2)>0.05$ 时，拟合效果极佳，C 为差异系数，$C<0.02$，结果为好；$C<0.01$，结果为非常好；R^2 为拟合的决定系数，$R^2>0.8$，结果为可接受，$R^2>0.9$，结果为非常好(刘海涛，2017)。如表 3-21 所示，除了译者 Lyell 的 $P(\chi^2)$数据稍差，其他三个译者的 $P(\chi^2)$都大于 0.05，拟合效果极佳；各个译者差异系数 $C<0.01$，拟合决定系数 $R^2>0.99$，拟合模型效果极优。

表 3－21　小句长分布拟合 Shenton-Skees-Geometric 模型参数（p，a）

译者	p	a	χ^2	$P(\chi^2)$	DF	C	R^2
Lovell	0.835	2.087	3.927	0.269	3	0.000	1
Lyell	0.700	1.067	13.789	0.032	6	0.001	0.9999
王际真	0.709	1.240	5.546	0.594	7	0.001	0.9999
杨宪益	0.798	1.968	8.367	0.079	4	0.001	0.9998

模型拟合如图 3－10 所示。

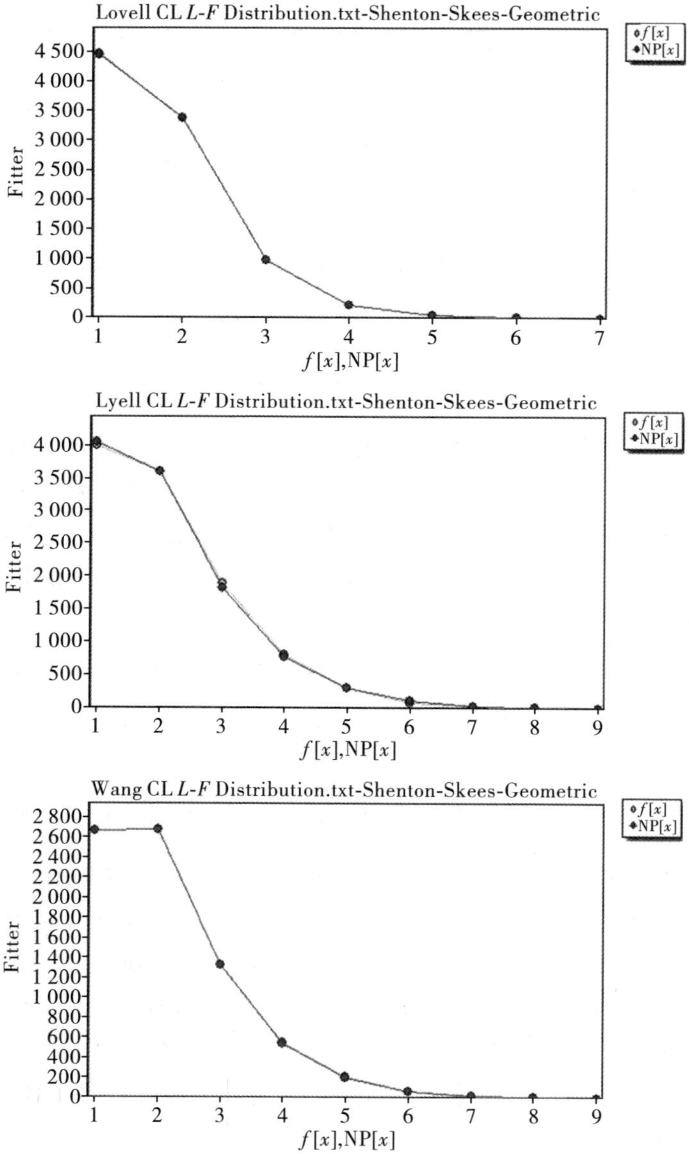

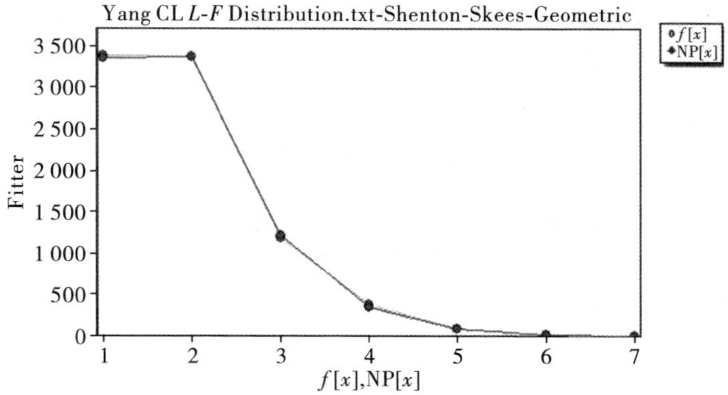

图 3-10　四译者译本小句长 *L-F* 概率分布拟合

各文本拟合模型参数如表 3-22 所示。

表 3-22　Shenton-Skees-Geometric 模型参数

译本	Lovell		Lyell		王际真		杨宪益	
	p	*a*	*p*	*a*	*p*	*a*	*p*	*a*
AQZZ	0.8427	2.0934	0.7273	1.4146	0.7177	1.3077	0.7833	1.8273
FB	0.8481	1.9462	0.7390	1.4806	0.7190	1.5631	0.8378	3.1061
FZ	0.8217	1.8960	0.6671	0.8833	0.7042	1.2616	0.8133	2.2942
GDZ	0.8542	2.5940	0.7038	1.2120	0.6606	0.8009	0.7992	2.2528
GX	0.8492	2.3921	0.7142	1.1386	0.7154	1.4733	0.7522	1.4333
KRRJ	0.8441	1.7951	0.6732	0.7885	0.6831	0.7304	0.8502	2.3900
LH	0.8453	2.0700	0.8378	1.9957	0.7075	1.1074	0.8607	3.1372
SS	0.8434	2.3994	0.6822	0.9889	0.7284	1.5933	0.8687	2.8613
ZF	0.7965	1.4945	0.6810	0.9423	0.6982	1.0700	0.7404	1.4384
ZJLS	0.8586	2.9765	0.7377	1.4227	0.7329	1.5901	0.7929	2.1275
均值	0.8404	2.1657	0.7163	1.2267	0.7067	1.2498	0.8099	2.2868

独立样本 *t* 检验显示，不同翻译方向的小句句长分布在 *p*、*a* 两个参数上均不存在显著性差异($P>0.05$)，具体结果见表 3-23。

表 3-23　模型参数 *p*、*a* 独立样本 *t* 检验

参数	翻译方向	个案数	平均值	标准差	*P* 值(双尾)
p	译入	20	0.778	0.073	0.359
	译出	20	0.758	0.063	
a	译入	20	1.696	0.618	0.735
	译出	20	1.768	0.715	

注：* $P\leqslant0.05$，** $P\leqslant0.01$，*** $P\leqslant0.001$。

方差分析比较译者间的差异，结果显示，参数 p 的平均值排序为 Lovell>杨宪益>Lyell>王际真，Lovell 与杨宪益更为接近，而 Lyell 和王际真更为接近；参数 a 的平均值排序为杨宪益>Lovell>王际真>Lyell，Lovell 与杨宪益更为接近，而 Lyell 和王际真更为接近。

表 3-24　模型参数 p、a 在译者间的方差分析结果(P 值)

参数	译者	Lyell	王际真	杨宪益
p	Lovell	0.000***	0.000***	0.069
	Lyell		0.558	0.000***
	王际真			0.000***
a	Lovell	0.000***	0.000***	0.548
	Lyell		0.909	0.000***
	王际真			0.000***

注：* $P\leqslant0.05$，** $P\leqslant0.01$，*** $P\leqslant0.001$。

从表 3-22 和表 3-24 可知，两个参数 p、a 在 Lovell 和 Lyell 间都存在显著差异，Lovell 显著高于 Lyell($P<0.001$)；王际真和杨宪益存在显著差异，王际真显著低于杨宪益($P<0.001$)。相反，Lovell 和杨宪益，Lyell 和王际真之间不存在显著性差异($P>0.05$)。

表 3-25　齐性子集 S-N-K 法分组结果

译者	个案数	p		a	
		1 组	2 组	1 组	2 组
王际真	10	0.712		1.253	
Lyell	10	0.724		1.231	
杨宪益	10		0.813		2.291
Lovell	10		0.841		2.172
显著性		0.562	0.073	0.91	0.547

小句长 *L-F* 分布规律可以拟合为数学模型 Shenton-Skees-Geometric，但参数 p、a 不但没有体现出方向性差异，反而体现出了不同翻译方向之间译者的相似性，这说明小句长-频次分布规律不能有效区分译者的翻译方向，但是该模型参数能够很好地体现译者风格的异同。

3.4 本章小结

本章首先引入L2SCA体系中的14个句法复杂度指标，考察不同翻译方向下的英译本句法复杂度的异同，探究翻译方向对句法复杂度的影响；并且引入原文本，考察译入、译出文本与原文本相比的句法表现。其次考察了两类文本在句长及其概率分布，小句长及其概率分布上的异同点。研究发现，译入与译出文本的句法复杂度总体上不存在显著性差异，但翻译方向对个别句法复杂度指标、句长和小句长的分布规律有一定程度的影响，同时发现了某些句法特征上所凸显的译者风格。以下为本章研究的主要发现和结论。

本章研究发现以下几点。①译入、译出文本的总体句法复杂度都显著高于原文本，不同方向间并不存在显著性差异，但译入文本与原文本更加接近。②译入、译出文本在6个句法指标上存在显著性差异。其中MLC和T/S与翻译方向密切相关；C/S和CN/C受翻译方向和译者风格共同影响；CP/T和CP/C基本不受翻译方向影响，和译者风格密切相关。以上特征意味着，译出文本中T单位和子句数量均大于译入文本，这表明在句子深层结构上，译出文本比译入文本的复杂度更高，换言之，相比译入文本，译出文本呈现出深度句法结构复杂化的倾向。③平均句长并不能作为区分译入、译出文本的有效指标；句长的*R-F*秩频分布可拟合为Hyperpoisson数学模型，模型参数(a，b)不能区分翻译方向；各译者文本的句长-频次(*L-F*)可拟合为EPNB数学模型，模型参数(k，p)可以区分翻译方向；④译入、译出文本间的小句句长虽然存在极显著的差异，但这种差异是因突出的译者风格产生的；小句长*R-F*秩频分布可拟合为数学模型Hyperpoisson(a，b)，模型参数能够区分翻译方向，也可以区分译者风格；小句长*L-F*分布规律可以拟合为数学模型Shenton-Skees-Geometric(p，a)，模型参数没有体现出翻译方向性差异，但可以区分译者风格。

从以上结果来看，虽然译入、译出文本在句法的总体复杂度、多数句法指标、平均句长和小句长方面不存在显著性差异。但是，译入与译出文本在深层句法特征、句长和小句长的分布规律上表现出了显著性差异。译出文本相比译入文本显示出更高的复杂度，反映了译出译者在翻译过程中对句子深度结构的扩展。翻译方向对句法指标如MLC(Mean Length of Clause)和T/S(T-unit per Sentence)有显著影响，而其他指标则更多地受译者风格的影响。平均句长似乎不足以区分翻译方向，但小句长的分布规律却体现出明显的译者风格差异。这些发现揭示了翻译过程中句法结构的深层次变化，提供了对翻译质量和风格的更深层理解。

第四章　线性句法特征对比研究

本章将对两组文本的句法线性特征进行对比研究，所选取的句法线性特征包含 F 动链、POS 动链和 POS *n*-gram。本章共包含两个小节，即动链对比研究和基于 POS *n*-gram 的文本相似性对比研究。

动链对比研究中，首先比较两组文本间 F 动链的秩频分布和长度-频次分布规律及 F 动链的复杂度和丰富度指标；接着比较以语篇、句子和小句为边界所切分的 POS 动链秩频分布和长度-频次分布规律，以及 POS 动链的复杂度和丰富度指标。

基于 POS *n*-gram 的文本相似性对比研究，首先比较 POS 4-gram 的概率分布规律，然后以 POS 4-gram 组成向量空间，计算两组文本的余弦相似度，并回归语境进行观察分析。

4.1　动链对比研究

本节所选取的指标包含基于词频的 F 动链(F-motif)和基于 POS 词性标签的 R 动链(POS-motif)，下文称之为 POS 动链。

因为 F 动链和 POS 动链的分割是基于词频和词性的标注，而不是基于单词，因此本书首先要对文本进行词频和 POS 标注，原始文本将被转化为一系列的数字和词性标签，然后再被分割成动链。具体来讲，从语料中抽取 F 动链之前，首先要对语料库进行词频标注，将原语料文本转化为由一系列词频数字组成的文本。同理，从语料中抽取 POS 动链之前，也需要在 POS 标注的基础上，删除原文单词，将原语料文本转化为由一系列 POS 标签组成的文本。

F 动链处理的具体步骤如下。

1)F 动链标注

计算文本中每个词的频率值并对每个词进行频率标注。根据 Köhler 和 Naumann (2010)的观点，词的频率值可以根据该词在给定文本中的出现次数或在完整语料库中的出现次数来计算。本书采用的是第一种方法，如下示例。

原文：面河的农家的烟突里，逐渐减少了炊烟，女人孩子们都在自己门口的土场上泼些水，放下小桌子和矮凳；人知道，这已经是晚饭的时候了。(选自鲁迅的《风波》)

译文：The smoke died out in the chimneys of the peasant' homes facing the river. Women and children sprinkled water on the dusty ground in front of their own houses and set out low tables and benches. It was supper time. (选自王际真的 *Cloud over Luchen*)

标注文本(按照每个单词在文本中出现的频次值进行词频标注后的译文文本)：

The_5 smoke_1 died_1 out_2 in_2 the_5 chimneys_1 of_2 the_5 peasants'1 homes_1 facing_1 the_5 river_1 Women_1 and_1 children_1 sprinkled_1 water_1 on_1 the_5 dusty_1ground_1 in_2 front_1 of_2 their_1 own_1 houses_1 and_1 set_1 out_2 low_1 tables_1 and_1 benches_1 It_1 was_1 supper_1 time_1

删除英语单词后，整个译文转化成了词频值的序列：

5 1 1 2 2 5 1 2 5 1 1 1 5 1 1 1 1 1 1 1 5 1 1 2 1 2 1 1 1 1 1 2 1 1 1 1 1 1 1

2)F 动链切分提取

词频动链被定义为一个词频值的序列，其中的每一个词频值必须比前一个词频值更大或与前一个词频值相等。例如，1 2 1 这一序列可以被切分为动链 [1 2] [1]；1 1 3 2 这一序列可以被切分为动链 [1 1 3] [2]。

依照这个定义，上面的词频值序列可以切分为以下 9 个动链：

[5] [1 1 2 2 5] [1 2 5] [1 1 1 5] [1 1 1 1 1 1 1 5] [1 1 2] [1 2] [1 1 1 1 2] [1 1 1 1 1 1 1]

3)制作 F 动链的秩频(*R-F*)表

将 F 动链按照频次由高到低进行排序，与齐普夫定律所描绘的词频秩频表同理，*R* 是指其位次序号，*F* 为频次。以上 9 个动链均为一次频率，不能制作出典型的秩频表。本书截取 Lovell 的 *The Real Story of Ah Q* 中 F 动链秩频表前 10 位进行示例(见表 4-1)，其中第一列为位次，第二列为频率，第三列为切分后所得的 F 动链。

表 4-1 F 动链 *R-F* 秩频表示例

位次(*R*)	频率(*F*)	F 动链
1	376	3
2	341	2
3	320	5

续表

位次(*R*)	频率(*F*)	F动链
4	294	4
5	264	9
6	264	6
7	259	12
8	239	7
9	234	13
10	229	8
…	…	…

表4-2 F动链 *L-F* 长度-频次表

长度(*L*)	频率(*F*)
1	1
2	1
3	2
4	1
5	1
6	1
7	1
8	1
9	0
…	…

4)制作F动链的长度-频率(*L-F*)表

计算每个动链的长度，即计算动链中包含的词频值的数量，以上9个动链，长度分别为1、5、3、4、8、3、2、6、7。制作动链的长度-频率(*L-F*)分布表(表4-2)。

在40个文本中重复以上操作，提取不同译者的不同文本中的所有动链，制作秩频(*R-F*)表；并计算动链长度，制作长度-频率(*R-F*)分布表。

POS动链的具体处理步骤如下。

1)POS动链标注

原文：临河的土场上，太阳渐渐地收了他通黄的光线了。场边靠河的乌柏树叶，干巴巴的才喘过气来，几个花脚蚊子在下面哼着飞舞。（选自鲁迅的《风波》）：

译文：Over the mudflats down by the river, the sun was slowly gathering in its golden rays. The parched leaves of the tallow trees on the bank seemed to gasp with relief, a smattering of mosquitoes dancing and droning below. （选自 Lovell 的 *A Passing Storm*）

标注文本〔进行词性赋码(POS tagging)后的译文〕：

Over_II the_AT mudflats_NN2 down_RP by_II the_AT river_NN1，_， the_AT sun_NN1 was_VBDZ slowly_RR gathering_VVG in_II its_APPGE golden_JJ rays_NN2. _. The_AT parched_JJ leaves_NN2 of_IO the_AT tallow_NN1 trees_NN2 on_II the_AT bank_NN1 seemed_VVD to_TO gasp_VVI with_IW relief_NN1，_，a_AT1 smattering_NN1 of_IO mosquitoes_NN2 dancing_VVG and_CC droning_VVG below_RL. _.

清理单词后的 POS 译本：

II AT NN2 RP II AT NN1，AT NN1 VBDZ RR VVG II APPGE JJ NN2. AT JJ NN2 IO AT NN1 NN2 II AT NN1 VVD TO VVI IW NN1，AT1 NN1 IO NN2 VVG CC VVG RL.

因为 POS 标注的颗粒度较细，比如名词 NN1 代表普通名词单数，NN2 代表普通名词复数，这些细颗粒度的区分对本书没有意义，因此本书对标注后的文本进行词类还原。还原之后的 POS 译本如下：

II AT NN RP II AT NN，AT NN VBDZ RR VVG II APPGE JJ NN. AT JJ NN IO AT NN NN II AT NN VVD TO VVI IW NN，AT NN IO NN VVG CC VVG RL.

2)POS 动链切分提取

本书中对 POS 动链采取三种粒度的切分方式，即以语篇为边界切分、以句子为边界切分、以小句为边界切分。第一种忽略所有标点符号，将整个文本的 POS 标签连成一个序列；第二种考虑句子标点，在句号、问号、感叹号、省略号处切断；第三种是最细粒度的切分，即在所有标点符号处切断。

动链切分是利用自行开发的 Python 程序，对共计 40 个文本中的 POS 动链进行切分。POS 动链被定义为一个词性序列，其中不包含相同的元素。因此，对每个动链在 POS 标签重复的地方予以切分。以语篇为边界，原文中的两句话，转化成了 12 个动链：

[II AT NN RP] [II AT NN] [AT NN VBDZ RR VVG II APPGE JJ] [NN AT JJ] [NN IO AT][NN] [NN II AT] [NN VVD TO VVI IW] [NN

AT] [NN IO] [NN VVG CC] [VVG RL];

以句子为边界，以上文本可转化为以下 12 个动链：

[II AT NN RP] [II AT NN] [AT NN VBDZ RR VVG II APPGE JJ] [NN]// [AT JJ NN IO] [AT NN] [NN II AT] [NN VVD TO VVI IW] [NN AT] [NN IO] [NN VVG CC] [VVG RL]//

以小句为边界，上文可转化为以下 12 个动链：

[II AT NN RP] [II AT NN]//[AT NN VBDZ RR VVG II APPGE JJ] [NN]//[AT JJ NN IO] [AT NN] [NN II AT] [NN VVD TO VVI IW] [NN]// [AT NN IO] [NN VVG CC] [VVG RL]//

3)制作 POS 动链的秩频(*R-F*)表

将 POS 动链按照频次由高到低进行排序，与齐普夫定律所描绘的词频秩频表同理，*R* 指其位次序号，*F* 为频次。以上 12 个动链均为一次频率，不能制作出典型的秩频表。本文截取 Lovell 的 *The Real Story of Ah Q* 中的 POS 动链秩频表进行示例(见表 4-3)。其中第一列为位次，第二列为频率，第三列为切分所得的 POS 动链。

表 4-3　POS 动链 *R-F* 秩频表

位次(*R*)	频率(*F*)	POS 动链
1	120	NN
2	85	NN IO
3	51	NN II AT
4	41	NN CC
5	39	NN AT
6	37	NN IO AT
7	34	NN II
8	32	RR
9	25	NN IO JJ
10	25	NN GE
…	…	…

4)制作 POS 动链长度-频率(*L-F*)表

计算 POS 动链的长度及其频次，一个 POS 动链的长度是由它所包含的 POS 数量决定的。比如，POS 动链[II AT NN RP]的长度为 4。以上语篇层级的 12 个动链，长度分别为 4、3、8、3、3、1、3、5、2、2、3、2。制作 POS 动链的 *L-F* 分布表(表 4-4)。

表 4-4　POS 动链 *L-F* 长度-频次表

长度(*L*)	频率(*F*)
1	1
2	3
3	5
4	1
5	1
6	0
7	0
8	1
9	0
10	0

在 40 个文本中重复以上操作，提取不同译者全部文本中的所有动链，制作秩频(*R-F*)表；并计算动链长度，制作长度-频率(*L-F*)分布表。

基于所有文本的 F 动链和 POS 动链的秩频分布表和长度-频率分布表，用 Altmann Fitter(Altmann，2013)进行拟合。若能成功拟合成计量语言学的模型，则对译入、译出文本的模型参数进行统计分析，检验他们在两类文本间是否具有显著性差异。同时比较平均动链长度、每句中的平均动链数、单现动链占比及动链 TTR 在译入、译出文本间的异同。计算方法如下：

平均动链长度＝动链总长度/动链总数

每句中的平均动链数＝动链总数/总句子数

单现动链占比＝单现动链总数/动链总数

动链 TTR＝动链 types/动链 tokens

4.1.1　F 动链对比研究

1)F 动链 *R-F* 分布拟合

四译者 F 动链 *R-F* 概率分布可以成功地拟合为 Zipf-Mandelbrot (a，b；$n=x$-max)模型。该模型的数学公式为：

$$f(r)=\frac{c}{(b+r)^{a}}\quad (C>0,\ a>0,\ b>-1,\ r\in R^{+})$$

其中，$f(r)$为序号为 r 的小句长的频次，a 和 b 为参数，C 是常数。

拟合模型参数如表 4-5 所示，

表 4-5　F 动链 *R-F* 分布拟合 Zipf-Mandelbrot 模型参数

译者	χ^2	$P(\chi^2)$	C	DF	R^2	a	b
Lovell	776.93	0.0000	0.0225	7586	0.9959	0.9645	11.7381
Lyell	1535.79	0.0000	0.0333	11015	0.9113	0.8817	4.7832
王际真	1162.20	0.0000	0.0321	8197	0.9678	0.9981	24.3475
杨宪益	728.56	0.0000	0.0200	8220	0.9951	0.9479	11.7569

由于分布在横坐标的数据过大，非常离散，整个拟合曲线几乎贴着坐标轴(图 4-1)，图形直观性差。

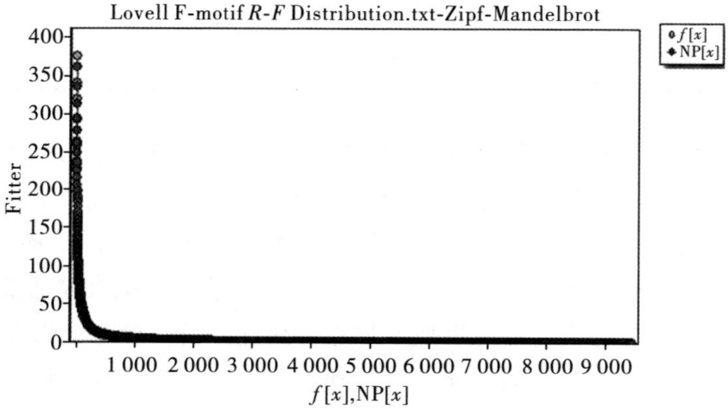

图 4-1　F 动链 *R-F* 秩频分布拟合 Zipf-Mandelbrot 图

因此本书将横坐标用对数坐标轴展示，这样可以压缩横坐标变量的尺度。拟合曲线如图 4-2 所示。

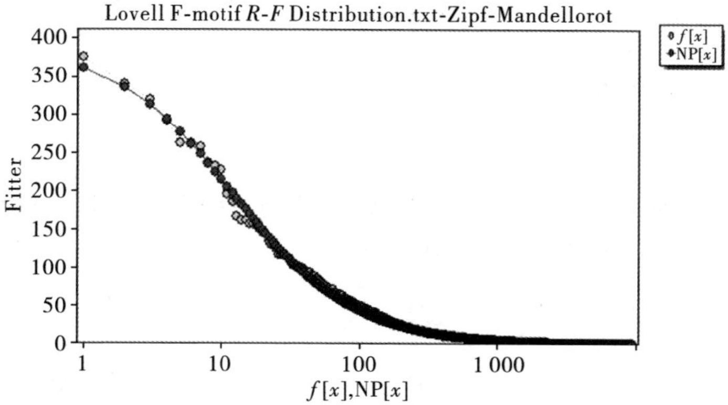

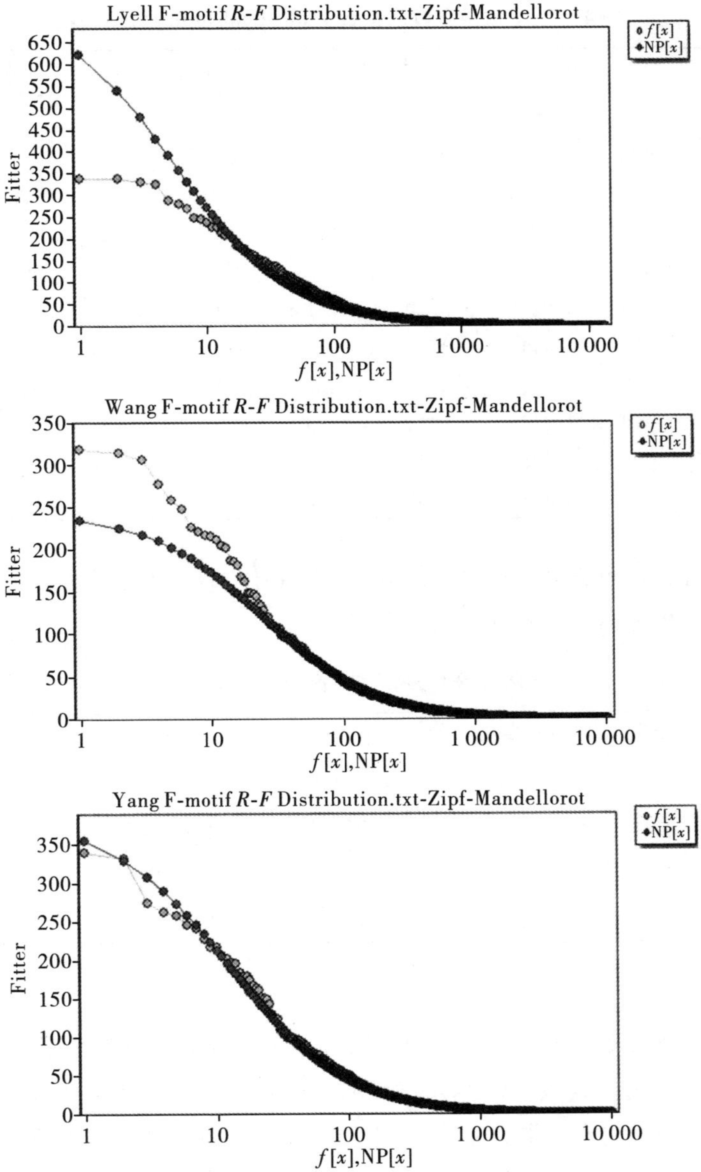

图 4－2　各译者文本 F 动链 *R-F* 概率分布拟合

四位译者 F 动链 *R-F* 拟合 Zipf-Mandelbrot(a，b；$n = x$-max)参数如表4－6所示，

表 4-6　F 动链秩频表拟合 Zipf-Mandelbrot 模型参数

译本	Lovell		Lyell		王际真		杨宪益	
	a	*b*	*a*	*b*	*a*	*b*	*a*	*b*
AQZZ	1.0882	19.6890	0.9370	6.9392	0.9370	6.9392	0.9628	7.7875
FB	0.8917	2.3731	0.8691	3.6732	0.8691	3.6732	0.8798	4.1676
FZ	0.9494	4.2356	0.8648	3.7203	0.8648	3.7203	0.8861	2.8355
GDZ	0.9580	5.2371	1.0147	15.4113	1.0147	15.4113	0.9085	2.4944
GX	0.9668	5.8234	0.8710	3.1613	0.8710	3.1613	0.9739	7.1936
KRRJ	0.8852	3.4119	0.8704	3.9654	0.8704	3.9654	0.9528	7.0773
LH	0.9358	3.7864	0.8615	2.7452	0.8615	2.7452	0.8811	2.3803
SS	0.9163	3.2135	0.9084	4.4064	0.9084	4.4064	0.9087	3.6965
ZF	1.0082	9.7381	0.9825	10.9465	0.9825	10.9465	0.8954	3.8845
ZJLS	0.9202	3.8989	0.9258	6.7129	0.9258	6.7129	0.8703	2.9482

对译入、译出方向的模型参数 *a*、*b* 进行独立样本 *t* 检验显示，参数 *a*、*b* 在译入、译出方向均不存在显著性差异。

表 4-7　F 动链 *R-F* 拟合 ZM 模型参数 *a*、*b* 显著性检验

参数	翻译方向	个案数	平均值	标准差	*P* 值(双尾)
a	译入	20	0.872390	0.0564404	0.407
	译出	20	0.856845	0.0607201	
b	译入	20	1.416780	0.3346676	0.918
	译出	20	1.404175	0.4283416	

注：* $P \leqslant 0.05$，** $P \leqslant 0.01$，*** $P \leqslant 0.001$。

译入、译出文本中 F 动链的 *R-F* 概率分布遵循相同的数学模型，即 Zipf-Mandelbrot 模型，且该模型参数 *a* 和 *b* 在两个方向上不存在显著性差异。但可以看出，译入文本的参数 *a*、*b* 大于译出文本，而且译入文本两个参数的标准差均小于译出文本。这证明，相比译入文本，译出文本语言特征的数据离散度更高，文本之间个体差异大，而译入文本数据离散度更小，不同文本特征表现得更为趋同，一致性较高。

2)F 动链 *L-F* 分布拟合

L-F 是指 Length-Frequency 分布拟合，四译者文本可全部拟合为 Hyperpoisson (*a*，*b*)模型，$R^2>0.99$，拟合效果极优。模型参数如表 4-8 所示，具体曲线如图 4-3 所示。各译本的模型参数如表 4-9 所示。

表 4-8　F 动链 *L-F* 拟合 Hyperpoisson(*a*, *b*)模型

译者	χ^2	$P(\chi^2)$	C	DF	R^2	a	b
Lovell	14.46	0.0060	0.0004	4	0.9998	0.5931	0.4122
Lyell	20.51	0.0004	0.0004	4	0.9999	0.5796	0.3810
王际真	0.48	0.9754	0.0000	4	1.0000	0.5778	0.3780
杨宪益	53.51	0.0000	0.0015	4	0.9993	0.5756	0.4055

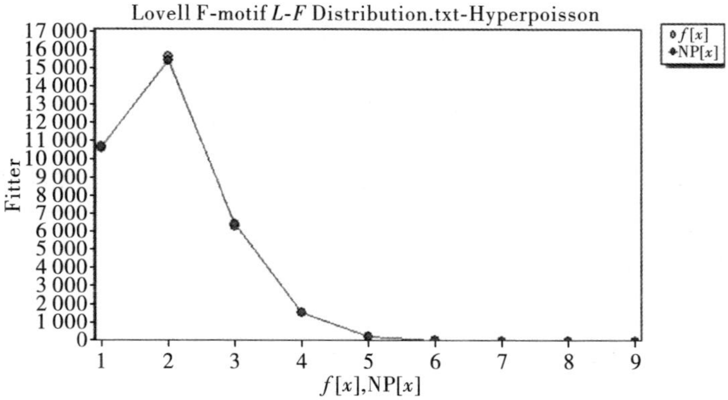

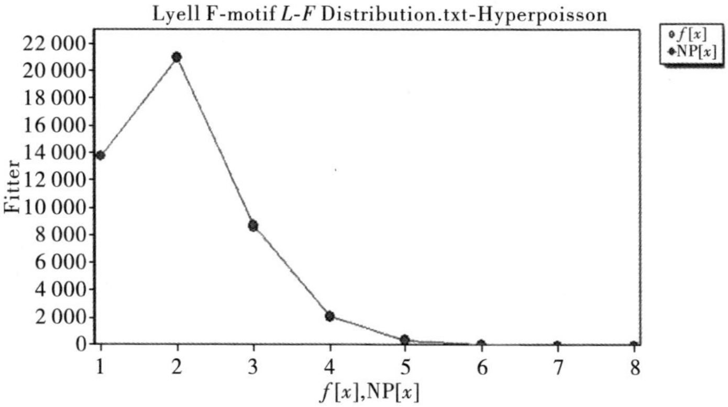

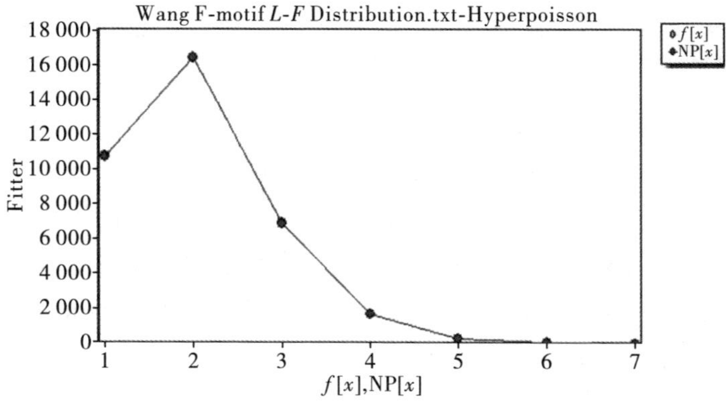

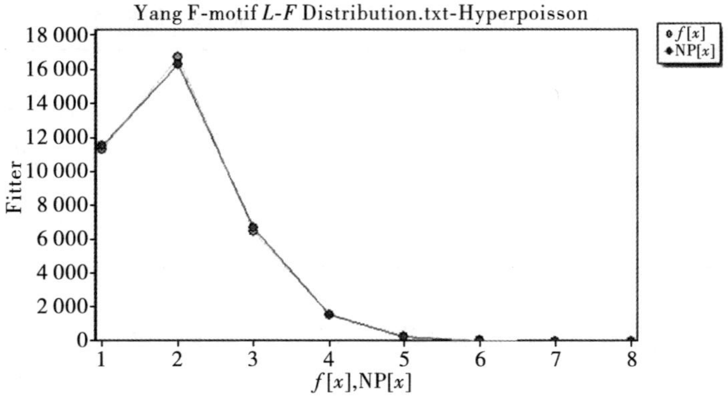

图 4－3　各译者文本 F 动链 *L-F* 概率分布拟合

表 4－9　各译者文本 F 动链 *L-F* 拟合 Hyperpoisson(*a*，*b*)模型参数

译本	Lovell		Lyell		王际真		杨宪益	
	a	*b*	*a*	*b*	*a*	*b*	*a*	*b*
AQZZ	0.6068	0.4337	0.5888	0.3849	0.5501	0.3911	0.6040	0.4202
FB	0.6043	0.3923	0.7055	0.4618	0.7607	0.4782	0.7969	0.5388
FZ	0.6674	0.4942	0.6781	0.4723	0.7160	0.5647	0.5868	0.4059
GDZ	0.5479	0.3744	0.5199	0.3401	0.4901	0.3569	0.5477	0.3545
GX	0.6115	0.4133	0.6106	0.4270	0.5777	0.3728	0.5856	0.3817
KRRJ	0.6019	0.3924	0.5645	0.3856	0.5673	0.3961	0.5386	0.3434
LH	0.6539	0.5108	0.7101	0.4907	0.7632	0.6042	0.6603	0.4771
SS	0.5801	0.3976	0.5314	0.3460	0.5487	0.3433	0.5114	0.3024
ZF	0.5577	0.3696	0.5407	0.3452	0.5276	0.3469	0.5283	0.3219
ZJLS	0.5643	0.3544	0.5664	0.3526	0.5342	0.3380	0.5996	0.3781

对译入、译出方向的模型参数 *a*、*b* 进行的独立样本 *t* 检验显示，参数 *a*、*b* 在译入、译出方向均不存在显著性差异。但可以看出，译入文本的参数 *a*、*b* 的均值大于译出文本，而且译入文本两个参数的标准差均小于译出文本。这证明，相比译入文本，译出文本语言特征的数据离散度更高，文本之间个体差异大，而译入文本数据离散度更小，不同文本特征表现得更为趋同，一致性较高。具体数据如表 4－10 所示。

表 4-10 译入、译出方向的模型参数 *a*、*b* 独立样本 *t* 检验结果

参数	方向	个案数	平均值	标准差	*P* 值(双尾)
a	译入	20	0.6006	0.05640	0.972
	译出	20	0.5997	0.09077	
b	译入	20	0.4069	0.05403	0.960
	译出	20	0.4058	0.08404	

注：* $P \leqslant 0.05$，** $P \leqslant 0.01$，*** $P \leqslant 0.001$。

表 4-11 动链复杂度和丰富度指标值

文本	译者	AQZZ	FB	FZ	GDZ	GX	KRRJ	LH	SS	ZF	ZJLS
AL	Lovell	1.99	2.03	2.01	1.98	2.02	2.03	1.98	2.00	2.00	2.01
	Lyell	2.01	2.09	2.05	1.98	2.00	1.98	2.07	1.99	2.00	2.02
	王际真	2.00	2.13	2.00	2.00	2.01	2.01	2.02	2.01	2.01	2.04
	杨宪益	1.96	2.14	2.01	1.92	2.00	1.98	2.02	2.01	1.98	1.99
NPS	Lovell	10.85	9.33	8.29	9.28	9.60	8.05	8.51	9.88	9.91	9.88
	Lyell	9.81	8.55	9.25	10.01	9.13	8.90	9.17	11.7	10.31	9.81
	王际真	10.24	7.94	8.80	9.04	9.63	10.00	9.25	10.76	10.90	10.16
	杨宪益	10.48	6.83	6.71	8.72	10.65	10.31	6.89	8.95	10.59	10.5
HP	Lovell	0.67	0.61	0.64	0.68	0.66	0.68	0.65	0.66	0.66	0.66
	Lyell	0.68	0.65	0.67	0.69	0.67	0.66	0.7	0.68	0.66	0.67
	王际真	0.69	0.67	0.60	0.68	0.66	0.65	0.64	0.67	0.65	0.67
	杨宪益	0.67	0.65	0.65	0.67	0.66	0.65	0.68	0.67	0.65	0.65
TTR	Lovell	0.30	0.33	0.33	0.33	0.36	0.37	0.35	0.32	0.33	0.35
	Lyell	0.31	0.38	0.37	0.34	0.37	0.37	0.38	0.33	0.33	0.37
	王际真	0.32	0.38	0.33	0.33	0.37	0.37	0.37	0.33	0.34	0.37
	杨宪益	0.31	0.39	0.35	0.30	0.37	0.37	0.37	0.33	0.34	0.36

3)F 动链复杂度和丰富度指标

除了对动链进行拟合，本书还沿袭前期文献的做法，对 F 动链的平均动链长度(Average Length, AL)、每句中的平均动链数(Number Per Sentence, NPS)、单现动链占比(Hapax Perc., HP)和动链 TTR 在译入、译出方向进行了独立样本 t 检验，具体结果见表 4－11。

结果显示，这些指标既没有呈现译者间的区别，也没有呈现出翻译方向上的区别($P>0.05$)。这或许是因为受到同一个原文的制约，所有译本在语言动链特征上表现出高度的相似性和强烈的一致性。动链作为一种宏观语言特征，对翻译语言没有原创语言敏感。

但可以看出，译入文本几个指标的标准差均小于译出文本，说明相比译入文本，译出文本语言特征的数据离散度更高，文本之间个体差异大，而译入文本数据离散度更小，不同文本特征表现得更为趋同，一致性较高。

具体的 t 检验结果见表 4－12 所示。

表 4－12　F 动链复杂度和丰富度指标 t 检验结果

指标	翻译方向	个案数	平均值	标准差	P 值(双尾)
AL	译入	20	2.0120	0.03019	0.939
	译出	20	2.0110	0.04909	
NPS	译入	20	9.5110	0.87148	0.694
	译出	20	9.3675	1.36512	
HP	译入	20	0.6650	0.01933	0.331
	译出	20	0.6590	0.02917	
TTR	译入	20	0.3460	0.02415	0.612
	译出	20	0.3500	0.02534	

注：* $P\leqslant0.05$，** $P\leqslant0.01$，*** $P\leqslant0.001$。

4.1.2　POS 动链对比研究

本节采用细颗粒度的动链切分方式，分别以语篇、句子和小句为边界来切分 POS 动链。前人通常采用语篇为单位进行 POS 动链的切分，也有研究以句子为边界对动链进行切分(Chen, 2017)，本书在此基础上，再加入以小句为边界的动链切分方式，使得动链的切分粒度更精细。

1)*以语篇为边界*

与以上研究步骤相同，本书首先以语篇为边界切分 POS 动链，制作 POS 动链 *R-F* 秩频表和 *L-F* 长度-频次表。对 *R-F* 的概率分布和 *L-F* 的概率分布进行拟合，如果能够成功拟合，则接着对拟合模型的参数进行统计学检验，考察参数在译入、译出文本间是否具有显著性差异。各译者 POS 动链的秩频如表 4-13 所示。无一例外，长度为 3 的动链频次最高，位于散点图的峰值位置，随后，随着动链长度的增加，频次逐渐减少。

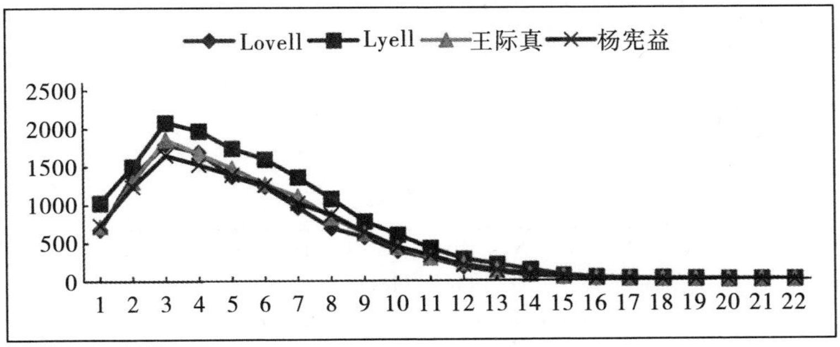

图 4-4 四译者 POS 动链 *L-F* 分布散点图(以语篇为边界)

以语篇为边界的 POS 动链 *L-F* 拟合结果显示，四位译者 POS 动链 *L-F* 概率分布均可以拟合为数学模型 EPNB(k，p；α fixed)，拟合参数如表 4-13 所示，拟合曲线如图 4-5 所示。

表 4-13 POS 动链 *L-F* 概率分布拟合模型 EPNB(以语篇为边界)

译者	χ^2	$P(\chi^2)$	C	DF	R^2	k	p	α	N	x-max
Lovell	57.68	0.0000	0.0051	17	0.9959	3.2885	0.4406	0.9417	11251	21
Lyell	93.09	0.0000	0.0063	18	0.9947	3.4141	0.4268	0.9316	14713	22
王际真	65.30	0.0000	0.0055	17	0.9931	3.4919	0.4449	0.9412	11899	21
杨宪益	87.94	0.0000	0.0077	16	0.9932	3.3537	0.4285	0.9374	11379	20

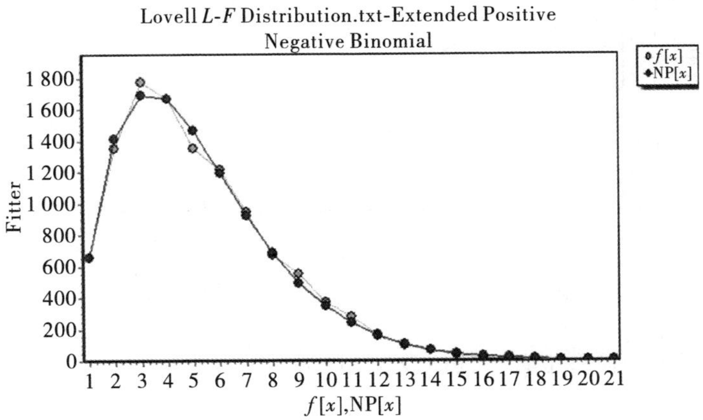

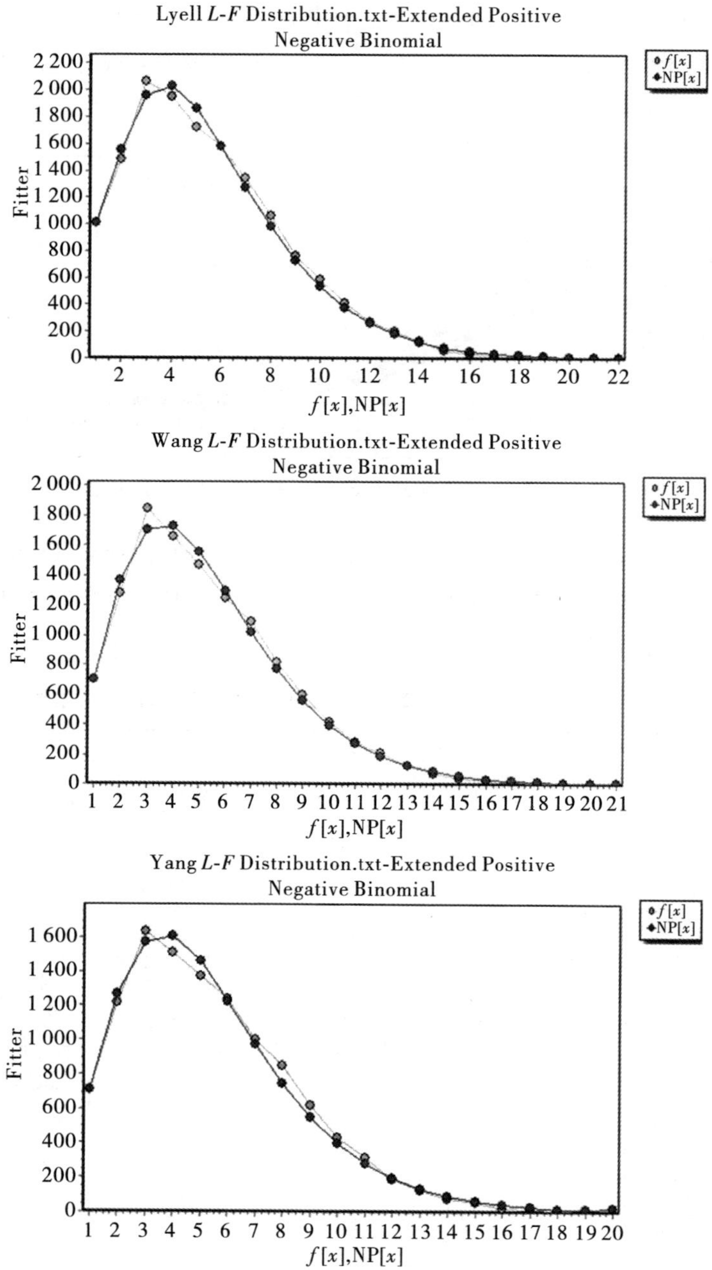

图 4-5　四译者 POS 动链 L-F 分布拟合图

40 个文本的模型拟合参数如表 4-14 所示。

表 4－14 各译本 POS 动链 *L-F* 拟合 EPNB(*k*, *p*)模型参数(以语篇为边界)

译本	Lovell		Lyell		王际真		杨宪益	
	k	*p*	*k*	*p*	*k*	*p*	*k*	*p*
AQZZ	2.0160	0.3825	3.3987	0.4275	3.2895	0.4284	3.6874	0.4725
FZ	3.5096	0.4514	4.0952	0.4971	3.0342	0.4214	3.7108	0.5040
FB	3.2664	0.4345	3.6076	0.4397	3.6679	0.4598	3.2008	0.4309
GDZ	2.7622	0.3985	3.4117	0.4256	3.3045	0.4246	3.1911	0.4116
GX	3.7704	0.4480	3.2849	0.4059	4.1856	0.4788	3.5985	0.4449
KRRJ	2.6119	0.3859	3.6746	0.4278	2.5417	0.3547	2.5309	0.3611
LH	3.4998	0.4513	3.4222	0.4389	3.0985	0.4357	4.2884	0.4899
SS	2.9922	0.4757	2.7642	0.3849	2.9955	0.3951	2.9671	0.3993
ZJLS	3.1315	0.4009	3.4004	0.4188	3.3800	0.4213	3.8290	0.4544
ZF	3.0896	0.4134	3.3837	0.4035	3.3833	0.4197	3.6259	0.4309

本书对模型拟合参数进行统计学检验发现，模型参数 k、p 和 α 在译入、译出文本间不存在显著性差异(见表 4－15)。

表 4－15 译入、译出 POS 动链 *L-F* 拟合参数统计检验结果(以语篇为边界)

参数	翻译方向	个案数	平均值	标准差	*P* 值(双尾)
k	译入	20	3.254640	0.4618445	0.414
	译出	20	3.375530	0.4641327	
p	译入	20	0.425590	0.0302792	0.565
	译出	20	0.431950	0.0384701	
α	译入	20	0.933425	0.0201007	0.364
	译出	20	0.938300	0.0126464	

注：* $P\leqslant0.05$，** $P\leqslant0.01$，*** $P\leqslant0.001$。

四译者 POS 动链的 *R-F* 概率分布拟合失败，不能拟合为任何模型。主要原因是单次频率(Hapax)的 POS 动链占比异常高，每个文本的 Hapax POS 动链占比都高于 0.9，这就意味着秩频表的 10%以后全部都是一次频率的动链。本书尝试将每个文本的秩频表取前 20%进行拟合，发现所有文本全部可以拟合为 Right Truncated Modified Zipf-Alekseev(a，b；$n=x$-max，α fixed)模型，也可以拟合为 Zipf-Mandelbrot(a，b；$n=x$-max)模型，拟合效果极优。

这让我们再一次注意到 POS 动链的特殊性，翻译文本中单次 POS 动链比例奇高，这或许意味着翻译文本的句法更加灵活，复杂度较高。虽然

Hapax POS 动链占比极高，但非单次频率区依然符合自然语言的分布规律，即齐普夫定律。因此本书认为，文本中的 POS 动链跟单词相比，丰富度极高，但高频区依然符合自然语言的一般分布规律。

四译者 POS 动链高频区(20%)可拟合为模型 Zipf-Mandelbrot(a，b；n=x-max)，拟合结果如表 4－16 所示。

表 4－16　四位译者 POS 动链高频区拟合结果(以语篇为边界)

译者	χ^2	$P(\chi^2)$	C	DF	R^2	a	b	n	N	x-max
Lovell	99.86	1.0000	0.0207	871	0.9897	0.9812	0.5784	1000	4828	1000
Lyell	158.59	1.0000	0.0288	923	0.9777	0.9930	0.849	1000	5512	1000
王际真	134.16	1.0000	0.0274	870	0.9751	0.9970	0.845	1000	4897	1000
杨宪益	161.1	1.0000	0.0366	848	0.9521	0.9815	0.87256	1000	4396	1000

2)以句子为边界

本书对以句子为边界的 POS 动链进行拟合发现，四位译者文本 POS 动链 L-F 概率分布符合 Mixed Negative Binomial(k，$p1$，$p2$，α)模型和 EPNB(k，p；α fixed)模型，EPNB 拟合结果极优，如表 4－17 所示。

表 4－17　POS 动链 L-F 概率分布拟合结果(以句子为边界)

译者	χ^2	$P(\chi^2)$	C	DF	R^2	k	p	a
Lovell	59.75	0.0000	0.0055	18	0.9944	3.1001	0.4188	0.9473
Lyell	76.54	0.0000	0.0054	21	0.9948	3.2945	0.4101	0.9385
王际真	61.23	0.0000	0.0053	21	0.9945	3.3436	0.4267	0.9461
杨宪益	73.11	0.0000	0.0066	18	0.9944	3.1593	0.4059	0.9447

拟合结果如图 4－6 所示。

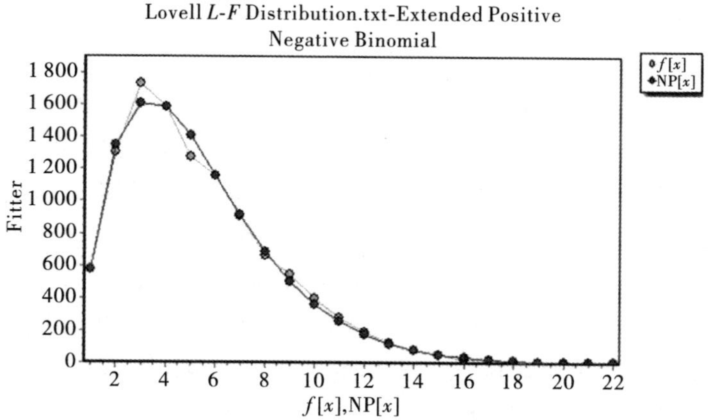

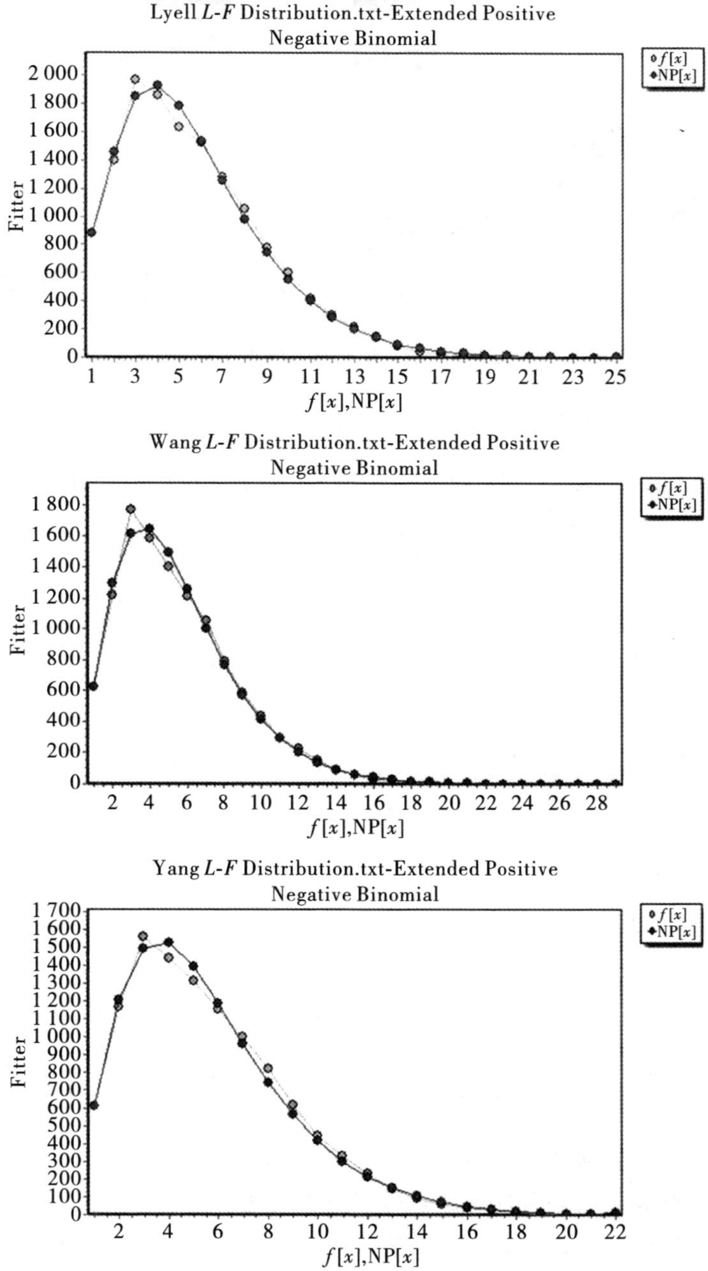

图 4-6　四译者文本 POS 动链 *L-F* 概率分布

从四译者 POS 动链 *L-F* 分布图（图 4-7）中可以看出，以句子为边界的 POS 动链与以语篇为边界的 POS 动链分布极为相似，峰值也出现在长度为 3 的 POS 动链，之后随着动链长度增加，频次逐渐减少。

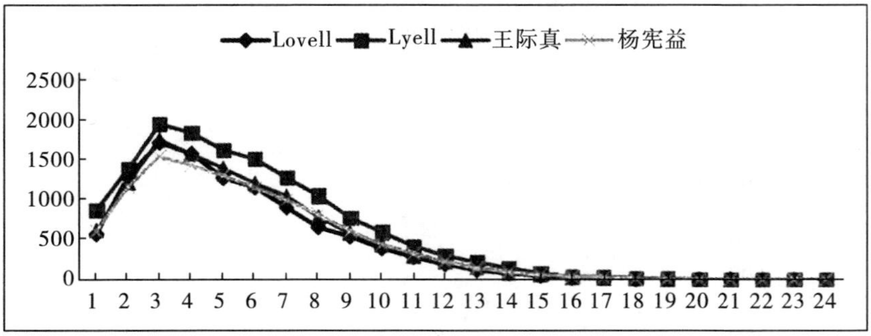

图 4-7　四译者 POS 动链 *L-F* 分布散点图(以句子为边界)

各译者文本的拟合参数如表 4-18 所示。

表 4-18　各译本 POS 动链 *L-F* 拟合 EPNB(*k*，*p*)模型参数(以句子为边界)

译本	Lovell		Lyell		王际真		杨宪益	
	k	*p*	*k*	*p*	*k*	*p*	*k*	*p*
AQZZ	3.3057	0.4466	3.3784	0.4178	3.4246	0.4474	3.2291	0.4171
FZ	2.8679	0.4424	4.1852	0.4941	3.8373	0.4983	2.8521	0.3963
FB	3.3169	0.4296	3.5860	0.4285	3.6124	0.4491	3.2718	0.4161
GDZ	3.1367	0.4157	3.2872	0.4086	2.8591	0.3808	2.9671	0.3890
GX	2.3910	0.3585	2.9958	0.3778	3.4536	0.4283	3.8275	0.4466
KRRJ	2.7453	0.3802	3.2208	0.3907	2.4864	0.3538	2.323	0.3299
LH	3.1087	0.3897	3.3247	0.4174	3.9298	0.4579	2.9213	0.3969
SS	2.4401	0.3641	2.5398	0.3604	2.6765	0.3716	2.5327	0.3517
ZJLS	3.1187	0.4135	3.2275	0.3981	3.7212	0.4390	3.2921	0.4078
ZF	3.3461	0.4115	3.1073	0.3773	3.4770	0.4126	3.4252	0.4134

译入、译出方向独立样本 *t* 检验显示(表 4-19)，模型参数 *k*、*p* 在不同翻译方向没有表现出显著性差异，即以句子为边界的 POS 动链 *L-F* 概率分布模型参数不能区分翻译方向。但从表 4-18、表 4-19 可以看出，译入文本的参数 *k*、*p* 小于译出文本，而且译入文本两个参数的标准差均小于译出文本。这证明，相比译入文本，译出文本语言特征的数据离散度更高，文本之间个体差异大，而译入文本数据离散度更小，不同文本特征表现得更为趋同，一致性较高。

表 4-19 译入、译出方向模型参数检验结果(以句子为边界)

参数	翻译方向	个案数	平均值	标准差	P 值(双尾)
k	译入	20	3.131490	0.4092467	0.061
	译出	20	3.205990	0.4810661	
p	译入	20	0.406125	0.0333974	0.733
	译出	20	0.410180	0.0408755	

注:* $P\leqslant 0.05$, ** $P\leqslant 0.01$, *** $P\leqslant 0.001$。

四译者以句子为边界的 POS 动链的 *R-F* 概率分布拟合失败，不能拟合为任何模型。主要原因依然是单次频率的 POS 动链占比异常高，每个文本的 Hapax 占比都高于 0.9，意味着秩频表的 10%以后全部都是一次频率的动链。按照前例，将每个文本的秩频表取前 20%进行拟合，发现所有文本全部可以拟合为 Zipf-Mandelbrot(a, b; $n=x$-max)，拟合效果好。这说明虽然 Hapax POS 动链占比极高，但非单次频率区依然符合自然语言的分布规律，即齐普夫定律。四译者 POS 动链高频区(20%)*R-F* 分布拟合为模型 Zipf-Mandelbrot (a, b; $n=x$-max)，结果如表 4-20 所示。

表 4-20 POS 动链高频区(20%)*R-F* 分布拟合结果(以句子为边界)

译者	χ^2	$P(\chi^2)$	C	DF	R^2	a	b	n
Lovell	195.44	1.0000	0.0389	1147	0.9906	0.9530	0.8697	1482.0…
Lyell	386.92	0.0000	0.0635	1535	0.9565	0.9202	0.7577	2044.0…
王际真	247.28	0.0000	0.0477	1227	0.9669	0.9409	0.8099	1600.0…
杨宪益	272.66	0.0000	0.0581	1210	0.9470	0.9165	0.8279	1598.0…

本节研究结果显示，以句子为边界的动链分布在不同翻译方向间不存在显著性差异，所有译者的所有文本均符合相同的概率分布模型，模型参数也不存在显著性差异。

3)以小句为边界

以小句为边界的 POS 动链 *L-F* 可拟合为模型 EPNB (k, p; α fixed)，拟合结果见表 4-21 所示。

表 4-21 四位译者文本 POS 动链 *L-F* 拟合结果(以小句为边界)

译者	χ^2	$P(\chi^2)$	C	DF	R^2	k	p	a
Lovell	75.44	0.0000	0.0065	15	0.9973	3.2095	0.4466	0.8610
Lyell	131.50	0.0000	0.0085	19	0.9950	2.9482	0.4061	0.8620
王际真	54.74	0.0000	0.0042	17	0.9968	3.6065	0.4612	0.8645
杨宪益	83.58	0.0000	0.0076	16	0.9937	3.2873	0.4393	0.8581

拟合曲线图 4-8 可直观地反映动链分布情况。

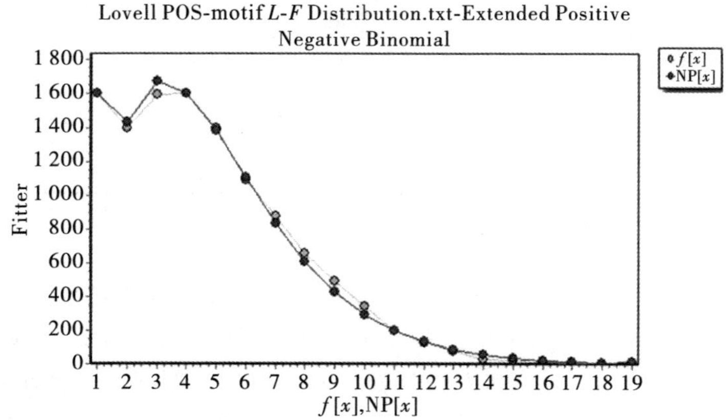

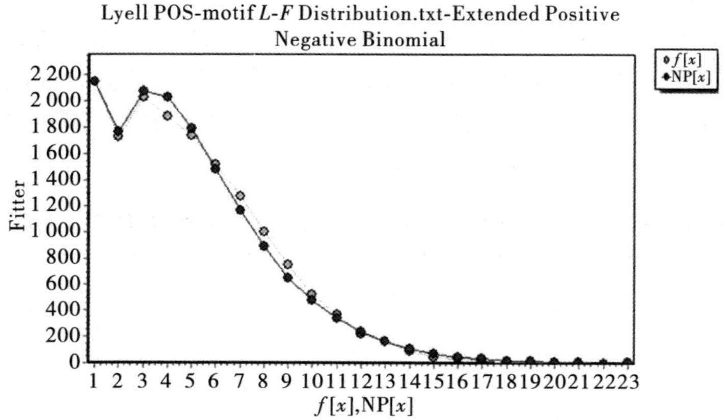

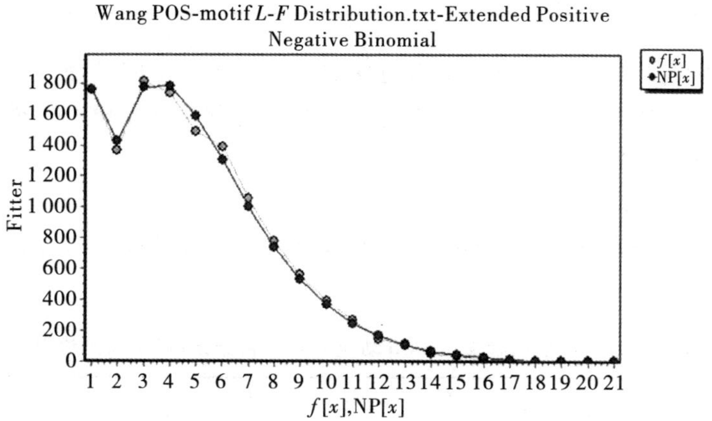

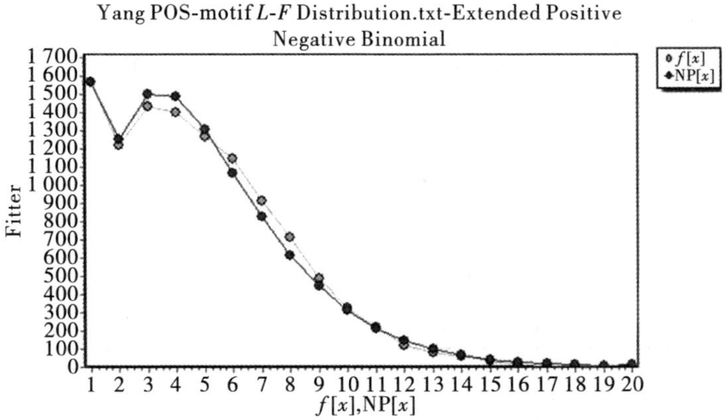

图 4-8　POS 动链长度-频次分布拟合图

四位译者以小句为边界的 POS 动链 *L-F* 分布如图 4-9 所示，无一例外的是，曲线的峰值出现在长度为 1 的动链上，次峰值出现在长度为 3 的动链上，之后随着长度增加，频次逐渐减少。

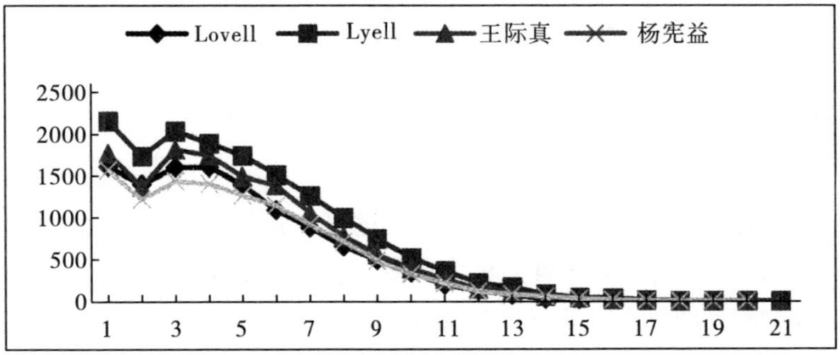

图 4-9　四位译者 POS 动链 *L-F* 分布散点图(以小句为边界)

各文本拟合参数如表 4-22 所示。

表 4-22　各译本 POS 动链 *L-F* 拟合 EPNB(*k*，*p*)模型参数(以小句为边界)

译本	Lovell		Lyell		王际真		杨宪益	
	k	*p*	*k*	*p*	*k*	*p*	*k*	*p*
AQZZ	3.0798	0.4437	2.5847	0.3824	3.6451	0.4718	2.7614	0.4031
FZ	3.4022	0.4884	3.4956	0.4630	4.6179	0.5436	2.6433	0.3931
FB	3.5589	0.4649	2.9404	0.4099	3.8430	0.4759	3.3826	0.4557
GDZ	2.9403	0.4287	3.2103	0.4267	3.2839	0.4357	3.4438	0.4522
GX	2.6375	0.4064	2.6333	0.3725	3.4447	0.4461	5.1259	0.5357

续表

译本	Lovell		Lyell		王际真		杨宪益	
	k	*p*	*k*	*p*	*k*	*p*	*k*	*p*
KRRJ	3.5963	0.4708	3.1925	0.4136	3.1485	0.4285	3.4648	0.4228
LH	2.0739	0.3303	3.6608	0.4671	4.6502	0.5181	3.3769	0.4627
SS	3.1956	0.4408	2.2736	0.3482	2.7098	0.3929	2.8049	0.4002
ZJLS	3.3679	0.4531	3.0813	0.4066	3.7043	0.4529	3.4379	0.4436
ZF	3.7418	0.4618	2.9434	0.3877	3.2050	0.4171	3.5672	0.4516

对 EPNB 模型的参数 *k*、*p* 做显著性检验发现，参数 *k*($P<0.05$)和 *p*($P<0.05$)在翻译方向上存在显著性差异(见表 4－23)。

表 4－23　EPNB 模型参数独立样本 *t* 检验(以小句为边界)

参数	翻译方向	个案数	平均值	标准差	*P* 值(双尾)
k	译入	20	3.080505	0.4608052	0.020*
	译出	20	3.513055	0.6522160	
p	译入	20	0.423330	0.0432257	0.021*
	译出	20	0.450165	0.0434202	

注：* $P\leqslant0.05$，** $P\leqslant0.01$，*** $P\leqslant0.001$。

表 4－24 显示，以小句为边界切分的动链概率分布拟合 EPNB 模型参数 *k*、*p* 在译入、译出方向都存在显著性差异，且在每个翻译方向内部不存在显著性差异。这说明，在细粒度的语言特征分布上，两个翻译方向的译本存在规律性差异。

表 4－24　模型参数 *k*、*p* 的描述统计(以小句为边界)

参数	译者	平均值	标准差	*P* 值(双尾)
k	Lovell	3.159420	0.5053532	0.459
	Lyell	3.001590	0.4231494	
	王际真	3.625240	0.6219148	0.457
	杨宪益	3.400870	0.6951913	
p	Lovell	0.438890	0.0445356	0.109
	Lyell	0.407770	0.0377236	
	王际真	0.458260	0.0458203	0.419
	杨宪益	0.442070	0.0416532	

注：* $P\leqslant0.05$，** $P\leqslant0.01$，*** $P\leqslant0.001$。

四位译者以小句为边界的 POS 动链的 R-F 概率分布拟合失败，不能拟合为任何模型。主要原因依然是一次频率的 POS 动链(Hapax)占比异常高，每个文本的 Hapax 占比都高于 0.9，意味着秩频表的 10%以后全部都是一次频率的动链。按照前例，将每个文本的秩频表取前 20%进行拟合，发现所有文本全部可以拟合为 Right Truncated Modified Zipf-Alekseev(a, b; $n=x$-max, α fixed)，拟合效果好。这说明虽然 Hapax 占比极高，但非一次频率区依然符合自然语言的分布规律。该模型的数学公式为

$$P_x=\begin{cases}\alpha, & x=1\\ \dfrac{(1-\alpha)x^{(a+b\ln x)}}{T}, & x=2,3,\cdots,(n)\end{cases}$$

其中，$T=\sum_{j=2}^{n} j^{-(a+b\ln j)}$，$a,b\in\Re, 0<\alpha<1$

四译者 POS 动链高频区(20%)R-F 分布拟合模型参数如表 4-25 所示。

表 4-25 四位译者 POS 动链 R-F(20%)拟合结果(以小句为边界)

译者	χ^2	$P(\chi^2)$	C	DF	R^2	a	b	n
Lovell	391.37	0.0000	0.0692	1124	0.9938	0.3677	0.0587	1469.0…
Lyell	874.23	0.0000	0.1194	1492	0.9836	0.3250	0.0605	2053.0…
王际真	391.80	0.0000	0.0624	1309	0.9954	0.4865	0.0419	1682.0…
杨宪益	443.91	0.0000	0.0868	1116	0.9918	0.3289	0.0592	1478.0…

拟合曲线如图 4-10 所示。

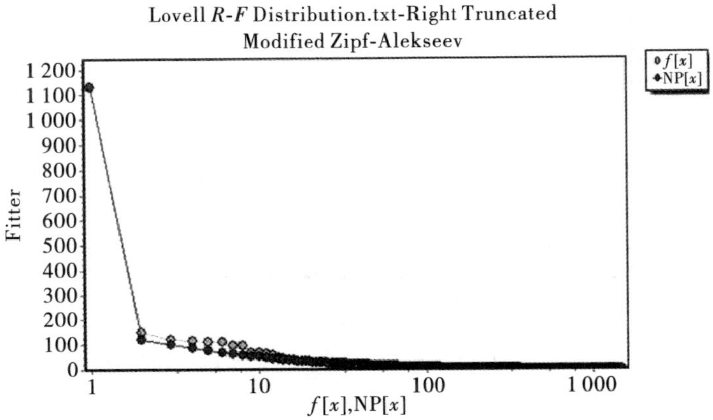

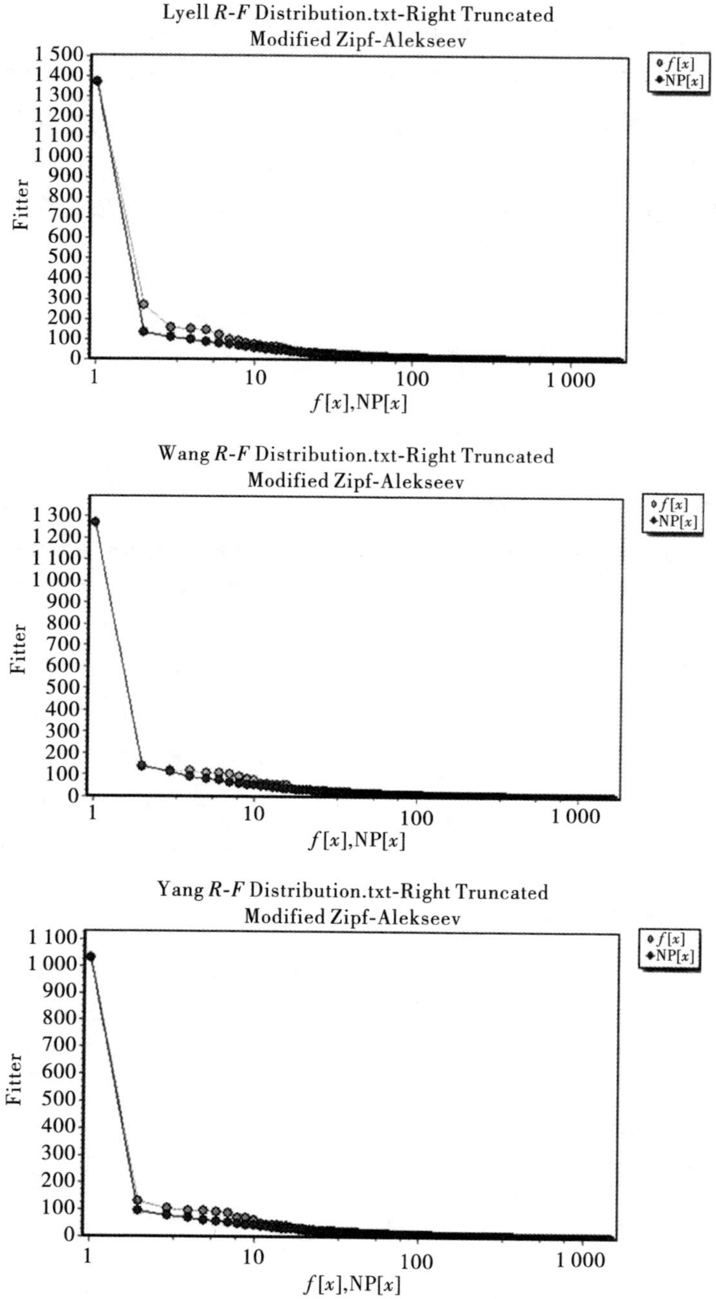

图 4－10　四位译者 POS 动链 *R-F* 概率分布拟合

四位译者文本 POS 动链 *R-F*(20%)拟合参数见表 4－26。

表 4－26 各译本 POS 动链 *R-F*(20%)拟合模型模型参数(以小句为边界)

译本	Lovell		Lyell		王际真		杨宪益	
	a	*b*	*a*	*b*	*a*	*b*	*a*	*b*
AQZZ	0.2087	0.0859	0.2062	0.0806	0.6916	0.0244	0.2767	0.0696
FZ	0.3395	0.0567	0.5738	0.0310	0.3140	0.0675	0.3634	0.0433
FB	0.3027	0.0761	0.3297	0.0528	0.2609	0.0646	0.3015	0.0704
GDZ	0.7885	0.0000	0.6381	0.0321	0.6608	0.0000	0.4613	0.0388
GX	0.4553	0.0385	0.2902	0.0662	0.4281	0.0462	0.7056	0.0000
KRRJ	0.0306	0.0962	0.3710	0.0573	0.1935	0.0540	0.3939	0.0547
LH	0.2007	0.0764	0.2951	0.0599	0.6127	0.0000	0.7527	0.0000
SS	0.6040	0.0244	0.3125	0.0650	0.5156	0.0317	0.1884	0.0748
ZJLS	0.2651	0.0603	0.3796	0.0494	0.4058	0.0521	0.4583	0.0362
ZF	0.2333	0.0804	0.3620	0.0448	0.5719	0.0286	0.2082	0.0646

模型参数独立样本 *t* 检验显示(表 4－27)，译入、译出方向在参数 *b* 上存在显著性差异。这进一步证实了以上结论，细粒度的语言动链指标区分度更好，以小句为边界的 POS 动链分布模型的参数比以句子为边界和以语篇为边界的模型参数区分度更好。

表 4－27 模型参数独立样本 *t* 检验结果

参数	翻译方向	个案数	平均值	标准差	*P* 值(双尾)
a	译入	20	0.359330	0.1772937	0.170
	译出	20	0.438245	0.1799045	
b	译入	20	0.056700	0.0235731	0.049*
	译出	20	0.041075	0.0255680	

注：* $P \leqslant 0.05$，** $P \leqslant 0.01$，*** $P \leqslant 0.001$。

4)POS 动链复杂度和丰富度指标

除了对 POS 动链进行拟合，本书还沿袭前人的做法，对 POS 动链的平均动链长度(Average Length，AL)、每句中的平均动链数(Number Per Sentence，NPS)、单现动链占比(Hapax Perc.，HP)和动链 TTR 在译入、译出方向进行了独立样本 *t* 检验，具体数据和检验结果见表 4－28 和表 4－29。

结果显示，这些指标既没有呈现出翻译方向上的区别，也没有呈现译者间的区别($P>0.05$)。或许由于受到同一个原文的制约和相同语言规范的制约，所有译本在语言动链特征的分布规律上表现出高度的相似性和一致性。这也再一次表明，译入、译出文本在句法宏观层面的趋同性大于差异性。

表 4-28 POS 动链复杂度和丰富度指标(以句子为边界)

文本	译者	AQZZ	FZ	FB	GDZ	GX	KRRJ	LH	SS	ZJLS	ZF
AL	Lovell	5.01	5.28	4.57	5.30	5.23	5.41	5.75	5.23	5.50	5.34
	Lyell	5.44	5.47	5.07	5.58	5.70	5.74	5.19	5.46	5.96	5.72
	王际真	5.16	5.26	4.64	5.53	5.36	5.56	5.30	5.56	5.77	5.58
	杨宪益	5.34	5.22	5.18	5.43	5.44	5.8	5.25	5.61	5.64	5.74
NPS	Lovell	3.66	2.58	3.46	2.95	3.15	2.54	2.44	3.24	3.08	3.13
	Lyell	3.18	3.00	3.07	3.15	2.81	2.71	3.17	3.79	2.91	3.14
	王际真	3.48	2.84	3.15	2.89	3.15	3.16	3.01	3.46	3.15	3.47
	杨宪益	3.33	2.09	2.48	2.58	3.44	2.29	2.21	2.77	3.19	3.19
HP	Lovell	0.92	0.94	0.88	0.93	0.94	0.93	0.93	0.93	0.94	0.92
	Lyell	0.92	0.93	0.91	0.94	0.97	0.93	0.94	0.95	0.94	0.92
	王际真	0.93	0.81	0.91	0.96	0.93	0.92	0.92	0.95	0.95	0.94
	杨宪益	0.92	0.94	0.92	0.94	0.95	0.94	0.93	0.95	0.96	0.90
TTR	Lovell	0.69	0.81	0.71	0.78	0.79	0.81	0.84	0.76	0.82	0.81
	Lyell	0.74	0.80	0.79	0.78	0.81	0.83	0.78	0.76	0.85	0.80
	王际真	0.72	0.70	0.73	0.79	0.81	0.81	0.79	0.78	0.83	0.81
	杨宪益	0.73	0.82	0.79	0.81	0.83	0.84	0.81	0.8	0.85	0.80

具体的 t 检验结果见表 4-29。

表 4-29 POS 动链复杂度和丰富度指标 t 检验结果

指标	翻译方向	个案数	平均值	标准差	P 值(双尾)
AL	译入	20	5.5685	0.33390	0.416
	译出	20	5.6515	0.30363	
NPS	译入	20	2.9655	0.33560	0.737
	译出	20	2.9255	0.40820	
HP	译入	20	0.9330	0.01625	0.570
	译出	20	0.9285	0.03117	
TTR	译入	20	0.8040	0.03992	0.692
	译出	20	0.8090	0.03932	

注：* $P\leqslant 0.05$，** $P\leqslant 0.01$，*** $P\leqslant 0.001$。

4.2 POS *n*-gram 对比研究

如果说 POS 动链是超越句法层面、不受语法规则约束的语言单位，POS *n*-gram 则是基于语法规则的词性序列。POS *n*-gram 作为句法线性序列特征，是文本分类、作者风格研究、作者身份归属研究关注的热点。

Kaster 等(2005)认为，传统的词袋模型不考虑词汇的先后顺序，不考虑句法结构和词汇多义性，具有不足之处。因此，研究者在传统词袋模型的基础上，增加功能词、动词和名词、词汇 *n*-grams 以及斯坦福依存分析树库(Stanford Parser Treebank)中提取的各种句法依存特征，进行文本表征，然后进行特征选择，用标准线性支持向量机进行分类实验和作者身份的归属研究，取得了更好的分类效果。Pokou 等(2016)发现在文本作者归属判定研究中，使用不同长度的 POS 序列判定的准确率高达 90%以上，而使用固定长度的 POS 序列(比如 2 词序列和 3 词序列)判定准确率只有 70%。因此，研究者建议，在作者身份判定的特征选择上，使用某一个长度区间的 POS *n*-gram 比固定长度的 POS 序列更为可靠，能更好地捕捉到作者的写作风格。Rovenchak 等(2018)研究了乌克兰作者 Ivan Franko 小说中的词性序列分布(POS Sequence Distribution)规律，发现乌克兰语的词性序列秩频分布与单词的秩频分布一样，都符合齐普夫定律，因此研究者将 POS 序列称之为 POS 词(POS-word)。POS 词秩频表中 *h* 点与文本长度之间的关系也与一般单词组成的词表相似。因此作者提出，POS 词不仅应该被视为一个人工构念，而且应该被当作新的语言单位用于文本分析领域的研究。Liu 和 Xiao(2020)比较了中国武侠小说作家古龙三个时期的写作风格。研究选取三个时期古龙的 16 部小说，基于 14 个语言计量特征特点，采用分层聚类方法对 16 部小说进行聚类。结果表明，古龙的写作风格在人生三个时期存在显著差异，尤其是最后一个时期的写作风格发生了深刻的变化。作者选取的 14 个特征包括平均段落长度、词长、句子长、词长离散度、句长离散度、词性(POS)、实词、虚词、标点、高频词、POS *n*-gram 和 *n*-gram、标点符号和杂合特征。该研究将 POS *n*-gram 和 *n*-gram 计量特征同时纳入写作风格考察中，并取得了预期的效果。Kocher 等(2019)基于三个法语和英语的文学节选语料库，评估了不同的文本表示方案和文本距离测算方法，以期为完成作者身份识别任务获取最佳文本表示方案和距离测算方法。研究发现，token 与 lemma 不能有效地表示文本，不能准确识别作者身份；单一 POS 标注也不是作者身份识别的有效指标，但 POS 序列和字母 *n*-gram 却能够形成有效的文本表示方法，识别准确率较高。

Breeze(2019)从 POS 标注入手，运用文本间比较分析法，研究了法律学术文本、案例文本、商业法律文件和立法文本等四种不同题材的法律文本语料库语言的语法相似性和差异性，发现了四种文本在具体语言选择、衔接手段、情态等方面的异同。研究者指出，将来研究可考虑将 POS 组合、或 POS 与特定词汇项的组合纳入计量范畴。López-Anguita 等(2018)同时用 POS *n*-gram 和基于句长和词长的文本复杂度来进行作者身份判定，发现文本复杂度不是一个可靠的指标，但 POS *n*-gram 却取得了满意的效果。Liu(2021)基于 POS-gram 对不同学科的学术论文进行体裁分析，揭示了学术语言的模式性和多样性，开启了 EAP 研究和教学的新思路。研究者选取认知语言学(CL)和计算机工程(CE)的 400 篇学术论文的引言部分作为语料，以 BNC 的学术子库作为参照语料库，比较识别了不同学科学术论文引言中的 POS-gram 关键结构及相关的词汇语法框架。研究分析揭示了 CL 和 CE 引言部分特有和共有的 POS-gram 关键结构及其交际功能。与 *n*-gram 等其他形式的多词序列相比，POS-gram 的独特优势在于既可以发现语言的模式化表达，又可以发现模式之下的多样性表现。

4.2.1 POS 4-gram 的抽取

Bilber 等(2007)指出，在语篇研究中，研究者在探究不同语体词汇特点时，关注最多的是“4 词词块”。本书沿袭前人理念，将 *n*-gram 模型的长度确定为“4”，即 POS 4-gram。首先使用英国兰卡斯特大学开发的 UCREL CLAWS7 词性赋码软件，将文本中所有单词转换为词性，依据 *n*-gram 模型得到词类 4 元组及其频率。

在 CLAWS 的标注体系中，许多标注都附有数字后缀，比如 DD21 和 DD22。这表明这类标注是一串相似标注序列的一部分，而此标注序列从语法角度可视为一个单位。比如 in terms of 就被视作一个介词，可将其标注为 in_II31 terms_II32 of_II33

两位数字中第一位代表了序列中单词的数量，第二位代表了每个单词在序列中的位置。这里取 Lovell 所译《风波》中一段文字示例如下：

Over_II the_AT mudflats_NN2 down_RP by_II the_AT river_NN1,_, the_AT sun_NN1 was_VBDZ slowly_RR gathering_VVG in_II its_APPGE golden_JJ rays_NN2._. The_AT parched_JJ leaves_NN2 of_IO the_AT tallow_NN1 trees_NN2 on_II the_AT bank_NN1 seemed_VVD to_TO gasp_VVI with_IW relief_NN1,_, a_AT1 smattering_NN1 of_IO mosquitoes_NN2 dancing_VVG and_CC droning_VVG below_RL ._.

在 EditPad Pro 软件中对已完成词性标注的文本进行批量操作，利用正则表达式搜索，选中并清除所有原文单词与下划线，只保留词性标注，获得词性标注文本，如下所示：

II AT NN2 RP II AT NN1, AT NN1 VBDZ RR VVG II APPGE JJ NN2. AT JJ NN2 IO AT NN1 NN2 II AT NN1 VVD TO VVI IW NN1, AT1 NN1 IO NN2 VVG CC VVG RL.

从以上例子可以看出，词性标注文本保留了标点符号，这会对后续的研究造成干扰。本书的解决办法是使用 EditPad Pro 批量操作，将标点统一替换成标注“PUNCT”，示例如下：

II AT NN2 RP II AT NN1 PUNCT AT NN1 VBDZ RR VVG II APPGE JJ NN2 PUNCT AT JJ NN2 IO AT NN1 NN2 II AT NN1 VVD TO VVI IW NN1 PUNCT AT1 NN1 IO NN2 VVG CC VVG RL PUNCT

(1)POS 4-gram 词性序列提取

使用 Ant Conc 软件分别对四位译者的词性标注文本批量操作，忽略标注的数字后缀，提取词类 4 元组并按频率降序排列，得到四位译者词类 4 元组的频率统计结果。以杨宪益的文本为例，部分结果如表 4－30 所示。

表 4－30　杨宪益译本的词类 4 元组提取结果

位次(*R*)	频次(*F*)	出现文本数	序列类型
1	333	10	II AT NN PUNCT
2	324	10	AT JJ NN PUNCT
3	217	10	NN II AT NN
4	209	10	II APPGE NN PUNCT
5	179	10	II AT JJ NN
6	168	10	PUNCT PUNCT PUNCT PUNCT
7	145	10	II AT NN IO
8	134	10	AT NN IO NN
9	127	10	NN IO AT NN
10	122	10	AT NN IO AT
11	121	10	NN II APPGE NN
12	111	9	NN PUNCT PPHS VVD
13	110	10	NN PUNCT AT NN
14	99	10	NN IO NN PUNCT
15	96	8	JJ NN PUNCT PUNCT
16	94	10	AT NN II AT
17	94	10	AT NN PUNCT PUNCT
18	94	10	NN PUNCT PUNCT PUNCT
19	91	10	NN CC NN PUNCT
20	87	10	AT NN PUNCT CC
…	…	…	…

从表 4－30 中可以看到，部分序列中含有 PUNCT，即标点，这种序列为无效序列。将所有无效序列清除，就可以保证提取的所有词类 4 元组不存在被标点分隔的情况。使用 excel 的筛选功能，去除含 PUNCT 的序列，得到新的词类 4 元组频率统计表。仍以杨宪益文本为例，结果如表 4－31 所示，其中第二列为此 4 词序列出现的频次，第三列为含有此序列的文本数，第五列为序列出现的频率。

表 4－31　杨宪益译本的词类 4 元组提取结果(清除含标点序列)

位次(*R*)	频次(*F*)	出现文本数	序列类型	序列出现频率
1	217	10	NN II AT NN	0.003014
2	179	10	II AT JJ NN	0.002486
3	145	10	II AT NN IO	0.002014
4	134	10	AT NN IO NN	0.001861
5	127	10	NN IO AT NN	0.001764
6	122	10	AT NN IO AT	0.001694
7	121	10	NN II APPGE NN	0.001681
8	94	10	AT NN II AT	0.001306
9	83	10	AT JJ NN II	0.001153
10	81	9	TO VVI AT NN	0.001125
11	77	10	VVN II AT NN	0.001069
12	75	10	VVD II AT NN	0.001042
13	74	10	II AT NN NN	0.001028
14	73	10	AT JJ NN IO	0.001014
15	73	9	VVD AT JJ NN	0.001014
16	68	10	NN IO APPGE NN	0.000944
17	62	10	AT NN TO VVI	0.000861
18	61	10	AT JJ JJ NN	0.000847
19	60	10	VVG II AT NN	0.000833
20	59	10	AT NN IO APPGE	0.000819
…	…	…		

4.2.2 POS 4-gram *R-F* 概率分布研究

四译者 POS 4-gram 的 *R-F* 概率分布拟合失败，不能拟合为任何模型。主要原因是单次频率的 POS 4-gram 占比异常高，每个文本中 Hapax POS 4-gram 占比都高于 0.8，也就意味着秩频表的 20%以后全部都是单次频率的动链。本书尝试着对非单次频率区进行拟合，发现所有文本全部可以拟合为 Zipf-Mandelbrot（*a*，*b*；*n*=*x*-max），拟合效果好。

这再一次体现出 POS 序列的特殊性，无论是 POS 动链还是 POS *n*-gram 都表现出高度的多样性，这或许意味着翻译文本的句法更加灵活，变化度较高。

虽然 Hapax POS 4-gram 占比极高，但非一次频率区依然符合自然语言的分布规律，即齐普夫定律。因此本书认为，文本中的 POS *n*-gram 跟单词相比，丰富度极高，但高频区依然符合自然语言的一般分布规律。

四译者 POS 4-gram 非一次频率区可拟合为模型 Zipf-Mandelbrot（*a*，*b*；*n*=*x*-max），拟合结果如表 4-32 所示。

表 4-32 四译者 POS 4-gram 非一次频率区拟合结果

译者	χ^2	$P(\chi^2)$	*C*	DF	R^2	*a*	*b*	*n*
Lovell	28.62	1.0000	0.0229	494.6	0.93810	0.58994	7.5468	500
Lyell	38.16	1.0000	0.0261	496	0.91895	0.59695	7.3873	500
王际真	134.16	1.0000	0.0274	870	0.97510	0.99701	8.3883	500
杨宪益	32.79	1.0000	0.0270	488	0.91166	0.58587	9.6256	500

图 4-11 是每位译者高频区前 1000 位 POS 4-gram 的拟合曲线，可以看出，曲线符合语言特征概率分布的一般规律，即齐普夫定律。

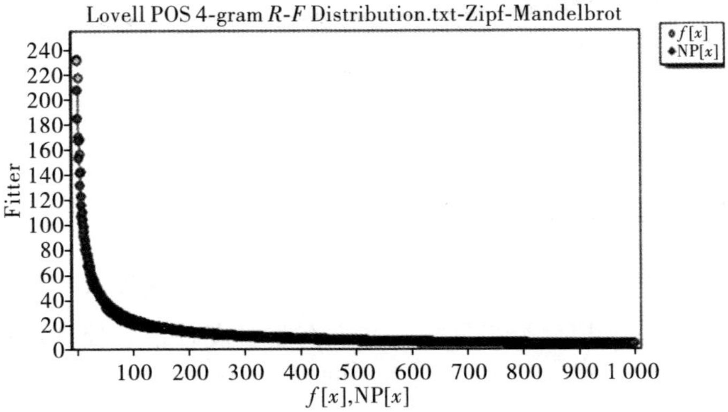

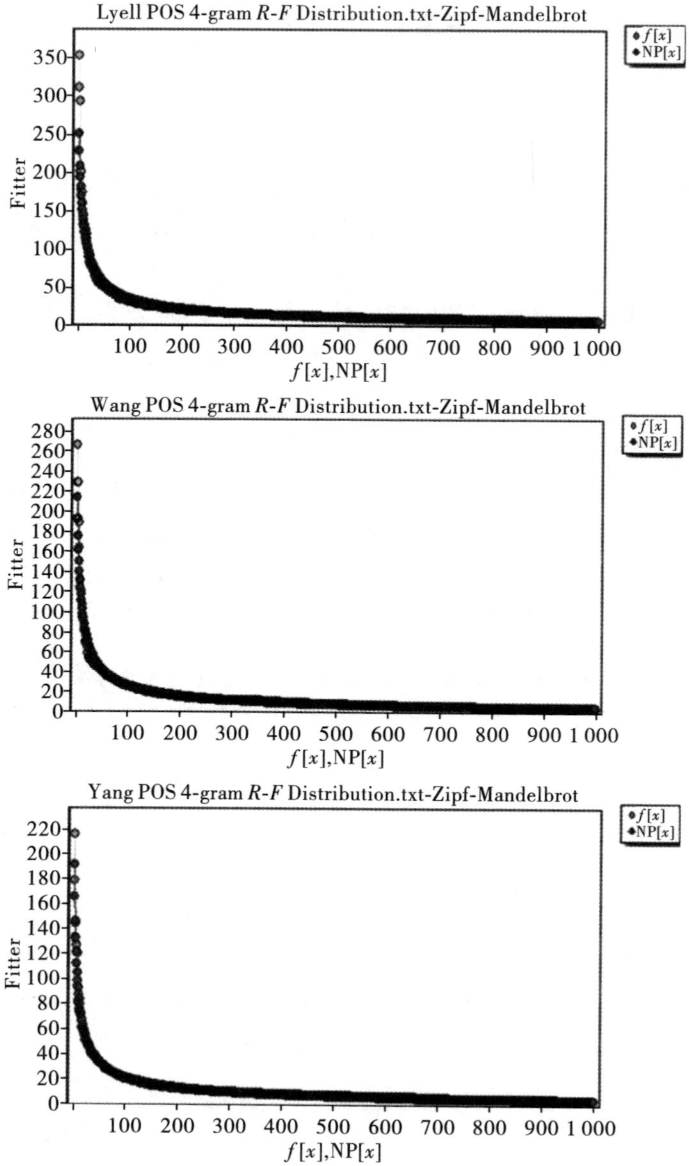

图 4－11　POS 4-gram *R-F* 概率分布拟合(前 1000 位)

4.2.3　基于 POS 4-gram 的译本相似性研究

文本相似度计算是数据挖掘、信息检索、人工智能等研究领域的基本问题，是搜索引擎、文档分类与聚类、文献查重等多种信息处理应用的关键技术之一(陈二静 等，2017)。随着研究不断深入与应用需求的推动，相似度计算已由词语、语法结构的相似度发展为句子、短文本和文档间的语义相似度计算。常见的文本相似度的计算方法大体可分为基于语料库的方法与基于世界知识的方法。

基于自然语料的方法是用自然语料中获取的信息计算文本相似度，可以分为基于词袋(Bag of Words)模型的方法和基于神经网络的方法。基于词袋模型的方法主要将文档以向量空间模型(Vector Space Model，VSM)表示(Salton，1975)，形成一个基于词频(Term Frequency，TF)或词频-逆文档频率(Term Frequency-Inverse Document Frequency，TF-IDF)权重的向量，两个文档的相似度就是两个向量的距离，主要采用余弦相似度或欧氏距离等方法计算。基于VSM模型，本书又提出潜在语义分析(Latent Semantic Analysis，LSA)(Landauer，1997)、概率潜在语义分析(Probality Latent Semantic Analysis，PLSA)(Hofmann，1999)和隐含狄利克雷分布(Latent Dirichlet Allocation，LDA)(Blei，2003)等方法，将文档表示为一个低维的主题分布，使数据不再稀疏，增加了文本语义相似度的对比。基于神经网络的方法通过神经网络模型生成词向量(Word Embeddings)(Mikolov，2013)，从未标记的非结构文本中训练出一种低维实数向量，使得类似的词语距离更近，较好解决了词袋模型由于词语独立带来的维数灾难和语义不足问题。

基于世界知识的方法利用有规范体系的知识库计算文本相似度，可以分为基于本体知识(孙海霞 等，2010)和基于网络知识(Strube，2006)两种。基于本体的文本语义相似度计算方法主要是利用狭义本体库或广泛的词典、叙词表、词汇表计算相似性，是对本体概念或知识进行分类、归纳和总结的结果，能够准确反映概念内在语义关系。相比本体知识，基于网络知识的方法覆盖范围更广泛，富含丰富的语义信息，更新速度较快。常用的网络知识包括维基百科和百度百科，相似度计算一般利用页面链接或层次结构，能较好地反映词条的语义关系。

前期研究使用POS标注进行文本深层句法相似度的研究(Batanović，2015)，取得了满意的结果。本节沿袭前人经验，在计量语言学的知识框架下，选取文本句法层面的特征POS *n*-gram，计算各译者文本余弦相似度，考察各译者文本在句法结构上的相似性，探讨翻译方向与句法相似性的关联，同时针对高频序列进行质性分析并回溯到原文进行译例分析。

1)研究步骤

本书目标为采用余弦相似度的方法，度量四位译者译本之间的相似度。在构建词袋时，以词类4元组为最小单位，即将每种4词序列看作一个词。本书提出两种构建词袋的方案，分别关注全部4词序列和高频4词序列。

(1)以全部序列构建词袋

用 Ant Conc 软件提取四位译者所有文本中的词类 4 元组，用 excel 筛掉含 punct(标点)的序列，得到所有文本的 4-gram 频率表，部分如表 4－33 所示。

表 4－33 所有文本词类 4 元组提取结果

排序	频次	文本数量	序列类型
1	1011	40	NN II AT NN
2	954	40	II AT JJ NN
3	947	40	II AT NN IO
4	673	40	AT NN IO NN
5	653	40	NN IO AT NN
6	634	40	AT NN IO AT
7	555	39	AT JJ NN IO
10	425	40	AT NN II AT
11	416	40	AT JJ NN II
12	389	40	VVD II AT NN
13	364	39	TO VVI AT NN
14	361	40	RP II AT NN
15	354	39	NN IO APPGE NN
16	329	40	II AT NN NN
…	…	…	…
59001	1	1	ZZ ZZ VVZ AT

按顺序取表中的 4 词序列构建词袋，表示为集合 B。

B=[NN II AT NN, II AT JJ NN, II AT NN IO, …, ZZ ZZ VVZ AT] 59001

本词袋共含有 59001 个序列，构成 59001 维向量空间。分别将四位译者的统计数据中序列所对应的频率填入向量空间中，构成文本向量。例如杨宪益的文本向量为 A 杨＝(0.003014，0.002486，0.002014，…，0)。若向量空间某元素，比如 zz zz vvz at 并未出现在杨宪益的文本中，那么填入 0。通过以上方法，分别构建四位译者的文本向量，记为 A 杨，A 王，A Lovell，A Lyell。两两计算 A 杨，A 王，A Lovell，A Lyell 的夹角余弦值，判定文本相似度。

(2)以高频序列构建词袋

当以全部序列构建词袋时，包含大量频率极低且无实际语义的序列。为了避免无效序列的影响，本书引入“高频序列”的概念。在一般的以词为基本语言单位的研究中，对于高频词的界定，学界并无统一的标准。刘奕杉等(2017)指出常用的高频词选取方法为自定义选取法，即根据研究需要界定高频阈值。计量语言学当中最常见的方法是取“h点”以上为高频词。“h点”的表达式如下(Popescu et al.，2006)。

$$h=\begin{cases} r, & \text{若存在 } r=f(r) \\ \dfrac{f(i)r_j-f(j)r_i}{r_j-r_i+f(i)-f(j)} & \text{若不存在 } r=f(r) \end{cases}$$

式中r为词频次的排序数，$f(r)$为对应的频次。一般地，h点即排序数与频次数相同的点，而排在h点前的词则被认为是高频词。

本书将h点的概念应用到词类4元组中，取频次数和排序数相同点以上的序列作为高频序列。四位译者的高频序列数量分别为51、43、40、45，取并集后，构成词袋，包含元素数$n=65$。在此基础上，分别构建四位译者的文本向量，记为$\boldsymbol{H}_{杨}$、$\boldsymbol{H}_{王}$、$\boldsymbol{H}_{\text{Lovell}}$和$\boldsymbol{H}_{\text{Lyell}}$。两两计算$\boldsymbol{H}_{杨}$、$\boldsymbol{H}_{王}$、$\boldsymbol{H}_{\text{Lovell}}$和$\boldsymbol{H}_{\text{Lyell}}$的夹角余弦值，判定文本间的相似度。

(3)质性分析

观察四位译者在使用4词序列频率上有明显差异的地方，利用Ant Conc索引功能，回到语境中观察4词序列实例，定性分析译者在句法风格的差异或相似性。

2)结果

(1)基于所有序列的相似度结果

用Excel软件处理原始数据，得到向量$\boldsymbol{A}_{杨}$、$\boldsymbol{A}_{王}$、$\boldsymbol{A}_{\text{Lovell}}$、$\boldsymbol{A}_{\text{Lyell}}$。导入Matlab软件计算余弦相似度，将相似度按由高到低的顺序排列，得到结果如表4-34所示。

结果显示，四位译者两两之间的文本余弦相似度相差不多且都接近1。最高的相似度达到0.9111，最低相似度为0.8839。Lyell与Lovell的文本相似度最高，达到0.9111，杨宪益和王际真次之，相似度为0.9007。由此可见，相同背景译者的文本相似度高于不同背景译者的文本相似度。在个人层面上，两位译入译者中，Lyell的译本与两位中国译者的译本更相似；两位译出译者中，王际真的译本与两位英语母语译者的译本相似度更高。

表 4-34 基于所有序列的译者间余弦相似度

译者	Lyell	王际真	杨宪益
Lovell	0.9111	0.8886	0.8839
Lyell		0.8949	0.8845
王际真			0.9007

(2)基于高频序列的相似度结果

用 Excel 软件处理原始数据，得到向量 $\boldsymbol{H}_{杨}$、$\boldsymbol{H}_{王}$、$\boldsymbol{H}_{Lovell}$和 $\boldsymbol{H}_{Lyell}$。导入 Matlab 软件计算余弦相似度，将相似度按由高到低顺序排列，得到结果如表 4-35 所示。

表 4-35 显示，采用高频序列计算的余弦相似度普遍更高，最高达到 0.9811，最低为 0.9603。Lyell 与 Lovell 的文本仍然具有最高的相似度，其次是杨宪益与王际真。在个人层面上，在两位译入译者中，Lyell 的译本与两位中国译者的译本更相似；而在两位译出译者中，杨宪益的译文与两位母语译者的译文更相似。

表 4-35 基于高频序列的译者间余弦相似度

译者	Lyell	王际真	杨宪益
Lovell	0.9811	0.9603	0.9634
Lyell		0.963	0.9635
王际真			0.9738

(3)质性分析结果

将四位译者的词类 4 元组汇总到一起，各自按频率降序排列，前 20 位如表 4-36 所示。

表 4-36 前 20 位词类 4 元组

排序	Lyell	Lovell	杨宪益	王际真
1	II AT NN IO	NN II AT NN	NN II AT NN	NN II AT NN
2	II AT JJ NN	II AT JJ NN	II AT JJ NN	II AT JJ NN
3	NN II AT NN	II AT NN IO	II AT NN IO	II AT NN IO
4	AT NN IO NN	AT NN IO NN	AT NN IO NN	AT NN IO AT

续表

排序	Lyell	Lovell	杨宪益	王际真
5	AT JJ NN IO	AT JJ NN IO	NN IO AT NN	NN IO AT NN
6	NN IO AT NN	NN IO AT NN	AT NN IO AT	AT NN IO NN
7	AT NN IO AT	AT NN IO AT	NN II APPGE NN	VVN II AT NN
8	RP II AT NN	AT JJ NN II	AT NN II AT	AT JJ NN II
9	NN II APPGE NN	RP II AT NN	AT JJ NN II	VVD II AT NN
10	VVN II AT NN	NN II APPGE NN	TO VVI AT NN	AT JJ NN IO
11	JJ NN IO NN	JJ NN IO NN	VVN II AT NN	NN II APPGE NN
12	AT NN II AT	AT NN II AT	VVD II AT NN	AT NN II AT
13	VVD II AT NN	VVN II AT NN	II AT NN NN	II AT NN NN
14	NN IO APPGE NN	JJ NN II AT	AT JJ NN IO	JJ NN II AT
15	AT JJ JJ NN	NN II AT JJ	VVD AT JJ NN	TO VVI AT NN
16	TO VVI AT NN	NN IO JJ NN	NN IO APPGE NN	II AT NN CC
17	AT NN IO APPGE	NN IO APPGE NN	AT NN TO VVI	NN IO APPGE NN
18	NN IO JJ NN	AT JJ JJ NN	AT JJ JJ NN	AT NN IO APPGE
19	AT JJ NN II	AT NN IO APPGE	VVG II AT NN	IO AT JJ NN
20	II AT NN NN	TO VVI AT NN	AT NN IO APPGE	NN IO AT JJ

(a)四位译者共同偏好的序列

排在前 20 位的序列中存在大量四位译者共同使用的序列，这表明他们句法风格的高度一致性。本书取最显著的几个译例进行分析。

四位译者排名前三位的序列无一例外都是 NN II AT NN、II AT JJ NN 和 II AT NN IO 这三个序列。序列 NN II AT NN 代表按“名词-介词-冠词-名词”排列的词块，可以看作是“名词＋介词短语”。在 Antconc 软件中利用正则表达式在 Lyell 的文本中(已标注词性)索引该序列，部分结果如表 4－37 所示。该序列体现为“people behind the voices”“pipe against the gunwale”和“women in the bow”等表达。序列 II AT JJ NN 代表按“介词-冠词-形容词-名词”排列的词块，可以看作是介词短语与名词短语的结合。在 Lyell 的文本中体现为“through the main hall”与“like a rolling pin”等表达。序列 II AT NN IO 则代表了形式为“介词-冠词-名词- of”的词块，同样是介词短语与名词短语的结合，在 Lyell 文本中体现为"at the end of""like the rest of"等表达。

表 4-34 中还存在其他四位译者共用的序列，如 AT NN IO NN 与 VVN II AT NN，分别代表形式为"冠词-名词-of-名词"和"动词(过去式)-介词-冠词-名词"的词块。二者的成分同样以名词短语和介词短语为主。

表 4-37 Lyell *Divorce* 译本中序列"NN II AT NN"部分索引结果

序号	序列在原文中的位置
1	… of_IO the_AT **people_NN behind_II the_AT voices_NN2** clasped_VVD both_DB2 …
2	… ,_, four_MC **places_NN2 on_II the_AT benches_NN2** along_II either_DD1 …
3	… long_JJ bamboo_NN1 pipe_NN1 against_II the_AT gunwale_NN1 of_IO the_AT …
4	… two_MC sickle-shaped_JJ **feet_NN2 into_II a_AT1 figure_NN1** eight_MC that_CST …
5	… back_RP her_APPGE **head_NN1 in_II a_AT1 display_NN1** of_IO defiant_JJ …
6	… to_TO talk_VVI people-talk_NN1 like_II the_AT rest_NN1 of_IO us_…
7	… of_IO the_AT **bow_NN1 against_II the_AT water_NN1.** _. Silence_NN1 reigned_VVD …
8	…yelled_VVD the_AT **boatman_NN1 as_II the_AT craft_NN1** slowed_VVN to_II …
9	… two_MC old_JJ **women_NN2 in_II the_AT bow_NN1** could_VM be_VBI …
10	… the_AT burning_JJ **tars_NN2 at_II the_AT bottom_NN1** of_IO the_AT …
…	…

(b)不同翻译方向间存在显著差异的序列

值得注意的是，个别序列的使用频率在译入与译出文本间存在显著差异，反映了不同翻译方向译者在句法上存在一定的差异。如表 4-36 所示，序列 AT JJ NN IO 的频率在 Lyell 和 Lovell 的文本中都排在第 5 位，而在杨宪益和王际真的译本中则分别排在第 14 位和第 10 位。

该序列代表形式为"冠词-形容词-名词-of"的名词短语，以 Lovell 的文本为例，在原文中体现为"A new note of""the very memory of"等表达，如表 4-38 所示。

表 4-38 Lovell 译本中序列"AT JJ NN IO"部分索引结果

	原文语境
1	… course_NN1. _. "_ "A_AT1 new_JJ note_NN1 of_IO severity_NN1 entered_VVD …
2	… to_II22 now_RT **an_AT1 amused_JJ observer_NN1 of_IO** this_DD1 little_JJ …
3	… again_RT enjoys_VVZ **the_AT deferential_JJ regard_NN1 of_IO** his_APPGE wife_NN1 …
4	… ,_, despite_II **the_AT personal_JJ obscurity_NN1 of_IO** the_AT individuals_NN2 …
5	… shiver_VV0 at_II **the_AT very_JJ memory_NN1 of_IO** it_PPH1. _. If_CS …
6	… wrists_NN2 for_IF **a_AT1 considerable_JJ length_NN1 of_IO** time_NNT1 ,_, stared_VVD
7	… crimes_NN2 in_II **the_AT full_JJ knowledge_NN1 of_IO** their_APPGE evil_NN1 ? _? …
8	… expectation_NN1 :_: **the_AT impatient_JJ expectation_NN1 of_IO** Zijun_NP1 's_GE …
9	… dazed_VVN by_II **the_AT unending_JJ tedium_NN1 of_IO** her_APPGE absence_NN1 . _. …
10	… tread_VV0 from_II **every_AT1 other_JJ set_NN1 of_IO** footsteps_NN2 passing_VVG …
…	…

表 4-35 中另一个序列 RP II AT NN 在 Lyell 与 Lovell 的文本中分别排在第 8 位和第 9 位。然而，该序列在杨宪益与王际真的文本中分别位列 29 和 38，因此并未出现在表 4-36 中。该序列代表了形式为"小品词-介词-冠词-名词"的词块，也就是动词词组接连介词短语的表达方式，在 Lovell 的文本中体现为"down by the river""back on the throne"和"up at the sky"等表达。显然，这类表达在译入文本中更常见。

3)讨论

本节发现，四位译者基于词类 4 元组的文本相似度普遍较高；同一翻译方向译本之间的相似度更高，表明不同翻译方向的译者在句法风格上体现出规律性的相似和差异；四位译者最常用的词类 4 元组以名词短语和介词短语为主要成分，而不同翻译方向的译本中特定序列的使用存在一定差异。

(1)基于词类 4 元组的相似度总体特征

余弦相似度计算结果显示，无论词袋的选择是基于所有序列还是高频序列，四位译者之间的文本相似度普遍较高，最低为 0.8839，最高为 0.9811。这说明四名译者在句法层面上使用词类 4 元组的模式规律没有明显差异。本书倾向于认为产生这种现象可能有两个原因。首先，英语本身是一种语法规范严格的语言，有固定的句法和习惯表达。因此，在句法层面上，即使内容不同的文本也具有相同的句法表现，在本书中主要体现在词类 4 元组上。其次，4 位译者的文本都是同一源文本的译本，其内容和表达本身都会受到原文的限制。因此，词类 4 元组的使用和频率差异不大也在情理之中。

(2)翻译方向对文本相似度的影响

虽然四位译者之间的文本相似度普遍较高，但不同组别之间的相似度差异同样值得注意。基于所有序列进行比较时，文本相似度与翻译方向有明显的联系。表 4－34 的结果显示，Lovell-Lyell 和杨宪益-王际真两组相似度最高，表明相同翻译方向的译本倾向于具有更高的相似度。这也证实了不同译者的句法特征和风格会受到译者的母语背景，即翻译方向的影响。此外，译本的句法风格在个人层面上也具有一定的特征。例如，王际真的翻译比杨宪益的翻译更接近以英语为母语的译者；而两个外国译者中，Lyell 的翻译更接近中国译者。

基于高频序列进行相似度比较时，相似度与翻译方向呈现明显的联系。Lyell 和 Lovell 的相似度最高，达到 0.9811，其次是杨宪益和王际真，相似度为 0.9738。结果表明，在高频序列的情况下，相同方向的译本仍然比不同翻译方向的译本更趋于相似。这再次证实了句法特征与译者的母语背景之间的关系。从译者个人层面来看，仍然存在一定的规律特征，但与上文略有不同。在两位译入译者中，Lyell 的文本与两位中国译者的文本更相似，这与第一种方案下的结果是一致的。然而，在两位中国译者中，杨宪益的文本更接近两位外国译者的文本。

(3)语境分析

本章 4.3 部分对最高频的词类 4 元组进行了个例分析，回到语料库中观察文本的句法表现并进行质性分析。不同译者列表下序列类型和排序不同，但总体差异不明显，这也印证了表 4－35 中的较高的余弦相似度。同时分析发现，名词短语和介词短语是词类 4 元组最主要的组成成分。这表明无论翻译方向如何，译本的句法表达都有一定的规律性，这在一定程度上取决于源语文本和英语语言的基本特征。值得注意的是，有些序列在译入文本中使用频率较高，在译出文本中使用频率较低，这也在一定程度上解释了同一翻译方向上相似性较高的规律。

(4)方法论意义

本节主要采用定量的方法来衡量文本之间的句法相似度，从而客观地描述和比较不同翻译方向和不同译者句法风格和句法习惯的差异。不同于传统基于词语的模型，本书将文本转化为词性标注文本，利用 *n*-gram 模型得到“词类 4 元组”作为特征项。在此基础上计算文本相似度，能够测得文本词块和句法方面的特征和异同。同时，本书也采用了定性研究方法，对文本进行了更深入、更具体的研究，希望在译者风格、译出翻译实践、翻译教学等方面提供一些启示。

从方法论的角度来看，对比两种方案下得出的文本相似度结果，本书认为它们都有一定的参考价值，但也有不足之处。第一种方案将 4 位译者的词性标注文本中出现的所有词类 4 元组都纳入文本向量空间中，从而更全面地反映了文本的句法特征。然而，与此同时，维度爆炸使词袋中不可避免包含了大量无实际语义的序列。虽然它们对余弦相似度计算的影响很小，但这些干扰序列会在一定程度上降低相似度的真实性。而使用高频序列构建的词袋排除了那些干扰序列的影响，但同时大幅降低了计算的全面性，无法反映文本的总体特征。

本章同时采用这两种方案计算相似度以提高结果的可靠性，得到的两种结果具有一定的一致性和规律性，在一定程度上说明了方法的可行性和结果的参考价值。

4.3　本章小结

本章对不同翻译方向译本的线性句法特征及其分布规律进行对比。首先选取计量语言学领域的线性句法特征进行对比研究，包括 F 动链和分别以语篇、句子和小句为边界划分的 POS 动链；其次抽取两类文本中的 POS 4 元组，并基于此进行文本相似性研究。

研究发现以下几点。①F 动链对比。译入与译出文本的 F 动链 *R-F* 概率分布遵循相同的数学模型 Zipf-Mandelbrot(a，b)，且模型参数在两个方向上不存在显著性差异；F 动链 *L-F* 概率分布遵循相同的数学模型 Hyperpoisson(a，b)，且模型参数在翻译方向上不存在显著性差异；F 动链平均长度、每句中的平均 F 动链数、单现 F 动链占比、F 动链 TTR 在翻译方向上均不存在显著性差异。②POS 动链对比。以语篇为边界的 POS 动链 *L-F* 的拟合结果显示，四位译者译本均可以拟合为 EPNB(k，p；α fixed)模型，模型参数在翻译方向上不存在显著性差异；以句子为边界的 POS 动链 *L-F* 的拟合结果显示，四位译者译本均可拟合为 EPNB(k，p；α fixed)模型，模型参数在不同翻译方向没有表现出显著性差异；以小句为边界的 POS 动链 *L-F* 的拟合结果显示，四位译者译本均可拟合为 EPNB(k，p；α fixed)模型，模型参数在翻译方向上存在显著性差异，且每个方向内部不存在显著性差异。这说明，在细粒度的语言线性特征分布上，两个方向的译本存在规律性差异。POS 动链丰富度和复杂度指标在翻译方向上均不存在显著性差异。③两组文本 POS

4-gram 的概率分布不存在显著性差异。基于 POS *n*-gram 的文本相似度研究显示，四位译者基于词类 4 元组的文本相似度普遍较高；同一翻译方向译本之间的相似度更高，表明不同翻译方向的译者在句法风格上体现出规律性的相似和差异；四位译者最常用的词类 4 元组以名词短语和介词短语为主要成分，而不同翻译方向的译本中特定序列的使用存在一定的差异。

第五章 离散句法特征对比研究

本章将对比两组文本中的句法离散特征，即 POS 词类特征对比研究和案例分析。在 POS 词类特征对比研究中，首先对比两类文本中 POS 词类的概率分布规律，接着对各词类在两组文本中的比例进行对比研究。案例分析中，针对两组文本中具有显著性差异的 POS 标签，回到文本进行语境观察和质性分析。

5.1 POS 词类特征对比研究

POS 标注的意义在于能够反映单词语法和句法功能，还可以达到语义消歧的目的。Szwed(2017a; 2017b)使用基于词性标签的文体特征研究了波兰语文本的作者身份归属问题。波兰语有 1000 多个 POS 标签，因而能从文本中提取大量数据组成向量空间，可发挥机器学习的最大优势。作者结合 POS 词性特征、POS 两词序列、虚词等以及其他的简单统计数据，用 Weka 软件对文本进行分类实验，进而进行作者身份归属判定。结果表明，POS 词袋模型对篇幅较长的叙事文本分类准确率尤其高，能较好地识别出作者的写作风格。Castro 等(2015)取字母、单词以及 POS 词类三个层级 17 个指标，通过相似度对比的方法进行作者身份确认。

本书沿袭 NLP 领域的做法和经验，认为文本的 POS 标签虽然是词类标签，但是 POS 标注是句法分析的基础，因此 POS 包含着丰富的句法信息单元，可以看作离散句法信息。针对两类文本各种词类标签分布规律的比较，可以获知两类文本在句法和准句法层面的异同点。

5.1.1 POS 词类概率分布研究

本书对 POS 标签进行还原之后，共计得到 101 个 POS 词类。对 POS 词类 *R-F* 概率分布拟合实验发现，分布符合 Negative hypergeometric (k, m, n)分布，拟合效果极佳。该模型公式如下(Grzybek et al., 2005)：

$$P_x = \frac{\binom{M+x-2}{x-1}\binom{K-M+n-x}{n-x+1}}{\binom{K+n-1}{n}}$$

其中，$x=1, 2, \ldots, n+1$，$K>M>0$，$n\in\{1, 2, \ldots\}$。

表 5-1　各译者 POS *R-F* 概率分布拟合结果

译者	χ^2	$P(\chi^2)$	C	DF	R^2	k	m	n
Lovell	69.612	0.6638	0.0119	80.3	0.9916	3.5693	0.5158	92.7
Lyell	107.221	0.6040	0.0125	85.6	0.9901	3.7252	0.5398	98.1
王际真	67.819	0.7275	0.0113	82.9	0.9926	3.5077	0.5159	94.5
杨宪益	90.235	0.4627	0.0159	81.9	0.9940	3.611	0.5556	93.6

各译者 NHG 模型参数如表 5-1 所示。各译本的拟合参数如表 5-2 所示。

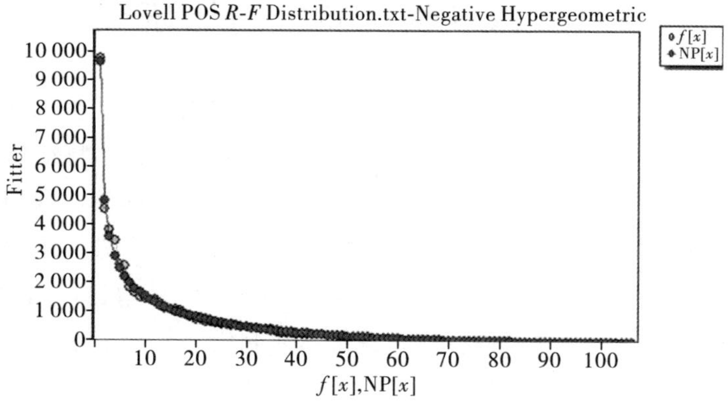

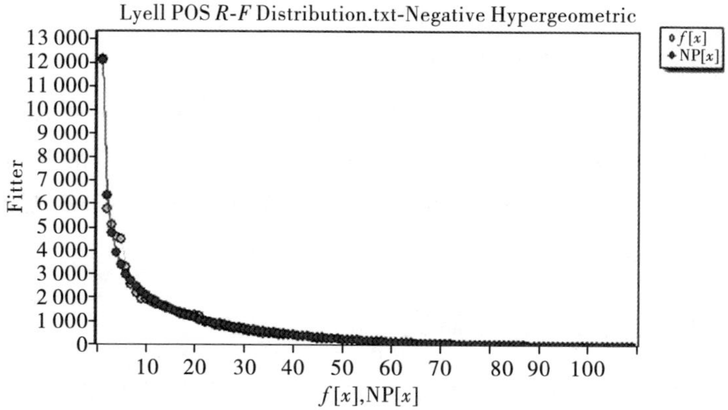

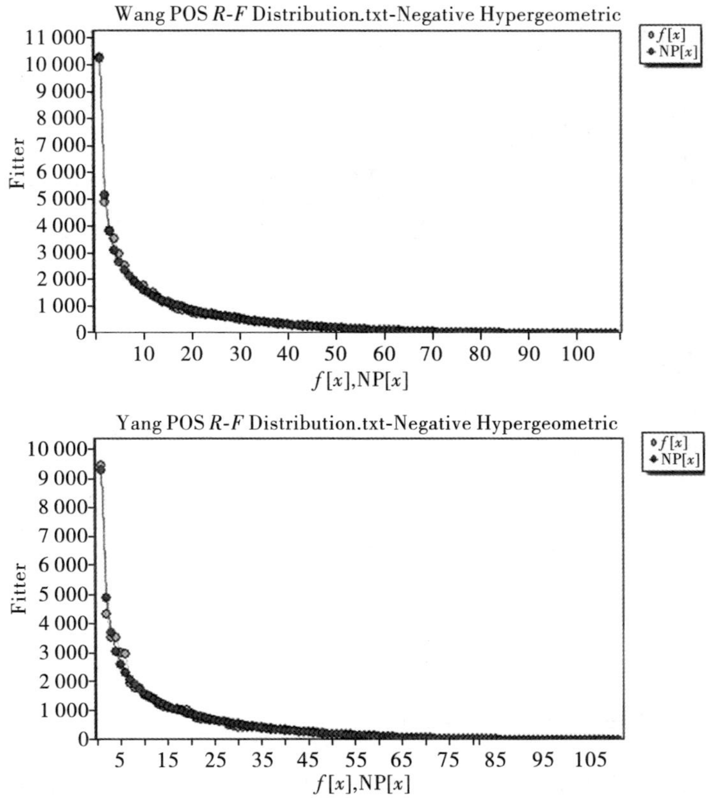

图 5-1　POS 词类特征秩频分布拟合图

表 5-2　拟合模型参数显著性分析

参数	翻译方向	个案数	平均值	标准差	P 值(双尾)
k	译入	20	3.6472	0.29889	0.354
	译出	20	3.5593	0.29325	
m	译入	20	0.5278	0.02847	0.530
	译出	20	0.5358	0.04836	

注：* $P\leqslant 0.05$，** $P\leqslant 0.01$，*** $P\leqslant 0.001$。

拟合模型参数的显统计学检验显示，译入、译出文本之间在参数 k 和 m 上不存在显著性差异($P>0.05$)。

具体词类分布见图 5-2。

可见，在 POS 的 R-F 分布上，两类文本符合相同的 Negative Hypergeometric 分布，且分布模型的参数不存在显著性差异。

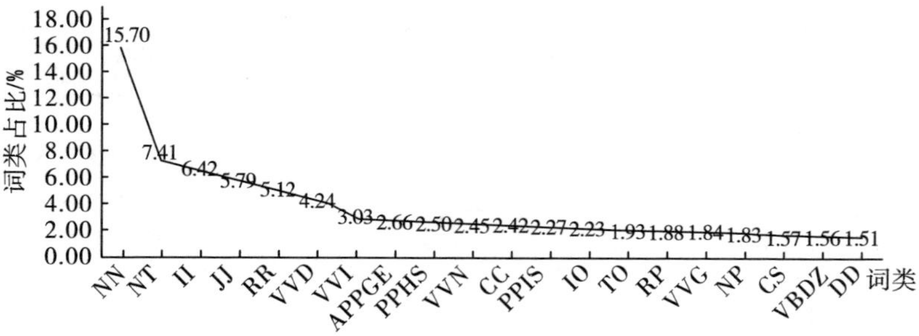

(a)译入文本

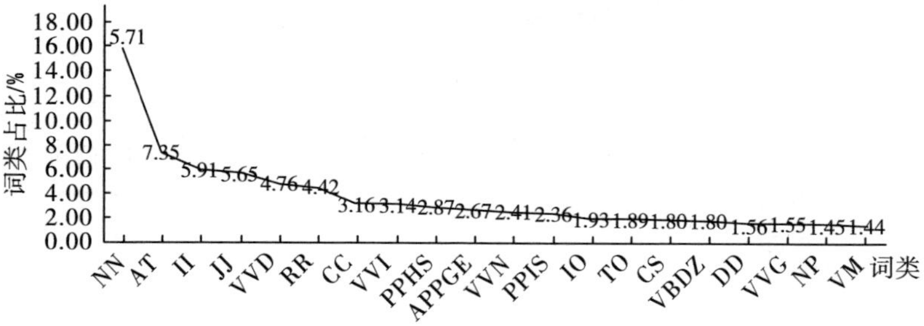

(b)译出文本

图 5－2　译入文本、译出文本词类分布

5.1.2　POS 词类分布规律研究

本节采用语料库驱动的研究范式。统计并计算了每个文本中 103 个 POS 词类在词类总数中的占比(%)，然后基于这些比例数据进行译入、译出文本间的独立样本 t 检验，发现了 20 项特征在译入、译出文本间存在显著性差异。表 5－3 是 CLAWS7 赋码集中各个差异性指标所代表的语言学意义。

表 5－3　差异性 POS 特征

特征	特征意义	方向	个案数	词类占比/%	标准差	P 值(双尾)
II	普通介词	译入	20	6.368	0.0055	0.001***
		译出	20	5.842	0.0033	
VVD	动词过去式	译入	20	4.3848	0.0039	0.008**
		译出	20	4.7658	0.0047	
IO	介词 of	译入	20	2.1386	0.0036	0.020*
		译出	20	1.8953	0.0027	
VVG	动词 ing	译入	20	1.9275	0.0052	0.010**
		译出	20	1.5497	0.0035	

续表

特征	特征意义	方向	个案数	词类占比/%	标准差	P 值(双尾)
CC	并列连词	译入	20	2.412	0.0052	0.000***
		译出	20	3.2400	0.0045	
RP	副词性介词	译入	20	1.9415	0.0037	0.000***
		译出	20	1.2277	0.0023	
VBDZ	was	译入	20	1.4639	0.0036	0.014*
		译出	20	1.7399	0.0032	
GE	缩合和所有格符号’	译入	20	0.6334	0.0041	0.035*
		译出	20	0.4029	0.0023	
RT	准名词性时间副词	译入	20	0.9696	0.0016	0.002**
		译出	20	0.8100	0.0015	
PN	不定代词	译入	20	0.8326	0.0017	0.006**
		译出	20	0.6810	0.0015	
XX	否定式 not/n’t	译入	20	1.0397	0.0024	0.004**
		译出	20	1.2745	0.0025	
CCB	but	译入	20	0.5510	0.0021	0.003**
		译出	20	0.7549	0.0019	
RG	程度副词	译入	20	0.4843	0.0014	0.001***
		译出	20	0.6911	0.0022	
VDD	did	译入	20	0.2672	0.0008	0.003**
		译出	20	0.3719	0.0012	
EX	存在句 there	译入	20	0.2126	0.0008	0.001***
		译出	20	0.3101	0.0010	
JJT	形容词最高级	译入	20	0.0871	0.0005	0.03*
		译出	20	0.0542	0.0004	
PPGE	名词性物主代词	译入	20	0.0674	0.0003	0.001**
		译出	20	0.0363	0.0002	

续表

特征	特征意义	方向	个案数	词类占比/%	标准差	P 值(双尾)
RGR	副词比较级	译入	20	0.0526	0.0004	0.005**
		译出	20	0.1056	0.0007	
CSW	whether	译入	20	0.0374	0.0006	0.049*
		译出	20	0.0594	0.0003	
VBG	doing	译入	20	0.0263	0.0002	0.029*
		译出	20	0.0420	0.0003	

注：* $P\leqslant 0.05$，** $P\leqslant 0.01$，*** $P\leqslant 0.001$。

图 5-3 是 20 个词类比例在译入、译出文本间的对比，PPGE 之前共 9 项指标都是译入大于译出，VBG 之后共 11 项指标则是译出大于译入。

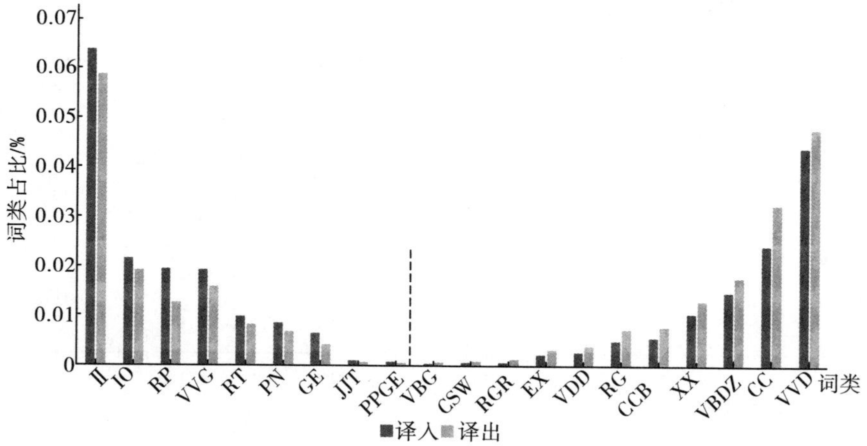

图 5-3　译入、译出文本间具有显著性差异的语言指标

基于这 20 个指标对 40 个文本进行聚类。聚类方法选择平方欧式距离，这些指标能够成功地对译入、译出文本进行聚类，显示出明显的组间差异。聚类结果如图 5-4 所示。

根据这些标签的语言学意义可知，虽然这些标签是基于语法信息进行的标注，但不同指标体现出两类文本在词汇层面、短语层面、句法层面及语篇层面等各个层面的差异。具体标签的语言学意义则需要深入语境进行探索，并在语言学理论的指导下进行解释。

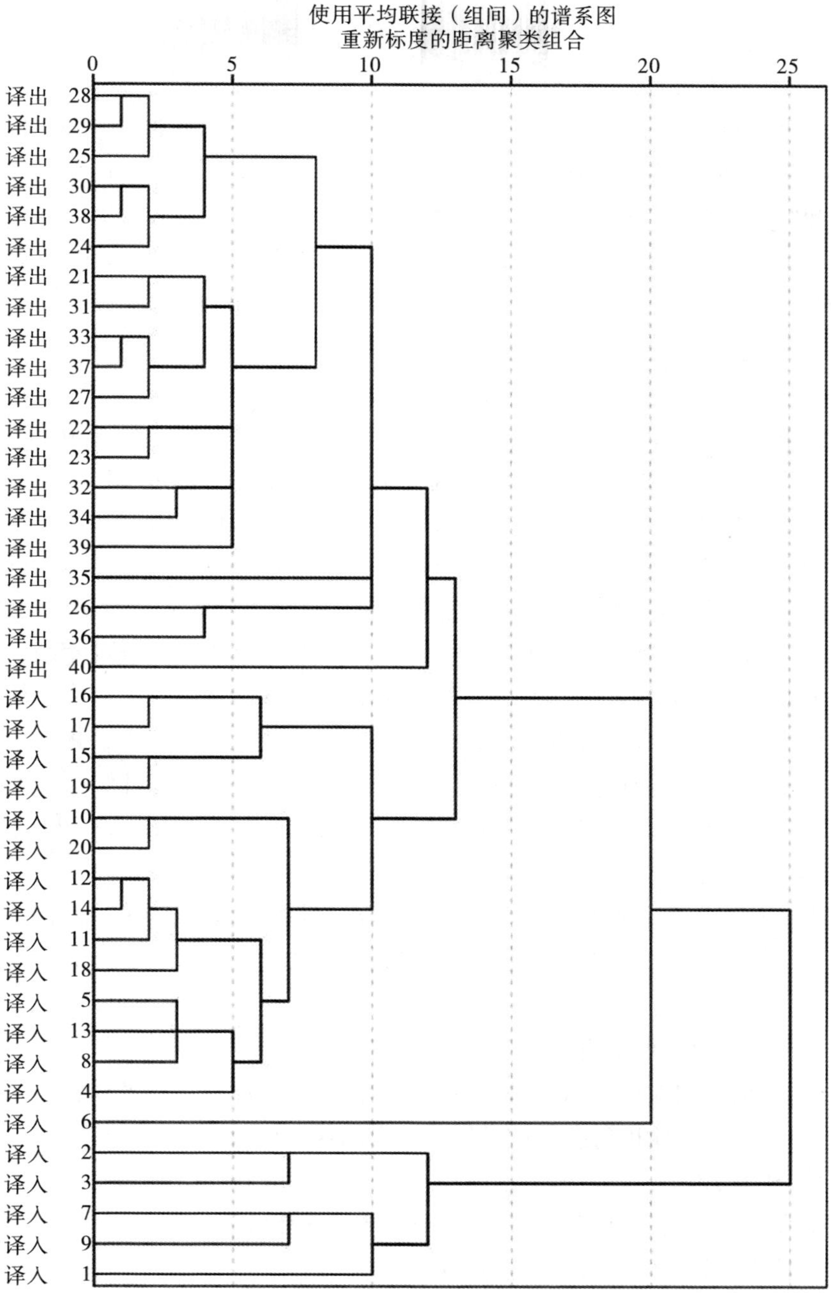

图 5-4 显著性差异特征聚类结果

5.2 案例研究

本节将针对5.1中的发现，进行基于语料库的统计和案例分析，探索这些语言现象在翻译文本中的语境及其承载的意义。本节分别选取“_RP”“_GE”和“_VVG”三个标签在文本中进行语境观察和分析。平行语料库中的语境观察发现，三个标签分别代表“短语动词”“缩合形态或所有格”以及“V+ing形态”。

5.2.1 短语动词

“RP”标签的语言学意义为副词性介词，即小品词。通过在AntConc中检索“_RP”可知，“RP”与动词搭配形成短语动词。本节拟选取RP所代表的短语动词为指标考察译入、译出文本的语言差异，主要基于以下三点考量。第一，短语动词具有较强的口语性和习语性特征(Biber et al.，1999)，可用作衡量鲁迅小说译本乡土特色的重要参数。第二，短语动词属词块层面的特征，介于词汇和句法层级之间，亦可看作准句法层面的特征，是语料库翻译学前期研究尚未涉及的新特征，是语言指标选择上的新尝试。第三，短语动词虽是英语小说文体中常见的语言现象，但却容易对非母语者造成困扰。通常非母语者使用的短语动词数量更少、类型更少、范围更有限，且倾向于使用语义模糊度低的短语动词(Wierszycka，2013；Barekat et al.，2014；El-Dakhs，2016)。

本节从“_RP”这个语言指标入手，结合语料库工具、Python编程、统计检验、关键词和语义学分析等方法，比较译出与译入文本中短语动词的使用情况。

具体回答以下两个研究问题。

(1)短语动词在译入和译出文本中的使用是否存在显著性差异？

(2)短语动词使用的差异性具体体现在哪些方面？

1) *研究方法*

结合量化和质性分析方法，本节研究实施步骤如下。

(1)检索副词性小品词标注为“_RP”

因为语料库软件只能实现检索功能，无法将所有的短语动词一次性提取出来，所以本书通过编写Python小程序，提取各译者所有文本中的PV形符数并制作词表。Python编程时，需要考虑动词和小品词之间的非连续情况，比如give it away。动词和小品词之间间隔一词，参照前人经验(Gardner et al.，2007)，将动词小品词之间的间隔设置为 0～6。动词则按照表 5-4 中的 6 种情形进行统计提取。

(2)制作 PV 词表

编写 Python 小程序，将获得的每个译者的 PV 形符表中的动词进行词形还原。例如把 stood up 还原成 stand up，把 hung down 还原成 hang down。计算 PV 类符数，并制作译入、译出文本的 PV 词表。

(3)统计检验

将计数结果进行标准化处理，标准化数据用每千字文本中短语动词的频次来表示，并用 SPSS24 对标准化数据分别进行组内和组间独立样本 t 检验，检验译入译者内部、译出译者内部以及译入、译出译者间短语动词使用是否呈现显著性差异。

(4)PV 关键词分析

用 Wordsmith Tools 的 Keyword 功能对两类文本的 PV 词表进行关键词分析，并对关键词进行语义学讨论。

表 5-4 CLAWS7 赋码体系下的短语动词标识

词类	标注	词性	举例
动词	VV0	原形	give，work
	VVD	过去式	gave，worked
	VVG	现在分词	giving，working
	VVI	不定式	to give... It will work
	VVN	过去分词	given，worked
	VVZ	单数第三人称动词	gives，works
小品词	RP		out，in，up，down

2)研究结果

(1)译入、译出文本间 PV 使用的频率存在显著性差异

四位译者在每一部译作中使用的 PV 的绝对频次排序为 Lyell＞Lovell＞杨宪益＞王际真(见图 5-5)。虽然四译者的译本长度不同，但由于所有译本均译自相同的原文，在某种程度上，其语言特征的绝对频次也具有可比性。可以看出，从 PV 使用的绝对频次来讲，译入文本整体高于译出文本。

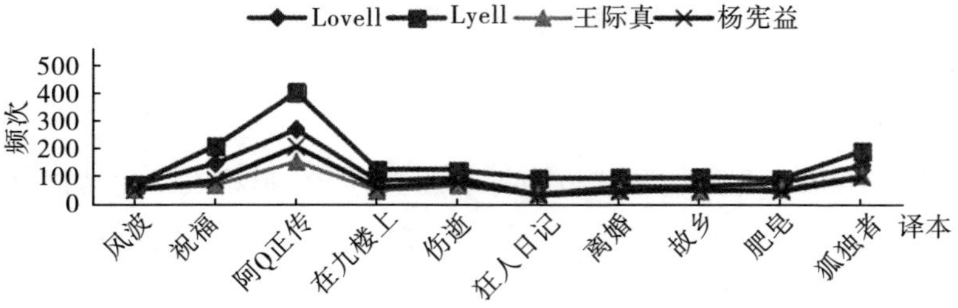

注：横轴为鲁迅的10部小说源本，纵轴表示不同译本中PV的使用频次。

图5-5　不同译本中的PV频次

接着，为增强数据的可比性，对频次数据进行标准化处理，转化成频率/千字，即每千字文本中使用的PV数量(见表5-5)。

表5-5　各译本中的PV使用频率(‰)

小说	Lovell	Lyell	译入	王际真	杨宪益	译出
《风波》	25.5	19.2	22.4	15.9	17.3	16.6
《祝福》	23.1	23.5	23.3	10.8	12.5	11.7
《阿Q正传》	17.0	19.4	18.2	10.0	12.5	11.3
《在酒楼上》	21.1	22.9	22.0	11.0	13.9	12.5
《伤逝》	14.3	12.7	13.5	8.7	11.3	10.0
《狂人日记》	10.7	20.0	15.4	9.4	8.8	9.1
《离婚》	20.2	20.8	20.5	13.6	14.2	13.9
《故乡》	19.1	21.8	20.5	12.0	14.0	13.0
《肥皂》	19.6	16.8	18.2	14.4	11.6	13.0
《孤独者》	18.3	18.3	18.3	12.3	13.3	12.8

图5-6反映每个方向的译本中所包含的PV比例(‰)，可以看出，译入文本的曲线整体高于译出文本。

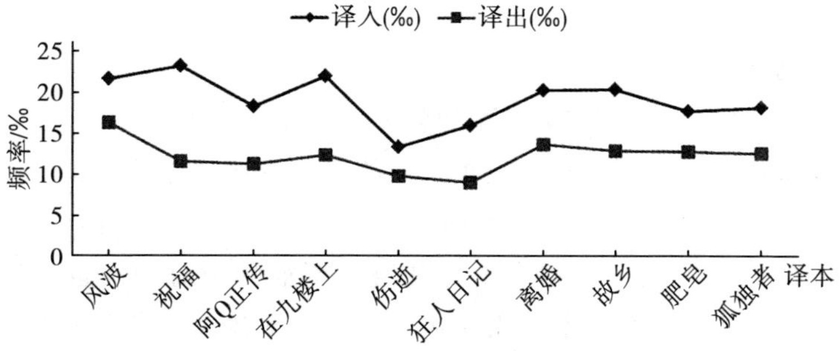

图5-6　两组译者使用的PV频率(‰)

为进一步检验 PV 频率在两组译本中是否呈现显著性差异，本书分别用 SPSS25 对两组译本进行组内和组间独立样本 t 检验。首先在组内检验 Lovell 和 Lyell 之间、王和杨之间是否存在显著性差异；再检验译入和译出组间是否存在显著性差异，检验结果如表 5-6 所示。

Lovell 和 Lyell 之间 P 值为 0.701(双侧)($P>0.05$)，提示译入文本组内不存在显著性差异；杨宪益和王际真之间的 P 值为 0.281(双侧)($P>0.05$)，提示译出文本组内不存在显著性差异。译入和译出两组文本间的 P 值（双侧）为 0.000($P<0.05$)，提示存在显著性差异，译入的平均值为 19.22，译出为 12.37，即每千字文本中，译入文本包含 19 个短语动词，而译出文本包含约 12 个短语动词。t 检验结果可以明确回答第一个研究问题，即译入文本和译出文本在 PV 使用的总体频率上存在显著性差异，译出文本使用 PV 的数量显著低于译入文本。

表 5-6　译入和译出组内与组间独立样本 t 检验结果

比较组	译者/翻译方向	样本量	均值	P 值(双尾)
译入组内	Lovell	10	18.8914	0.701
	Lyell	10	19.5424	
译出组内	王际真	10	11.8047	0.281
	杨宪益	10	12.9272	
组间	译入	20	19.2169	0.000***
	译出	20	12.3659	

注：* $P\leqslant0.05$，** $P\leqslant0.01$，*** $P\leqslant0.001$。

(2)PV 丰富度、多样性和重复率存在差异

为了更直观地了解两组译者 PV 使用的区别，本书提取出两类文本中所有的 PV 形符，并进行词形还原生成 PV 类符，得到译入、译出文本的 PV 词表，进行相关计算，具体结果见表 5-7。

表 5-7　PV 词表分析

指标	译入文本	译出文本
PV 类符频次	1057	590
PV 形符频次	2641	1535
PV 形/类比	2.50	2.6
PV 单现词数量	671	394

PV 形符代表短语动词的总频次，PV 类符代表不同短语动词的总数，提示译者短语动词使用的多样性。可以看出，尽管译自同一原文，译入译者使

用的 PV 形符和 PV 类符都远高于译出译者，前者类符的总数几乎达到后者的两倍，说明译入译者使用 PV 的总频次高，且类型更多样。形/类比(TTR)反映文本的词汇重复率(Crossley et al.，2016)，是衡量词汇多样性的常用指标，TTR 越大，文本中词汇的重复率越高。从表 5－7 可见，译入译本 PV 的 TTR 为 2.5，略低于译出译本的 2.6，即译入、译出文本中每个 PV 的平均重复率分别为 2.5 次和 2.6 次。TTR 这个指标与文本长度相关，文本越长，TTR 越趋向于变大。本书中，译入译本总字数大于译出译本，但短语动词的 TTR 依然低于译出，说明译出文本总体上比译入本的 PV 重复率略高，译入文本中短语动词词汇更加丰富多样。

单现词是提示文本词汇丰富度和创造性的指标之一(Kenny，2014)。译入文本中共使用单现词 671 个，是译出文本的约 1.7 倍，说明译入文本中的 PV 词汇丰富度高于译出译本。从以上指标可以看出，与译入译者相比，译出译者短语动词的使用频率更低，丰富度和多样性稍弱，重复率更高。

(3)PV 的语义透明度差异

在语料库语言学中，关键词是指某个语料库中相对于另一个参照语料库突出使用或者过度使用的词汇(Scott，1997)。关键词也可以提示译者特殊的语言使用习惯(Wang et al.，2011)。本书使用 AntConc3.5.7w 的关键词功能，通过对译入、译出文本的 PV 词表进行统计学比较，寻找两类文本中相较于彼此突出使用的短语动词，之后再对这些关键词进行语义学分析。关键值是指关键词在统计学上的显著性(Bondi et al.，2010)。

表 5－8 两类文本中位居前 10 的 PV 关键词

序号	译入文本			译出文本		
	关键词	频次	关键值	关键词	频次	关键值
1	work up	9	8.265	stand up	32	23.402
2	take back	22	7.852	go out	59	18.506
3	figure out	7	6.428	rush out	10	17.985
4	head back	7	6.428	walk on	10	14.199
5	let out	7	6.428	go in	14	12.58
6	scrub up	7	6.428	look up	35	12.252
7	come along	6	5.51	make up	18	8.654
8	head off	6	5.51	come in	24	7.125
9	stare up	6	5.51	come back	47	6.313
10	throw in	6	5.51	get back	16	4.114

根据关键值排序，本书分别选取了两组译本位居前10的关键词。从表5－8可见，译出译本中PV关键词的使用频率普遍高于译入译本，且其关键值也更高。这在某种程度上说明，译出译者比译入译者更加频繁地使用PV关键词，译者的词汇偏好更集中，使用的PV范围也因此相对更局限。

短语动词的语义合成性(compositionality)是指组成短语动词的动词和小品词是否与它们单独使用时的意义相同，即它们的语义是否透明。比如，pulled up the anchor中的短语动词pull up，其语义就是由pull和up组合而成的字面意义，将短语拆分后，其各组成成分语义均不发生变化，这类短语通常为趋向型短语动词，语义完全透明(semantically translparent)；而clean up all the messes中的clean up，拆分后clean的意义不发生变化，但小品词up却不表示方向，这类短语动词通常为补语型短语动词，语义半透明(semantically semi-transaparent)；而let me down中的let down表示“失望”之义，其拆分后单独使用并不表示失望，而down也与其本义“向下”没有关系，这类短语动词通常为习语型或隐喻型短语动词，语义不透明(semantically opaque)。因此，短语动词的语义透明度从低到高可以表示为(Riguel，2014)图5－7。

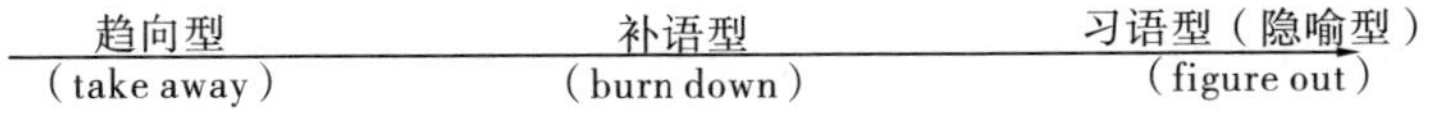

图5－7　短语动词的语义透明度

根据这个分类，本书对两组PV关键词进行语义学分析发现以下几点。①译出译者使用的PV关键词几乎都是由一个行为动词(go、come、rush、walk和look)后加一个表示方向的小品词构成的方向型短语动词。其中stand up、go out、rush out、go in、come in、look up和come back语义完全透明，结合人工检索，排除了stand up to的情况；walk on和get back为补语型短语动词，语义透明度也比较高。只有make up在语境中表现为make up one's mind和make up for两个典型的习语型表达，语义不透明。②译入译者使用的10个PV关键词中，只有come along、stare up、scrub up和take back为补语型短语动词，语义呈现半透明状态，其他6个短语动词都是习语型或隐喻型短语动词，如work up、figure out、head back、let out、head off和throw in，其在译文中使用的具体语境见表5－9。一般来讲，隐喻型短语动词多为习语，语义不透明，含蓄委婉，短语表达的语义与组成它的动词语义几乎没有关联。③基于以上观察不难发现，译出译者更倾向于使用语义透明度高的短语动词，而译入译者对各种语义类型的PV使用较为平衡。译入译者比译出译者更频繁地使用半透明或隐喻型短语动词。

表 5-9　译入文本中的隐喻型短语动词的语境

PV	语境
work up	work up the courage; work up the resolve to leave
figure out	figure out what to call him; figure out how I had come to have this; figure out eight or nine tenths of it; figure out what really happened
head back	head back up the street; head back to the temple
let out	let out a good loud laugh; let out a peep
head off	head off to market; headed off in the direction of the noise;
throw in	throw in with the troublemakers; throw in with the Revolution Party

3)讨论

本书发现，译入、译出文本在短语动词使用方面存在显著差异，具体表现在使用频次、多样性、丰富度和语义透明度方面。①两类译本在短语动词使用频率方面有显著差异，译出文本明显低于译入文本。②译出文本比译入文本中短语动词类符数和形符数更少，单次词频的短语动词数量也更少。③译出文本中高频区短语动词的关键值整体高于译入文本，译出文本使用方向型和补语型短语动词更多，而译入文本则趋向于使用隐喻型短语动词。结果表明，译出文本比译入文本使用短语动词的频次更低、种类更少、范围更局限、语义更透明。

短语动词具有典型的口语性和习语性（Biber et al.，1999），尤其多用于非正式语体，可使表达或者对话更加自然、平实、地道(Siyanova et al.，2007)。文本中使用短语动词越多，文本的口语性和习语性越强。鲁迅的乡土主义文学作品中有大量的农村情景和普通人物的日常对话，且人物以乡下的劳动人群为主(詹菊红 等，2017)，因此鲁迅大量使用口语、方言、土语和俗语(Wang，2011)，在通俗的趣味性中展现深厚哲理，语义较为隐化、含蓄。理想的译文应体现这种特殊的语言风格，否则可能会导致译文文体正式性增强，语义显化，口语性和习语性降低。

以下例句可更为直观地反映了译入、译出译者在短语动词使用方面的差异。

(1)“我倒要对他说说我***这几年的艰难***，且看七大人说谁不错!”(选自鲁迅《离婚》)

[1A] I'm going to tell Mr. Qi myself what I've had to ***put up with*** the last few years. Then we'll see whose side he takes.（选自 Lovell 译本 *The Divorce*）

[1B] Matter of fact, I'm glad of the chance to tell Bigman Seven exactly what I've been ***putting up with*** the last few years—see what he says about who's got the right of it.（选自 Lyell 译本 *Divorce*）

[1C]I should like to tell him what I've ***suffered*** in the last few years and see what he has to say.（选自王际真译本 *Divorce*）

[1D] I'll tell him what I've had to ***put up with*** all these years, and we'll see who he says is right!（选自杨宪益译本 *The Divorce*）

本例中，Lyell、Lovell 和杨宪益译本不约而同使用了短语动词 put up with，王际真译本则选用了 suffered 一词。从语言风格上来讲，put up with 更平实，习语性更强；而 suffered 一词更加正式、语气更强烈。

(2)……虽然在昏黄中，却**辨得出**许多人……(选自鲁迅《阿 Q 正传》)

[2A] Although dusk had fallen, he could still ***make out*** many of the assembled company...（选自 Lovell 译本 *The Real Story of Ah-Q*）

[2B] Although it was dusk, Ah Q was able to ***make out*** several of the people...（选自 Lyell 译本 *Ah Q-The Real Story*）

[2C] In the twilight he could ***make out*** quite a number of people...（选自王际真译本：*Our Story of Ah Q*）

[2D] Although it was dusk he could ***see*** many people there...（选自杨宪益译本 *The True Story of Ah Q*）

在[2A]和[2B]中，译入译者不约而同使用了 make out 这个隐喻型短语动词，体现出语言风格的含蓄性和习语性，而杨宪益译本使用了动词 see，使得语言风格更为简单直接，语义更加显化。

另外，在使用相同的短语动词时，两组译者在其语义选择上也呈现出差异，如下例所示，两组译者在使用 let down 这个短语动词时，就倾向于选择其不同的语义。

(3)他很想即刻揪住他，拗断他的竹筷，**放下**他的辫子，并且批他几个嘴巴，聊且惩罚他忘了生辰八字，也敢来做革命党的罪。(选自鲁迅《阿 Q 正传》)

[3A] He felt a desperate urge to grab hold of it, snap the chopstick, ***let the queue hang back down*** and give him a few good slaps around the face.（选自 Lovell 译本 *The Real Story of Ah-Q*）

[3B] Ah Q felt like seizing him on the spot, breaking that chopstick,

putting that queue back down, and slapping him across the mouth a few times as punishment for forgetting his place. （选自 Lyell 译本 *Ah Q-The Real Story*）

［3C］ He was greatly tempted to seize him then and there, break his bamboo chopstick, ***let down*** his pigtail and slap his face several times into the bargain to punish him for forgetting his place and for his presumption in becoming a revolutionary. （选自杨宪益译本 *The True Story of Ah Q*）

［3D］ For what was little Don? He wished to seize the impudent pretender, break his chopstick in two, ***let down*** his queue for him, and to slap him as a punishment for forgetting his birth, for the crime of daring to become a revolutionary. （选自王际真译本 *Our Story of Ah Q*）

(4)这使我很感激，然而也使我很不安：怕我终于***辜负了***至今还对我怀着好意的老朋友。（选自鲁迅《在酒楼上》）

［4A］ In some ways, it makes me glad, but also uncomfortable—worried that I'll ***let my old friends down***, betray their faith in me. （选自 Lovell 译本 *Upstairs in the Tavern*）

［4B］ And I'm grateful for your faith in me too. But at the same time, it makes me anxious for fear that when all is said and done, I'll ***let down*** those old friends who, like you, continue to think well of me to this very day. （选自 Lyell 译本 *Upstairs in a Wineshop*）

［4C］ This makes me grateful to you, at the same time rather uneasy. I am afraid I am only ***letting down*** the old friends who even now still have some hope for me... （选自杨宪益译本 *In the Wine Shop*）

［4D］ This makes me feel grateful but at the same time uncomfortable, for I am afraid that I shall eventually ***disappoint*** even those old friends that still entertain kindly feelings towards me and wish me well. （选自王际真译本 *Renion in a Restaurant*）

译出译文［3C］和［3D］中，let down 取其字面意思，即“放下”；而在译入译文［4A］和［4B］中，let down 取其隐喻意义，即“辜负”。值得一提的是，两组译者虽然在 PV 使用方面表现出整体性和规律性的差异，但这种差异并非绝对。比如［1D］中杨宪益也选用了 put up with 表达“忍受”之意；［2C］中王际真也选用了 make out 表示“辨认”；［4C］中杨宪益亦选用了 let down 来表示“辜负”之意。正因为如此，普通读者不易于通过主观感受来揭示这一差别，依赖语料库的频率统计和数据分析能更好地发现这种规律性差异。

相比译入文本，译出文本为什么会表现出短语动词使用频次少、种类少、丰富度低和语义更为显化的倾向？本研究将尝试从认知翻译学的引力假说模型来解释这个现象。

Halverson(2003；2017)在认知语法的理论框架下，综合图式网络、认知突显和认知不对称性等概念，提出了引力假说的翻译认知模型，用以解释简化、规范化、净化、传统化、译入语特征夸大等翻译共性，其有效性和解释力在前期研究中得到不同程度的证实(Lefera et al.，2022；Marco，2021；Hareide，2017)。可以说，引力假说可为语料库翻译学界所提出的各种翻译共性假设提供认知解释。

具体来讲，该模型(Halverson，2017)提出了影响译者决策的三个认知来源：源语言凸显性，即引力(gravitational pull)；目标语言凸显性，即磁力(magnetism)；跨语言连接强度，即连接性(connectivity)。凸显性可被操作化为某种特定语言结构的使用频率和译者激活该结构的难易程度。引力“使译者难以摆脱源语言中具有高认知凸显性的表征元素的认知牵引”；磁力影响译者对目标语言项的认知搜索，“译者更有可能被吸引到具有高凸显性或高频使用的目标语言项目上”，连接性则是指“一个双语者的两种语言元素之间联系的性质和强度”(Lefera et al.，2022)。三种认知来源均可操作化为语言结构使用的频率。

基于本节研究结果，方向性短语动词使用的关键值说明译出译者受到的源语言引力比译入译者更为显著。由于“进来”“出去”“上去”等趋向型短语动词在汉语源语中具有认知凸显性，其译文“come in”“go out”和“go up”等在译出译者的翻译过程中被自然激活，因此译出译文中方向性短语动词的表达更突出。译入译者受到目标语言的磁力吸引更显著，将目标语中特有的隐喻型短语动词结构在译文中予以表达。此外，本书发现在短语动词词表中，两类文本中方向性短语动词的使用频次都相对较高，这可能是因为此类表达在源语-目标语中的跨语言连接性很强，对于两个方向的译者来讲，都很容易被激活。但要系统考察跨语言连接性与短语动词的表现，则需要在平行语料库中进行更广泛的检索与对比。以上分析提示，“认知语义结构及其引力作用并不是一个闭合系统”(刘艳春 等，2020)，译者的翻译方向是某些语言结构认知凸显的重要调节变量。在同一个语言对、相同的翻译任务中，母语与非母语译者所受到的特定语言结构的认知引力是不同的。

4)结论

语料库范式下的译出译入研究所选取的语言指标多集中于词汇层级特征，或基于人工标注的语言现象，借用相关软件自动采集，鲜少涉及短语层面的特征。本节选取的短语动词介于词汇和句法特征之间且具有很强的文体敏感性，该特征难于直接用语料库软件进行检索提取，本书借助交叉学科的方法解决了这个难题，制作了短语动词词表。

本书尝试着借用引力假说模型来解释翻译方向对翻译活动的调节作用，证明了认知语义网络及其引力并不是一个闭合系统，翻译方向作为一个重要的外部变量，会对译文语言产生不可忽视的作用。但值得一提的是，如果要在汉英语对中选用短语动词来证明引力假说模型，则需要系统性检索并对比汉语原文中的趋向动词、译文中的短语动词，并在平行语料库中考察源语-目标语中短语动词的对应性，以验证该模型中的三个认知来源——引力、磁力和连接性。

短语动词以口语性和习语性为特征，其代表的语言风格平实自然，隐喻型短语动词语义含蓄隐晦，能否在语境中合理使用短语动词往往影响着翻译语言的习语性，进而影响译本对目标读者的可读性和地道性。虽然本书中两位译出译者都是颇负盛名的翻译家，能代表非母语文学翻译的最高水平。王际真译本还得到美国著名作家、诺贝尔文学奖得主赛珍珠的盛赞，对中国文化的海外传播有着深远的影响。但如果将译入译本视作某种参照标准的话，译出文本中的短语动词则表现出使用不足、语义显化的倾向。

习语性是语言的核心属性之一，是确保话语或语篇自然流畅、地道的重要参数，同时也是评估译本读者接受度的关键指标。短语动词的习语性特征决定了其使用的频率和恰当性对翻译语言的可读性和地道性有显著影响。因此，在翻译实践中，译者需对短语动词的运用给予足够重视，避免使用不足或过度使用，以维持译文的自然流畅和地道。本节研究结果有望为文学翻译实践、汉英翻译教学、译本质量评估提供有益的启示。

5.2.2 缩合现象

词类标签 GE 在译入、译出文本中存在显著性差异(见 5.1.2)。GE 在文本中代表缩合符号或者所有格符号(’)。缩合(contraction)是英语中很常见的语言现象，主要包括两类，即动词缩合和否定缩合(Goran，1998)。动词缩合主要指主语与系动词、助动词和情态动词的缩合，其中的主语多数情况下是人称代词；否定缩合是指将 not 否定缩合成 ’t 的形式。缩合形式通常以缩合符号为标志，本节将聚焦于考察缩合形式。

缩合形式多见于对话或者包含大量口语体的书面语中(Biber et al.，1999)。使用完整或者缩合形态虽然并不影响意义的表达，但是却与语体正式性程度相关(Olohan，2003)。随着英语书面语言口语化的演化趋势(利奇 等，

2012)，缩合的使用可能会越来越多，是一个不容忽视的语言现象。

学界对英语中缩合现象的关注始于20世纪70年代，研究主要涉及缩合与文体的关系(Crystal et al.，1969)、语音学视角下的缩合现象分析(Zwicky，1970)、缩合使用的限制条件和句法规则(King，1970；Black，1977；Kaisse，1983；刘万同，1987)、书面语与口语中的缩合现象比较研究(Biber，1988)、各种动词缩合现象的分类统计分析(Goran，1998)、ain't缩合式研究(江希和，1982；向朋友，1996)等。

但学界对翻译语言中缩合现象的关注不足。Olohan(2003)调查了原创英语语料库BNC和翻译英语语料库TEC中缩合的使用情况。通过对比分析BNC和TEC中的动词与否定的缩合现象，她发现TEC文本中缩合的使用与BNC中缩合的使用有整体性差异，TEC语料库中的缩合形式的种类、绝对频次和相对比例都明显少于BNC。Olohan认为，这应该与TEC文本的翻译显化和语体正式性程度增强有关系。Olohan还发现，在TEC中，不同译者在缩合使用方面表现出差异性，差异的原因可能与源文本的语体正式性和译者的个人翻译风格相关，即如果译者选择的源文本语体较为正式，则译本中缩合使用就较少，若源文本语体正式性低，则译本中缩合使用得较频繁。前人研究尚未关注翻译方向与缩合使用的关系。本书将考察在源语文本相同的情况下，译入、译出译者使用缩合形态的情况，具体拟回答以下两个研究问题。

①译出译者的缩合使用是否表现出差异性？

②译入、译出文本与原创文本相比，在缩合使用上呈现出什么特点？

1)研究方法

本节以Lyell译本和杨宪益译本为例进行缩合形态的语境分析，采用语料库技术，结合定性与定量分析法进行，具体步骤包含：对比两组译本各种缩合的使用情况；对比分析两组译本高频缩合式的使用情况；分析两组译本缩合的使用与原文的关系；对比两组文本中缩合使用与BNC和TEC的差异；例证与质性分析。

2)研究结果

研究发现，杨译本中有827处缩合(包括所有格)，而Lyell译本中有2156处缩合。用AntConc的wordlist功能，制作出两组文本的缩合词表。在词表中提取所有带缩合和所有格符号(')的词，构成两类文本的缩合词表(包含所有格)。由词表可知，Lyell译本带缩合符号的词型总数为207个，杨宪益译本为139个。Lyell译本无论是缩合式形态数还是缩合总频次都远高于杨宪益译本(见表5-10)。

表 5-10 两组译本中缩合符号的总量

缩合符号(’)	Lyell 译本	杨宪益译本
缩合式	207	139
总频次	2156	827

检索标注文本中的所有格标志“ _ GE”时发现，所有格在两组译本中均占据 ’s 总频次一半以上的比例，尤其在杨译本中，73%左右的 ’s 都是所有格形式。’s 缩合在 Lyell 译本中的比例为 48%，在杨译本中为 27%(见表 5-11)。

表 5-11 两组译本中 ’s 形式的构成情况

’s 形式	Lyell 译本	比例/%	杨译本	比例/%
所有格	385	52	277	73
’s 缩合	357	48	100	27
合计	742	100	377	100

对缩合词表的分类分析发现，两组译本所有缩合中 ’t 所占比例最高，其次为 ’s，表现出一致性。Lyell 译本中，’s 与 ’t 的总和占总数的 60%，而杨译本中则高达 78%，说明 ’s 和 ’t 是两组译本中最典型的缩合形式。而杨译本中的 ’t 比例达到总数的 57%，占一半以上，说明在所有缩合中，杨最偏重使用 ’t。Lyell 译本中 ’d 位居第三位，频次达到 179 次；而杨译本中位居第三位的缩合形式为 ’ve，且频次只有 33 次。值得注意的是，Lyell 译本中缩合总形式为 9 种，包含 ’in 与 ’em 两种形式，而杨中则只有 7 种(见表 5-12)。

表 5-12 两组译本中常见缩合及其分布

排序	Lyell 译本			杨译本		
	形式	频次	比例/%	形式	频次	比例/%
1	’t	605	38	’t	264	57
2	’s	357	22	’s	100	21
3	’d	179	11	’ve	33	7
4	’ve	114	7	’ll	25	11
5	’in	113	7	’m	22	5
6	’ll	82	5	’re	15	3
7	’re	73	5	’d	8	2
8	’m	60	4			
9	’em	18	1			
合计	9	1,601	100	7	467	100

在两组译本中，'t 的使用总频次都位于首位，其次为 's。需要说明的是，文中缩合形式只是指缩合符号和其后的字母的组合，而下文提到的“缩合词”是指缩合与其前词缩合而成的最终形态。例如，'s 是一个缩合形式，那么 it's、there's、what's、that's 等是它对应的缩合词。下文将对各类缩合形式及其对应的缩合词进行深入探讨。

(1)'s 缩合

两组译本中，'s 的总频次表现出明显的差异，杨宪益译本远低于 Lyell 译本。Lyell 译本中包含 10 种形式的 's 缩合，而杨宪益译本中只有 8 种；各形式的频次排序大同小异。可以看出，Lyell 译本中的缩合总频次和不同类别的 's 频次都是杨宪益译本的 3 倍左右，另外，杨宪益译本中并无使用 where's 和 how's 的情形。说明 Lyell 译本使用 's 缩合的形式更多样化，频次更高(见表 5 - 13)。

表 5 - 13　两组译本中常见 's 缩合词及其缩合比率

缩合词	Lyell 译本		缩合率/%	缩合词	杨宪益译本		缩合率/%
	缩合频次	完整式频次			缩合频次	完整式频次	
It's(is/has)	88	20(19+1)	81	It's(is/has)	24	45(41+4)	35
That's(is/has)	63	11(11+0)	85	That's(is/has)	18	7(5+2)	72
What's(is/has)	36	7(5+2)	84	He's(is/has)	14	14(8+6)	50
He's(is/has)	27	4(1+3)	87	There's	10	27	27
There's(is)	26	9	74	What's(is/has)	6	9(6+3)	40
Who's(is/has)	20	4(1+3)	83	She's(is/has)	4	6(4+2)	40
She's(is/has)	15	5(3+2)	75	Who's(is/has)	3	7(4+3)	30
Let's(us)	13	1	93	Let's(us)	3	0	100
Where's(is/has)	3	2(0+2)	60	Where's(is/has)	0	1(0+1)	0
How's(is/has)	2	1(1+0)	67	How's(is/has)	0	4(2+2)	0
合计	293	64	82		82	120	41

注：缩合率＝缩合频次/(缩合频次＋完整式频次)。

Let's 的缩合率在两组译本中都是最高的，这也说明 LET＋US 在鲁迅译本中绝大多数情况下都以缩合态的形式出现，尤以《阿 Q 正传》中出现得最多。回归源文本可以发现，Let's 的缩合态全部出现在对话中，用法包含“let's see，let's go，let's go see，let's make...，let's get...，let's hear...”等，口语化缩合色彩浓厚，这也是受原文直接引语语体风格和说话者与听话者的身份关系影响所致。

(2)否定缩合 't

在所有的缩合中，'t 否定缩合在 Lyell 译本中出现的总频次为 605，占所有缩合的 38%，杨宪益译本中的总频次为 264，占总数比例的 57%，均位居第一(见表 5-12)。

杨宪益译本中包含 't 的缩合词的平均缩合率为 50%，杨宪益在 't 缩合和完整式的使用上平分秋色，总体上明显小于 Lyell 译本的 72%；Lyell 更倾向于使用否定缩合(见表 5-14)。但两组译本 't 缩合的差距明显小于 's，这也说明杨译本中 't 缩合的使用频率比 's 缩合及其他缩合形式的使用频率更高。

表 5-14 两组译本中常见的否定缩合词及其缩合率

缩合词	Lyell 译本			比例/%	杨宪益译本			比例/%
	缩合频次	完整式频次	合计		缩合频次	完整式频次	合计	
wouldn't	42	9	51	82	16	15	31	52
won't	20	4	24	83	18	6	24	75
couldn't	82	32	114	72	17	47	64	27
can't	37	3	40	93	28	3	31	90
shouldn't	2	7	9	22	4	2	6	67
don't	101	2	103	98	60	6	66	91
doesn't	22	0	22	100	8	4	12	67
didn't	129	44	173	75	54	74	128	42
hadn't	41	38	79	52	12	31	43	23
haven't	11	1	12	92	6	6	12	50
hasn't	5	0	5	100	3	2	5	60
wasn't	70	86	156	45	12	42	54	22
weren't	26	9	35	74	3	10	13	23
isn't	7	2	9	78	11	9	20	55
aren't	5	2	7	71	6	3	9	67
合计	600	239	839	72	258	260	518	50

Olohan(2003)发现情态动词 *modal* + *not* 的缩合率在原创英语语料库 BNC 中为 76%。本书检索计算了常见情态动词 *wouldn't*、*won't*、*couldn't*、*can't* 和 *shouldn't* 的平均缩合率、发现 Lyell 译本中这几种情态动词的平均缩合率为 72%，接近 BNC 语料的平均水平，而杨译本中的平均缩合率为 50%，接近翻译英语语料库 TEC 语料中情态动词的平均缩合率 52%。

值得注意的是，Lyell 译本和杨译本中 can + not/cannot 的缩合率都在 90%以上，两位译者不约而同倾向于使用缩合形式 can't，这可能与英语语言的口语化进程与省力原则有关。在英语语言进化中，情态动词 can 的使用频率一直在升高(Leech，2004)，相应地，cannot 的使用频率相比于其他否定情态动词的使用频率也在明显增加。Zipf(1949)研究发现，短词很明显地比长词更受人们的青睐，他据此提出了语言使用中的省力原则。单音节缩合词 can't 比双音节合成词 cannot 的发音更加省力，符合语音学上的省力原则。这或许可以解释为什么两译本中 cannot 的缩合率都很高。其他传统情态动词(will、must、shall、should 等)的使用频率随时间推移而下降(Leech，2004)，两位译者在这些情态动词的缩合使用上出现分化。

杨宪益译本中的否定缩合率似乎与时态呈现某种关联性，即所有与过去式相关的否定缩合率均低于现在时态的和将来时态的。具体来讲，couldn't 在所有情态动词中，缩合率最低，仅为 27%；wasn't、weren't、hadn't 和 didn't 的缩合率分别为 22%、23%、23% 和 42%，远低于 isn't (55%)，aren't (67%)和 don't(91%)。在源文本中，现在和将来时多用在人物对话的直接引语中，这也提示，杨宪益译本的缩合使用或多集中在直接引语中，而 Lyell 译本的缩合使用在整个文本中则更为常态化和普遍化。

本书通过观察 10 个源文本中各译本直接引语的比例[引号数量(对)/原文总字数]与 10 个译本中各译本缩合符号的比例(翻译文本中缩合数量/译文总字数)的走势特点，来求证这一关系。

从图 5-8 可以看出，杨宪益译本中缩合符号的使用比例与源语文本直接引语比例的折线走势相似，而 Lyell 译本却背离这个走势。其中，两组译本间差异最为悬殊的是《狂人日记》。

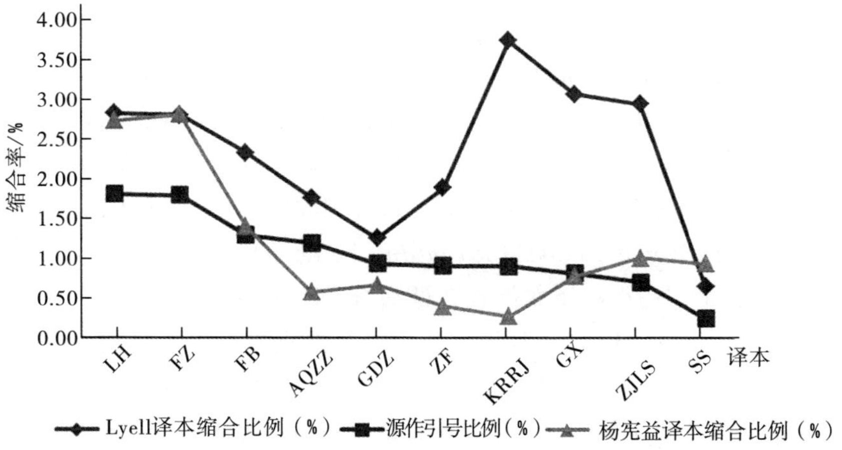

注：缩合比例=翻译文本中缩合数量(个)/译文总字数；源文本直接引语的比例=引号数量(对)/原文总字数；缩合数量=缩合符号总数量-所有格(_GE)数量。

图 5-8　两组译本缩合比例和源文中直接引语比例折线图

Lyell 译本中，缩合符号所占比例最高的是 *Diary of a Madman*，文本总字数为 4,982 个英文单词，其中各种缩合形式的总频次（不包含所有格）为 187 次，占比为 3.8%。杨译本的 *A Madman's Diary* 总字数为 3,966 个英文单词，其中缩合总频次（不包含所有格）只有 11 次，占比为 0.27%，两位译者的缩合使用频率极为悬殊。下面将回到原文，举例说明两位译者缩合使用的具体差异并尝试分析其原因。

[1]太阳也不出，门也不开，日日是两顿饭。（选自鲁迅《狂人日记》）

[1A] The sun does not shine, the door is not opened, every day two meals.（杨宪益译本）

[1B] The sun *doesn't* come out. The door *doesn't* open. *It's* two meals a day.（Lyell 译本）

[2]我未必无意之中，不吃了我妹子的几片肉，现在也轮到我自己，……

[2A] It is possible that I ate several pieces of my sister's flesh unwittingly, and now it is my turn, ...（杨宪益译本）

[2B]*Who's* to say I *didn't* eat a few pieces of my younger sister's flesh without knowing it? And now *it's* my turn ...（Lyell 译本）

以上两例中，杨宪益译本没有缩合，Lyell 译本中则每个小句都使用了缩合形式。

[3]"他们要吃我，你一个人，原也无法可想；……大哥，我相信你能说，前天佃户要减租，你说过不能。"

[3A] "They want to eat me, ... *I'm* sure you can say so, brother. ... you said it *couldn't* be done."（杨宪益译本）

[3B]"When… you *couldn't* do much to prevent it,... If *they're* capable of eating me, then *they're* capable of eating you too! ... And yet all *they'd* have to do is turn back... '*It's* always been like this,'... "*You're* going to tell me it *can't* be done! Elder Brother, I think *you're* very likely to say that.... *wasn't* it you who said it *couldn't* be done?"（Lyell 译本）

此例译文中，杨宪益译本仅有 2 处缩合，而 Lyell 译本中缩合式使用共有 10 次之多。《狂人日记》属日记体小说，虽然直接引语符号比例并不是很高，但整部作品中"我"字共出现 120 次，是整部小说中使用频率最高的词语，"我说"或者"我说某人/某事"是小说的基本叙述方式。这种私密言说的文体，具有较强的口语性和非正式性。回顾原文发现，Lyell 译文在篇幅上长于杨宪益译文，句子和小句稍短于杨宪益译文，缩合使用的频次远大于杨宪益译文。这些指标综合起来，意味着对于目标读者而言，Lyell 译文或更好地保留了原文日记体的特征，文体正式性更低，显化程度更高，可读性更强。

杨译本中缩合使用率最高的两个文本是《离婚》和《肥皂》的译本，这两部小说源本中直接引语使用的比例也是最高的。因此可推测杨译本中的缩合使用与直接引语数量有关，而 Lyell 译本中的缩合使用更为频繁和常态化，并且受到源文本叙事方式的影响更加明显。杨宪益译本中的缩合率与时态表现出的相关性更明显：所有的过去时态的缩合率都低于现在时态和将来时态的缩合率。因为一般情况下，直接引语中现在时态和将来时态的使用要多于过去时态(Olohan，2003)，这意味着杨宪益译本的缩合量或与原文的直接引语量有关。

总的来说，Lyell 译本情态动词否定缩合率高于杨宪益译本(见表 5 - 14)。

(3)其他动词缩合('d、've、'll、're、'm)

'd 缩合在 Lyell 译本中出现的总频次为 179 次，非常显著，位居第三位。而其在杨宪益译本中却极少出现，总频次为 8 次，与 Lyell 译本形成强烈的反差。另外，杨宪益译本只有 4 种 'd 缩合词，包括 I'd、you'd、she'd 和 he'd；而 Lyell 译本中有 14 种 'd 缩合词，除了常见的人称代词缩合之外，还有 nobody'd、that'd、anybody'd、harm'd、people'd、there'd、what'd 等形式，其形式多样性远高于杨宪益译本。

与 'd 类似，Lyell 译本的 've 缩合频次远高于杨宪益译本，而且缩合词的形态也更加丰富，包含 8 种形式，而杨宪益译本中则只包含了 3 种最常见的形式，且使用频次很低。另外，Lyell 译本中使用最频繁的是 I've 缩合，其次是 You've。此外，还出现了 would've、should've 和 must've 这 3 种情态词/语气词＋ve 的缩合形态，一般用在虚拟语气中。而 hell've 中的 hell 则是插入的语气词，用来加强语气，原文如下。

[4] Where the hell've you been?

通过进一步分析各个词型的缩合率，本书发现 Lyell 译本中代词＋have 的平均缩合率为 60%，其他词(如情态词＋have 等)的平均缩合率为 9%；而杨宪益译本中代词＋have 的缩合率仅为 29%，其他词型则一概没有缩合。

统计发现，将来时态 will 在鲁迅小说译本中使用非常少。Lyell 译本中仅有 71 次，杨宪益译本中则更少，仅有 39 次。这应该与源语小说的时态有很大关系。鲁迅小说大部分属于回忆性的农村题材小说，故其译本时态也多受影响，将来时极为鲜见。当然，本书并没有考察类似 be going to 这样的将来表达式，因此，这一结论有待更细致的考察和佐证。除了常用的缩合词之外，Lyell 还使用了 some'll、thousands'll、guys'll、who'll 和 Zhao'll 等缩合形态，其中 some'll 和 thousands'll 各自出现了 3 次和 2 次，虽然受制于源文本时态，'ll 整体频率不高，但其多样性远高于杨宪益译本。在最常见的 'll 缩合词的使用上，Lyell 译本倾向于对第一人称和第二人称进行缩合，即使用 I'll、we'll 和 you'll 的频率相对偏高，对于第三人称 it＋will 则采用完整式来表达。杨宪益译本则最倾向于对第一人称 I＋will 和 you＋will 的情况进行缩合，使用 I'll 和 you'll 的形式，而其他人称则倾向于使用完整式。因此，本书推测，对于将来时态的缩合，译者更偏向于在第一人称和第二人称之间进行，第三人称则极少缩合。

Lyell 译本中 be 动词的缩合率整体较高，每种缩合词（I'm、we're、you're、they're）的使用率都高于 70%，其中尤以复数第一人称 we're 的缩合率最高，高达 92%。相一致的是，杨宪益译本中也是 we're 的缩合率最高，为 75%，其他形式的缩合率则均小于 50%，远低于 Lyell 译本。值得一提的是，be 动词缩合形式中还应该包含 's 作为 be 动词的缩合。但是，由于在实际检索中，'s 对应的完整式既包含 is，也包含 has，所以难以计算其作为 be 动词的精确缩合率。对于 's 缩合在前文中已有讨论，这里不再赘述。

（4）特殊缩合

在缩合词表中发现，除了常见的 's、't、've、're 和 'm 缩合之外，Lyell 译本中还包括为数不少的其他缩合形态，最典型的是 in' 和 'em 缩合。

in' 是以 ing 结尾的词语的词尾缩合，去除 Xianglin's 这样以 in 结尾的专有名词的所有格形式，in' 在 Lyell 译本中出现了 104 次。出现频率较高的有 lookin' 和 nothin'。下面以这两词为例，示例缩合的具体语境。

[5] ... he was just *lookin'* to come up with some way to get me out of the house.（选自 Lyell 译本 *Divorce*）

[6] Ah-shun began *lookin'* all weak and pale.（选自 Lyell 译本 *Upstairs in a Wineshop*）

[7] Now she's got *nothin'* left but herself.（选自 Lyell 译本 *New Year's Sacrifice*）

[8] Ah-shun should believe that bastard's crap and go lose her life for *nothin'*.（选自 Lyell 译本 *Upstairs in a Wineshop*）

'em 是对 them 的缩合，Lyell 译本中共出现 17 例。具体形式如下：stand up for 'em、last one of 'em、call'em、make'em come to you、see 'em kneelin' on、spare'em、let any of 'em live、watch 'em haul you into、force 'em through、lock 'em up、get 'em through、topped 'em、the two of 'em、shell 'em、some of 'em 和 each of 'em。这些 'em 缩合全部出现在直接引语当中。

缩合与口语体有密切的关系，缩合最容易出现在对话中或者是带有明显口语风格的书面语体中（Biber et al.，1999）。Lyell 译本中 'em 缩合全部出现在对话中，使得译本中的直接引语更加符合口语特征。

另外，Lyell 译本中还有 'cause(because)和 ain't 这样的缩合，这一方面增强了译本的口语性特征，另一方面也突出了说话者的性格特征、受教育程度和身份。

[9]"... Whatever Bigman Seven is, *ain't* no way he can be as thick-skulled as Old Master Wei."(选自 Lyell 译本 *Divorce*)

"七大人怎样？……他不能像魏老爷似的不通，……"(选自鲁迅《离婚》)

ain't 是 are not、is not、has not、will not 和 have not 的缩略语，只用于非正式语体中，最初是美国南部文盲或者粗人的用语，后来在美语中渐渐盛行，用于口语或书面语中加强语气或者渲染人物个性。鲁迅笔下的爱姑虽然也是封建社会的不幸妇女，但她敢作敢为、思想泼辣，具有一定的解放性，ain't 的使用有助于渲染其鲜明的个性，也突出了她作为底层人物的卑微身份。

3)讨论

本节选取两组译本中的高频缩合词进行统计分析，并与原创语料库 BNC 与翻译英语语料库 TEC 的缩合进行对比，以了解前者与原创英语与翻译英语之间的接近程度。按照缩合率由高到低的顺序，将 Lyell 与杨宪益译本中的主要缩合词进行排序，再与 BNC 和 TEC 进行比较(图 5-9 和图 5-10)。

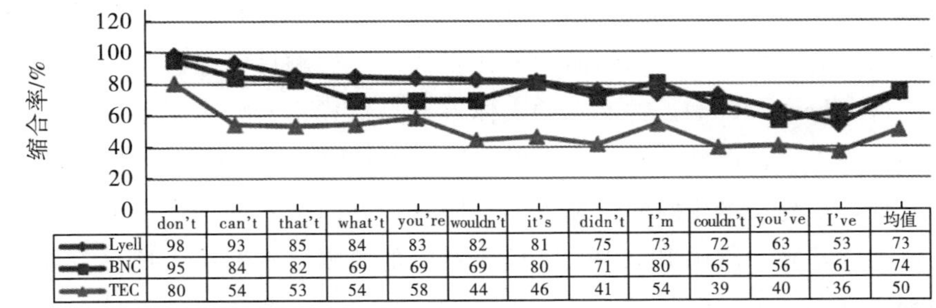

	don't	can't	that't	what't	you're	wouldn't	it's	didn't	I'm	couldn't	you've	I've	均值
Lyell	98	93	85	84	83	82	81	75	73	72	63	53	73
BNC	95	84	82	69	69	69	80	71	80	65	56	61	74
TEC	80	54	53	54	58	44	46	41	54	39	40	36	50

图 5-9　Lyell 译本高频缩合词的缩合率与 BNC 和 TEC 的比较(Olohan, 2003)

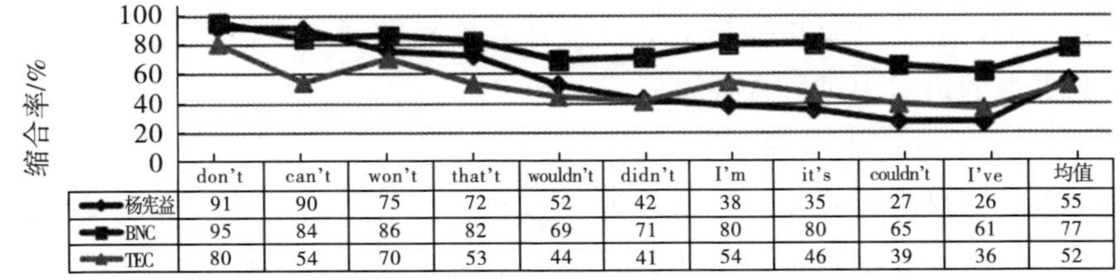

	don't	can't	won't	that't	wouldn't	didn't	I'm	it's	couldn't	I've	均值
杨宪益	91	90	75	72	52	42	38	35	27	26	55
BNC	95	84	86	82	69	71	80	80	65	61	77
TEC	80	54	70	53	44	41	54	46	39	36	52

注：因对比语料库 BNC 和 TEC 数据缺失，图中未包含 I'd、he'd、wasn't 和 hadn't 数据。

图 5-10　杨译本高频缩合词的缩合率与 BNC 和 TEC 的比较

图 5-8 和图 5-9 表明，Lyell 译本的缩合率曲线与英语原创语言(BNC)语料库的曲线更加接近；而杨宪益译本则与翻译英语(TEC)更加接近。Lyell 译本的整条曲线几乎与 BNC 重合，均值为 73%，而 BNC 缩合率均值是 74%，可见 Lyell 具有非常典型的原创文本的缩合特征；而杨宪益译本的曲线更加靠近 TEC。值得指出的是，杨宪益译本中 don't 与 can't 的缩合率偏高，很靠近 BNC 的数据，尤其是 can't 的缩合，偏离 TEC 很多，甚至高于 BNC 原创文本。可以说，杨宪益译本中 can't 的缩合呈现最强劲的趋势，can't 和 don't 在杨宪益译本中的使用得到了凸显。杨宪益译本在 didn't 的缩合率上，几乎与 TEC 数据完全相同。总的来讲，从缩合率均值来看，杨宪益译本为 55%，与 TEC 数据 52% 只差 3 个百分点，非常靠近翻译文本的特征。

图 5-8 和图 5-9 所考察的词型中，Lyell 和 BNC 的缩合率位居前三的完全相同，依次为 don't、can't 和 that's。而杨与 TEC 词型完全相同，TEC 的缩合率由高到低依次为 don't、won't 和 can't；而杨顺序稍有差异，依次为 don't、can't 和 won't。

以上分析提示这些差异与译者翻译方向有关。Lyell 是由非母语译入母语，他的译文更接近译者的母语习惯，即英语原创文本的特点；而杨是从母语译出到非母语，他的译文从整体上呈现更为明显的翻译语言的文体特征。Olohan 分析了造成不同译者译文中缩合情况有所差别的原因，认为除了归因于译者的个人习惯之外，源作品的语体正式性是影响译本缩合使用的重要因素之一(Olohan，2003)。源文本的文体差异是造成不同译者译本中缩合现象不同的主要因素，但她并未关注译者翻译路径或翻译方向对缩合使用的影响。本书发现，在源文本相同的情况下，不同翻译方向译者的译本中缩合现象也存在较大的差异。对比 BNC 和 TEC 语料库的数据，本书认为这种差异与不同的翻译方向有关。由非母语译入母语的文本，在某些语言特征项上，确实更加靠近原创文本的特征；而由母语译出到非母语的文本，则具有更典型的翻译语言的文体特征。当然，本书的考察仅限于汉英语对，至于这个假设是否适合其他语对，需要扩展语对、增加译者数量和译本数量，在更大的语料库中和更多的语对中进行佐证。

另外，Lyell 译本中缩合率的曲线在多处高于 BNC 曲线，这可能与鲁迅小说源本的题材特性有关。鲁迅小说多为乡土主义作品，描绘了大量农村场景和人物对话，其中的角色主要是乡村劳动者，因此口语性非常鲜明。在其译本中，缩合的使用会彰显源文本较高的口语性和较低的文体正式性，突出乡村题材的语言风格。

4)结论

本书以鲁迅作品的英译本为例，考察了中国文学作品英译本中不同翻译方向译者对缩合的使用情况。研究选取鲁迅的10部小说源本及杨宪益和威廉·莱尔的译本作为语料，运用了语料库的方法和对比研究法。研究发现，杨译本的缩合总频次和比例、缩合形式多样性以及每个词的缩合率都远低于莱尔的译本，比较接近TEC的整体水平，而莱尔译本的各项数据更高，更加接近BNC的水平；杨宪益译本的缩合与时态有关，而莱尔译本的缩合可能与源文本的叙事角度密切相关。本书认为：源文本的叙事视角和文体风格是影响缩合的重要因素；译者的翻译方向或是影响缩合使用的决定性因素；缩合使用与译本文体正式性有关。从这个意义上讲，译出译本的文体正式性或高于原创文本和译入译本。希望本节研究结论有助于提高译者的文体意识，对中国文学作品外译活动有所启迪。

(1)缩合形式使用与译者的翻译方向有关

本节对比了相同源本的不同译者译本中缩合的使用情况，发现不同译者译本中的缩合现象表现出很大的不同。Lyell译本中各种形式的缩合频次和缩合率远高于杨宪益译本，比较接近原创英语文学作品的整体水平；而杨宪益译本则更加接近翻译英语的整体水平。本书认为，翻译文本间缩合使用的差异可能与译者的翻译方向存在关联。杨宪益作为一个从母语译出到非母语的译者，受汉语源语的影响较多，因源语中没有缩合这样的语言现象，缺少语言启动效应，所以译者倾向于使用完整式，而Lyell作为一个从非母语译入母语的译者，对于目标语中缩合这种语言现象更加熟悉，译本中缩合的使用也更加常态化，接近原创语言。不过，这一结论目前只是局限在汉英语对中，汉英分属不同语系，译入译出译者对缩合的使用可能更容易受到翻译方向的影响。至于其他语对，如印欧语系中的语对，是否也存在类似的情况，尚待考察。

(2)缩合式的使用与源文本的叙事视角和文体风格相关

源文本的叙事视角和文体风格是影响缩合的重要因素，源文本中使用较多的直接引语或者第一人称的叙事视角，或致使译本中的缩合使用频率增高。Lyell译本中缩合的使用与源文本叙事视角有较强的关联。比如，源文本是第一人称叙事视角下的日记体小说，因此译本缩合占比非常高。而杨宪益译本中的缩合也与源文的风格表现出关联性，对于直接引语多的源文本，译文中缩合的使用频率会相对较高。这一点说明，译文中缩合形式的使用，确实会受到源文本风格的制约。源文本中对话越多，口语性越强，译本中缩合的使用频率也会相应增加。

(3)缩合使用可能与年代因素与语言口语化的演化趋势有关

值得一提的是，除了译者的翻译方向和源文本文体风格这两个影响因素之外，译作出版的时间也可能是影响缩合使用频率的因素之一。Leech(2004)基于"布朗家族语料库"，探索了1961至1991年这一时间段的英语语言变迁，发现了英语语言"口语化"的趋势，即书面语逐渐附有与口语对话语言相关的特征，使书面语言向着口语的方向改变。缩合形式使用频率的增加是语言口语化的一个典型特征(利奇 等，2012)。杨宪益译本出版的年代是20世纪50年代，Lyell译本是20世纪90年代出版的，译本出版的年代相差近40年。在此期间，翻译语言是否与原创语言一样经历了语言的口语化也未可知。这一点值得在未来研究中深入探讨。

(4)缩合式的使用降低了文体正式性

如何看待缩合使用对语言整体风格产生的影响呢？Olohan(2003)提出，完整式使用较多可能意味着译本的显化程度提高和文体正式性增强，缩合使用减少是文体正式性增强的一个指标。基于本书的结果，并考虑到译者的翻译方向，本书倾向于认为译出文本的文体显化程度和文体正式性或高于译入文本。

希望本节研究结论对中国文学外译实践和文学翻译批评有所启迪。

5.2.3 动词 ing 形态

VVG标签在CLAWS标注体系下代表V+ing形式，在本章5.1.2节中，我们发现该语言现象在不同翻译方向的译本间具有显著性差异。为了探究不同翻译方向译者VVG使用的语境特点，本节拟基于平行语料库，深入语境进行对比考察。根据CLAWS 5的标注规范，VVG包含动词进行时及充当非谓语动词的动名词和分词形式。各译者文本中的VVG使用频次和比例如表5-15所示。可以看出，译入文本中的V+ing的使用频次和比例均显著高于译出文本。

表5-15 不同翻译方向文本中的V+ing使用频次

原文本	Lovell译本		Lyell译本		王际真译本		杨宪益译本	
	频次	比例/‰	频次	比例/‰	频次	比例/‰	频次	比例/‰
AQZZ	354	22	359	17	248	16	325	19
FB	89	32	76	20	60	18	66	21
FZ	109	27	135	24	81	20	82	20
GDZ	166	21	188	18	124	14	154	21
GX	69	19	56	12	43	11	70	18
KRRJ	65	19	85	18	46	11	58	15
LH	64	20	75	16	62	16	65	20

续表

原文本	Lovell 译本		Lyell 译本		王际真译本		杨宪益译本	
	频次	比例/‰	频次	比例/‰	频次	比例/‰	频次	比例/‰
SS	144	21	169	17	80	10	99	14
ZF	142	22	120	13	81	13	121	17
ZJLS	82	20	95	17	62	14	53	12
均值	128	22	136	17	89	14	109	18

注："比例"是指 VVG 的使用频次与文本总字数的比值。

表 5－16 统计检验结果显示，译入、译出文本之间存在显著性差异（$P<0.05$），译入文本均值显著高于译出文本；同时，译入文本组内（$P<0.05$）和译出文本组内（$P<0.05$）都存在显著性差异。因此，该指标既可以区分翻译方向，也可以区分译者风格。

表 5－16 译入、译出文本中 V＋ing 频率的统计检验结果

译者/翻译方向	个案数	平均值	标准差	P 值（双尾）
译入	20	0.020	0.0045	0.006**
译出	20	0.016	0.0036	
Lovell	10	0.022	0.0041	0.007**
Lyell	10	0.017	0.0034	
王际真	10	0.014	0.0032	0.028*
杨宪益	10	0.018	0.0031	

注：* $P\leqslant 0.05$，** $P\leqslant 0.01$，*** $P\leqslant 0.001$。

下文将在语境中考察 VVG 的具体使用情况。通过观察与分类，本书发现译本中 VVG 的使用，包含以下情形（见图 5－11）。

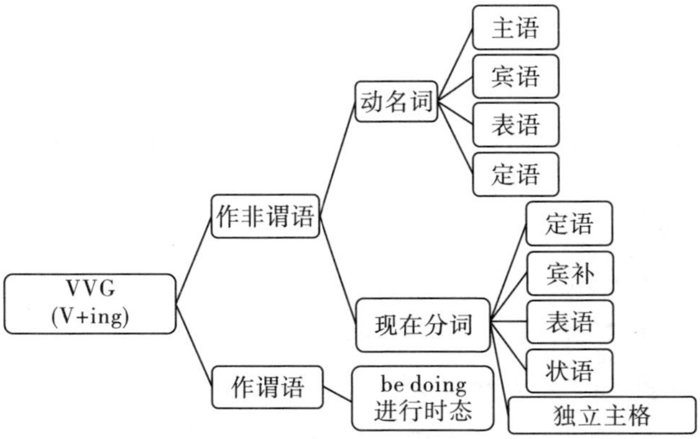

图 5－11 V＋ing 的用法

本书将回归语境，从动名词、现在分词作状语和进行时态三个方面，选取典型译文进行示例。

1)动名词

英语动名词为英语非谓语动词的一种。它既可充当名词，在句中作主语、宾语、表语、定语、同位语；又同时保留动词的一般特性，可以有自己的宾语、状语，从而构成动名词短语。

[1]我和母亲也都有些惘然，于是又提起闰土来。(选自鲁迅《故乡》)

[1A] Both rather saddened, Mother and I ***began speaking*** of Runtu again. (选自 Lovell 译本 *My Old Home*)

[1B] Mother and I weren't immune to nostalgia ourselves, and ***began talking*** about Runtu again. (选自 Lyell 译本 *Hometown*)

[1C] Both mother and I were touched by the boy's remark and our conversation ***again turned to Yun-t'u***. (选自王际真译本 *My Native Heath*)

[1D] Mother and I both felt rather sad, and so Jun-tu's name ***came up again***. (选自杨宪益译本 *My Old Home*)

[2]那老女人叹一口气，无精打采地收起饭菜。(选自鲁迅《药》)

[2A] Her companion sighed and ***began listlessly collecting*** together the dishes of food. (选自 Lovell 译本 *Medicine*)

[2B] Mother Xia sighs. Listlessly she picks up the rice and food she had set out earlier. (选自 Lyell 译本 *Medicine*)

[2C] The old woman sighed, and listlessly picked up the rice and dishes. (选自杨宪益译本 *Medicine*)

[3]又迟疑了一刻，终于慢慢地走了。(选自鲁迅《药》)

She hesitates a moment, but finally ***starts walking*** slowly away. (选自 Lyell 译本 *Medicine*)

语境信息提示，译入译者倾向于在译文中增译常见的高频基本动词，如 begin、start 等，构成 begin doing 和 start doning 结构，体现出对源语文本中动词的"名词化"或"去动作化"。

2)现在分词作状语

[4]因为老尼姑来阻挡，说了三句话，他们便将伊当作满政府，在头上很给了不少的棍子和栗凿。(选自鲁迅《阿 Q 正传》)

[4A] ***Giving the two a good piece of her mind***, the elderly nun had tried to stop them. Thereupon, ***taking her as a symbol of the entire Manchu establishment***, they gave her a sound thrashing. (选自 Lyell 译本 *Ah Q – The*

Real Story)

[4B] Because the nun had dared to hinder the course of the revolution, they immediately declared her the personification of the Manchu Government itself and had fearlessly given her several whacks on her smooth-shaven head. (选自王际真译本 *Our Story of Ah Q*)

[4C] Because the old nun tried to stop them, and put in a few words, they considered her as the Ching government and knocked her on the head many times with a stick and with their knuckles. (选自杨宪益译本 *The True Story of Ah Q*)

[5]然而他又没有全发昏，有时虽然着急，有时却也泰然。(选自鲁迅《阿Q正传》)

[5A] Yet he remained conscious, ***veering*** between fear, calm and the dawning sense that... (选自 Lovell 译本 *The Real Story of Ah Q*)

[5B] But rather than ***falling in***, he stayed there ***teetering on the brink***. ***Remaining in this state***, he was by turns terror-stricken and perfectly at ease. (选自 Lyell 译本 *Ah Q - The Real Story*)

[5C] But he did not really faint away. He felt an acute distress at one moment but in another moment he was at peace with the world. (选自王际真译本 *Our Story of Ah Q*)

[5D] But he did not really faint. Although he felt frightened some of the time, the rest of the time he was quite calm. (选自杨宪益译本 *The True Story of Ah Q*)

[6]他虽然是粗笨女人，心里却有决断，便站起身，从木柜子里掏出每天节省下来的十三个小银元和一百八十铜钱，都装在衣袋里，锁上门，抱着宝儿直向何家奔过去。(选自鲁迅《明天》)

[6A] Although she was a simple, uneducated sort of a woman, she was capable of taking a decision. ***Standing up***, she removed from her wooden cupboard the thirteen silver dollars and hundred and eighty coppers that daily economies had enabled her to stockpile. ***Pocketing them***, she locked the door and rushed off towards Dr Ho's, ***carrying Bao'er in her arms***. (选自 Lovell 译本 *Tomorrow*)

[6B] Though coarse and uneducated, she could also be decisive. She stood, went to the cupboard, and fished out all the money she had—through daily economies she'd managed to put aside three silver dollars and one hundred and eighty coppers. ***Cramming it all into her pocket***, with Bao'er clasped against her breast, she locked the door and rushed straight to Dr. He's house. (选自 Lyell 译本 *Tomorrow*)

[6C] She might be a simple woman, but she had a will of her own. She stood up, went to the cupboard, and took out her entire savings—thirteen small silver dollars and a hundred and eighty coppers in all. ***Having put the whole lot in her pocket***, she locked the door and carried Pao-erh as fast as she could to Dr. Ho's house. (选自杨宪益译本 *Tomorrow*)

通过上述 3 个例句，似乎可以初步窥见 V-ing 作伴随状语在不同翻译方向译文中使用频率的差异。当原文中连续出现一系列的动作时，译入译本中更倾向于突出一个动作并将之置于谓语动词的位置，而将其他与之同时发生的动作用非谓语动词的形式进行体现。有的情况下虽然没有采用 V-ing 形式，却也用了 with 等介词短语作状语。杨宪益的译文中虽然也有采用 V-ing 表示伴随的情况，但更多情况下是将原句按照动作分割成小句，使原文中出现的动作依次忠实地呈现在译本中。

通过上述观察可以发现，译出译文中谓语动词的使用频率更高，更加忠实地反映了源语文本的连动句特点，语言更富有动态性，而译入译文中谓语动词的使用相对较少，V-ing 使用多，句子的视点较为固定，表现出更强的静态性。出现这样的情况可能是由于译入、译出译者采取了不同的翻译策略。汉语原文多流水句，一句话中可以出现多个动词，依次排列表明动作发生的先后。而英语着重突出主语和主题句，将主要的动作用谓语动词进行表达，视角固定，其他与之伴随的动作则通过不同的非谓语形式进行表达。译出译者采取了更加忠实原文的翻译策略，而译入译者的语言使用则凸显了英语语言的常规句法特点。刘宓庆(2006)曾指出，汉语的动态感更强，而英语更偏向静态。本节发现译出文本与译入文本相比，动态性更强，这说明译出译者更加忠实于汉语源文本的特点。

3) be+ing 表示进行时

[7]呵！不得了了，人言啧啧；我却只装作不知道，一任他们光着头皮，和许多辫子一齐上讲堂。(选自鲁迅《头发的故事》)

[7A] Everyone ***was talking about it***, but I had to pretend I didn't know a thing, just let them sit through my classes the only crew-cuts in a sea of pigtails. (选自 Lovell 译本 *The Story of Hair*)

[7B] Everywhere you went people ***were talking about it***, but I just went about my business as though nothing had happened and let the queue-less come to class right along with the queue-ed.（选自 Lyell 译本 *The Story of Hair*）

[7C] It ***caused a great deal of talk***. But I pretended to notice nothing and allowed them to come to class along with those who had queues.（选自王际真译本 *The Story of Hair*）

[8]七大人将嘴一动，但谁也听不清说什么。（选自鲁迅《离婚》）

[8A] Though Mr. Qi's lips ***were moving*** once more, no one could make out what he was saying.（选自 Lovell 译本 *The Divorce*）

[8B] Bigman Seven set his mouth briefly ***in motion***, but no one could make out just what he had said.（选自 Lyell 译本 *The Divorce*）

[8C] His Honor's ***mouth moved*** but no one caught what he said.（选自王际真译本 *The Divorce*）

[8D] Seventh Master ***moved his lips***, but nobody could hear what he was saying.（选自杨宪益译本 *The Divorce*）

上述两个例子中，译入译本运用了 be doing 过去进行时结构，而译出译本采取了一般过去式。be talking 和 be moving 在表时态之余，还表示某一动作的重复进行，凸显连续不断的意思。上例不仅表示运作正在进行，更多的情况下读者体会到的是某一个不断重复且持续的动作，意为“不停地……”。相比之下，“caused a great deal of talk”“mouth moved”以及“moved his lips”等终止性动作更强调动作的时态性。

本节通过对 VVG 的语境分析和译例对比，发现 V-ing 作非谓语使用时，实际上是一种对动词的“去动作化”。译出译者通过若干个谓语动词的同时使用使句子的动态性更强，亦使句子的视点较为分散；而译入译者通常更习惯使用一个核心谓语动词，同时将其他的动作用非谓语表达，体现出更强的静态性。

进行时结构(be doing)除了表述时间上“进行”的状态外，还可用来传达原文中诸如“喋喋不休”“议论纷纷”“滔滔不绝”等细腻的情感色彩，使译文能够更好地体现出原文的情感氛围。译出译者在时态表达上更加忠实于原文，译文体现了对原文形式和时间概念的更高保真度。译出译者更加注重忠实传达源语文本，而译入译者则更加关注目标语读者的需求和语言习惯。这种差异不仅揭示了翻译过程中的策略选择，也反映了不同语言背景的译者在平衡源语和目标语文本时的不同考量。

5.3　本章小结

本章对不同翻译方向译本的句法离散特征进行了对比分析。首先，对101项经过还原的POS词类特征进行了*R-F*秩频分布拟合及模型参数的对比；其次，基于语料库驱动的研究范式，对译入与译出文本中101项词类特征的比例进行了统计检验。主要发现和结论如下。

本章发现，①在POS的秩频分布上，两类文本均符合Negative Hypergeometric数学模型，且模型参数不存在显著性差异。②本书进一步统计并计算了每个文本中103个POS词类在词类总数中的占比，基于这些比例数据进行译入、译出文本间的独立样本t检验，发现了20项特征在译入、译出文本间存在显著性差异。③基于以上发现，对差异性特征回归语境进行案例分析，分别选取短语动词、缩合现象及动词ing形态进行译例展示和语境分析。质性分析表明，相比译入文本，译出文本的口语性和习语性较弱，文体正式性更高，语义更加显化；译出文本的时态表达更加忠实于原文，译本语言动态性更强，句子的视点较为分散，而译入文本体现出更强的静态性，情感传递更丰富。同时本书尝试借用引力假说模型来解释翻译方向对翻译活动的调节作用，证明了认知语义网络及其引力并不是一个闭合系统，翻译方向作为一个重要的外部变量，会对译文语言产生不可忽视的作用。

第六章　基于差异性特征的译入、译出文本自动化分类

前文通过语言特征抽取、概率分布建模、对模型参数和语言指标的统计学检验，发现译入与译出两组文本在句法复杂度、线性句法特征和离散句法特征三组语言特征共 131 项指标中，具有显著性差异的指标共有 30 项。本章将依据这些差异性指标构建文本自动化分类器，进行文本分类对比实验，验证该差异性特征集对译入与译出文本分类的有效性。

文本自动化分类实验包含以下三个内容：首先，以 30 项差异性特征、101 项非差异性特征集和 131 项全特征集，分别构建文本分离器，进行译入与译出文本分类实验，并对比分析差异性特征集相对于非差异性和全特征集的分类效果。其次，针对三组差异性特征，即 4 项句法复杂度特征、6 项线性句法特征和 20 项离散句法特征构建分类器，进行分类实验，对比三组特征的分类效果。最后将三组句法特征分别与经典句法指标，即句长和小句长，进行对比试验，讨论本书构建的新特征集是否能够改进文本分类的效果。

6.1　文本自动化分类简介

6.1.1　自动化文本分类

文本分类(text classification)是指计算机将载有信息的一篇文本归类到预先给定的某一个或某几个类别的自然语言处理过程，实现这一过程的算法模型叫作分类器。文本分类的实现方法主要分为两种，即传统机器学习文本分类方法和近几年流行的深度学习文本分类方法。

1)传统机器学习文本分类方法

传统机器学习文本分类方法，需要基于训练语料做大量的特征工程工作，而且特征工程的有效性在很大程度上决定分类器的性能。基于传统机器学习的文本分类是一个典型的监督学习任务，包含特征工程、分类器构建和分类器性能评估三个步骤，具体见图 6－1。

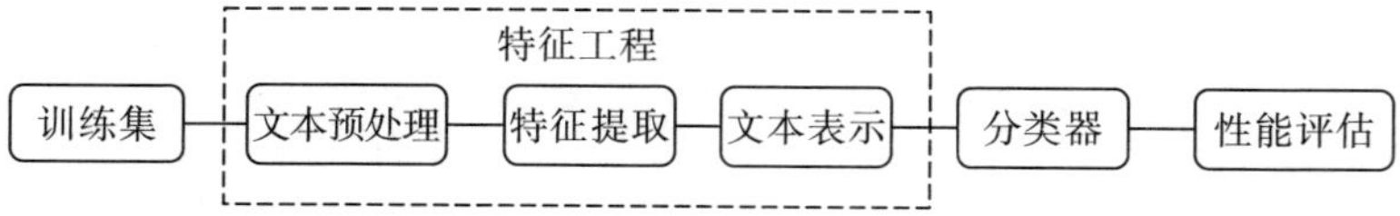

图 6-1　传统机器学习算法

传统的机器学习方法具有以下特点。①需要进行特征选择，利用特征工程，对数据进行人为清洗和筛选。②对小数据更加友好。为了实现高性能，深层网络需要非常大的数据集。如果不容易获得大数据集，传统的机器学习算法通常优于深度网络。③结果的解释性更强。由于传统机器学习涉及特征的人为筛选，所以这些算法更容易解释。此外，因为对数据和底层算法都有了更全面的了解，所以调整超参数、更改模型设计更加方便。

2)深度学习文本分类方法

深度学习文本分类方法尝试从数据中直接获取高等级的特征，这是深度学习与传统机器学习算法的主要不同。深度学习没有复杂的人工特征提取过程，特征提取过程可以通过深度神经网络自动完成。深度学习具有以下特点。①数据量大。深度学习需要大量的训练数据集，才能获得可靠的效果。②解释性差。深度学习不需要进行特征选择，深层网络是“黑匣子”型的工作机制，因此研究者不能形成对特征的认识，结果往往缺乏解释性。③工作成本高。研究人员尚不能完全了解深层网络的“内部”机理，因此缺乏理论基础、超参数和网络设计是一个相当大的挑战。另外，深度学习训练深度神经网络需要更多参数和大量的算力。④端对端解决问题。传统机器学习通常会将问题分解为多个子问题并逐一解决，最后结合所有子问题的结果获取最终结果。深度学习提倡端对端的直接解决方法，中间过程无迹可寻。

3)本书的方法选择

本书中文本分类任务具有以下特点。①样本量少。数据量有限。由于控制变量的要求，本书收集的一本多译语料库文本量相对较小，所选取的句法维度的特征数量相对于神经机器学习的要求并不庞大。②研究结果期待较强的解释性。由于本书较强的交叉学科属性，笔者期望能够揭示特征的重要程度以及各个特征的语言学意义，并希望研究结果有助于描写译入与译出文本在句法特征上的相似性和相异性，从而为翻译实践和翻译教学提供启示。

基于以上考虑，本书拟选用传统机器学习方法进行文本分类，以保证分类器的泛化能力和结果的可解释性。

6.1.2　特征工程

在机器学习文本分类中，需要先从训练语料中提取出有助于分类的特征，之后才能交给分类器在测试语料中进行分类实验，这一过程是特征工程的核心。具体来讲，特征工程指的是把原始数据转变为模型的训练数据的过程，一般包括特征构建、特征提取、特征选择三个步骤，其目的就是获取更好的训练数据特征，使机器学习模型的性能接近其上限。

鉴于前期研究尚没有系统的针对翻译语言句法特征构建的特征集和机器分类模型。本书基于计量语言学和语料库语言学的理论框架，构建了翻译文本的句法系列特征集，然后通过统计学方法进行了特征选择，并筛选出了一组具有语言学意义的差异性特征子集。这一方法剔除了不相关或者冗余的特征，减少了特征的维度，避免了数据冗余，可减少分类模型训练的时间并提高模型的精确度。本书第三章至第五章致力于采用统计学方法进行特征选择及其语言学意义的探讨，成功实现了特征降维。

需要指出的是，特征选择通常是一个重复迭代的过程，本书采用统计学方法所选取的特征需要在实际模型训练中进行验证，以检测模型的性能。

6.2　译入、译出文本分类方法

本节介绍译入、译出文本分类建模的相关方法，包括特征选择的方法，即统计学方法 t 检验和信息增益算法，以及常见的文本分类算法，包括支持向量机、逻辑回归、朴素贝叶斯、随机森林和投票算法。

6.2.1　特征选择

1)特征选择方法之 t 检验

本书第三章至第五章采用统计检验的方法，从共计 131 项句法特征中，选取了 30 项有差异性的特征并对其语言学意义进行了讨论。

t 检验是社会学科统计推断中非常常见的一种检验方法，用于样本量小，但统计量服从正态分布，方差未知的情况。本书采用的独立样本 t 检验，用于检验两组相互独立的且样本符合正态分布的数据的平均数和它们各自所表示的总体的差异是否具有显著性。独立样本 t 检验的统计量为

$$t=\frac{\bar{X}_1-\bar{X}_2}{\sqrt{\frac{(n_1-1)S_1^2+(n_2-1)S_2^2}{n_1+n_2-2}\left(\frac{1}{n_1}+\frac{1}{n_2}\right)}} \tag{1}$$

$\bar{X}_1$、$\bar{X}_2$ 代表两组数据的均值；S_1^2、S_2^2 为两样本方差；n_1、n_2 为两样本容量。从计算公式可以看出，t 越小则两组数据差异性越小。

在统计假设检验中，假设原假设(H_0)为真，即两个总体均值之间不存在

显著性差异，通过 P 值(有时称为概率值)观察检验结果。P 值代表显著性水平，介于 0 和 1 之间，如果 P 值较小，则拒绝原假设。P 值为 0.05 时被称为显著性水平(α)。如果 $P>0.05$，则表明需要接受原假设；如果 $P<0.05$，则表明拒绝原假设。当 $P<0.05$ 时，通常认为存在显著性差异，标记为*；当 $P<0.01$ 时，一般认为存在极显著的差异，标记为**；当 $P<0.001$ 时，显著程度更高，标记为***。

2)特征选择方法之信息增益算法

信息增益也是特征选择最常用的方法。在该方法中，衡量特征重要性的标准就是特征能够为分类系统提供的信息量，提供的信息越多，该特征就越重要，信息量可以采用信息熵来计算：

$$H(X) = -\sum_{i=1}^{n} P(X_i)\log P(X_i) \tag{2}$$

对分类系统来说，类别 C 是变量，如果 C 有 n 个特征，则 C 可能的取值包括 C_1，C_2，……，C_n；假设每一个类别出现的概率是 $P(C_1)$，$P(C_2)$，……，$P(C_n)$，此时分类系统的熵就可以表示为

$$H(C) = -\sum_{i=1}^{n} P(C_i)\log P(C_i) \tag{3}$$

信息增益是针对具体的信息特征而言的。例如，对于某个特征 t，分别计算出系统有无特征 t 时的信息量，两者的差值就是该特征为系统提供的信息量，即增益。当系统具有特征 t 时，其信息量的计算如式(3)所示，表示系统具有所有特征时的信息量。如果分类系统中不具有特征 t，那么，此时的条件熵为

$$\begin{aligned} H(C|T) = {} & P_t \times H(C|t) + P_{\bar{t}} \times H(C|\bar{t}) - \\ & P_t \times \sum_{i=1}^{n} P(C_i|t) \times P(C_i|t) - P_{\bar{t}} \times \\ & \sum_{i=1}^{n} P(C_i|\bar{t}) \times P(C_i|\bar{t}) \end{aligned} \tag{4}$$

两者之差就是特征 t 的信息增益：

$$IG(T) = H(C) - H(C \mid T) \tag{5}$$

本书拟通过信息增益算法，计算 t 检验所选取的差异性特征的信息量，以验证其对分类系统提供的信息量。t 检验与信息增益两种方法进行特征选择，可形成交叉互证。

6.2.2 分类器介绍

1)SVM 分类器

支持向量机是文本分类中最常用的算法之一，适用小样本学习，具有优

秀的泛化能力，是一种基于结构风险最小化的算法，其应用条件是样本线性可分并存在最优分类面，其目标是使样本的分类间隔距离最大。其对于二维平面上的分类情况如图 6-2 所示。

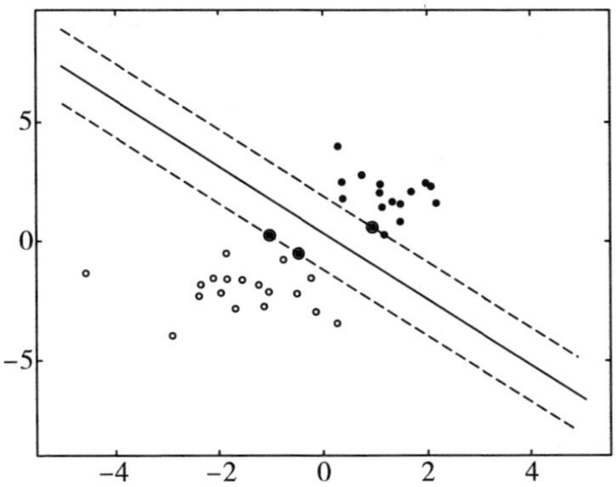

注：黑点为一个类别，黑圆圈为另外一个类别，分别位于分类边界线的两侧。

图 6-2　线性可分问题二维平面表示

如图 6-2 所示，对于二维平面下的分类问题，图中的实线是分类面，用圆圈标记的几个点表示用于分类的支持向量，分类边界是指从分类面分别向两个类的样本点平移，直到遇到第一个数据点，在图中就表现为两条虚线。两个类的分类边界的距离就是分类间隔。

对于 n 维分类问题，分类超平面可表示为

$$w^T \cdot x + b = 0 \tag{6}$$

该超平面将数据分成两部分：

$$\begin{aligned} w^T \cdot x + b \geqslant 1,\ y_i = 1 \\ w^T \cdot x + b \leqslant -1,\ y_i = -1 \end{aligned} \tag{7}$$

由于最大分类间隔等价于最小化分类间隔倒数，所以，本质上，这个问题是一个优化问题，因为分类间隔的倒数是 $\frac{1}{2}\|w\|^2$，其优化模型如式(8)所示：

$$\begin{aligned} &\min_{w,b} \quad \frac{1}{2}\|w\|^2, \\ &s.t. \quad y_i[(w^T \cdot x) + b] \geqslant 1,\ i = 1,\ 2,\ \cdots,\ l \end{aligned} \tag{8}$$

式中，y_i 是数据分类的类别，取值分别为 1 和 −1，其中的约束条件是：要求各数据点(x_i，y_i)到分类面的距离均大于等于 1。该优化问题是一个二次优化问题，可以通过拉格朗日函数方法(Lagrangian Function)求解，其拉格朗日方程为

$$L(w,b,a) = \frac{1}{2}\parallel w \parallel^2 + \sum_{i=1}^{l}\alpha_i[y_i(w^T \cdot x + b) - 1] \tag{9}$$

通过对该拉格朗日方程求解，可以得到结果：

$$w^* = \sum_{i=1}^{l} y_i a_i^* x_i, b^* = y_j - \sum_{i=1}^{l} y_i \alpha_i (x_i \cdot x_j) \tag{10}$$

再依据对偶理论，可得其对偶问题：

$$\begin{aligned} \min_{\alpha} \quad & \frac{1}{2}\sum_{i=1}^{l}\sum_{j=1}^{l} y_i y_j \alpha_i \alpha_j (x_i \cdot x_j) - \sum_{j=1}^{l}\alpha_j, \\ s.t. \quad & \sum_{i=1}^{l} y_i \alpha_i = 0 \\ & \alpha_i \geqslant 0 \end{aligned} \tag{11}$$

2)逻辑回归(Logistic Regression)

逻辑回归是一种用于解决二分类问题的机器学习方法，可根据一系列自变量预测二元分类结果。

逻辑回归的假设函数为 Sigmoid 函数，也称为逻辑函数，其形式如下：

$$h_\theta(x) = \frac{1}{1 + e^{-\theta^T x}} \tag{12}$$

其函数曲线如图 6－3 所示，是一个 S 形曲线，取值在[0，1]之间。

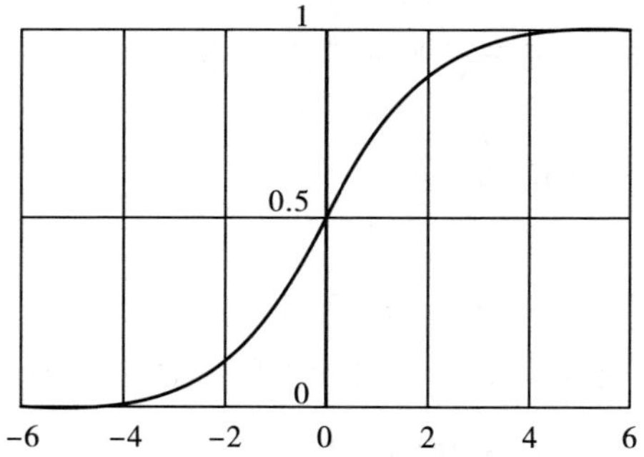

图 6－3　逻辑函数曲线

一个机器学习的模型，实际上是把决策函数限定在某一组条件下，这组限定条件就决定了模型的假设空间。当然，还希望这组限定条件简单而合理。而逻辑回归模型所做的假设是：

$$P(y=1 \mid x;\ \theta) = g(\theta^T x) = \frac{1}{1 + e^{-\theta^T * x}} \tag{13}$$

该公式中的 $g(h)$ 是前文所列的 sigmoid 函数，相应的决策函数为

$$y* = 1,\ \text{if } P(y=1 \mid x) > 0.5$$

通常选择 0.5 作为阈值，也可以根据判别准确性要求和召回要求，选择不同阈值。

3)高斯朴素贝叶斯(Guussian Naive Bayes，GNB)

朴素贝叶斯算法有三个常用的模型：高斯模型、多项式模型、伯努利模型。高斯模型适应于处理连续变量，高斯模型假设各维特征数据服从正态分布，需要计算的是各维特征的均值与方差，从而由各维度的特征值计算其概率密度值，进而再根据贝叶斯公式来计算得到的新样本在某个特征分布下属于各个类别的后验概率，最后通过极大化后验概率来确定样本的所属类别。

高斯贝叶斯算法假定数据样本在各个类别下，每个特征变量的条件概率均服从高斯分布，即

$$P(x_i \mid y_c)=\frac{1}{\sqrt{2\pi\sigma_{ci}^2}}\exp\left(-\frac{(x_i-\mu_{ci})^2}{2\sigma_{ci}^2}\right) \tag{14}$$

其中 x_i 表示第 i 个特征维度，σ_{ci}、μ_{ci} 分别表示在类别 $y=c$ 下特征 x_i 对应的标准差和期望。在计算得到每个特征维度的条件概率后，再进行极大化后验概率计算：

$$\begin{aligned}
\hat{y} &= \arg\max_{y_c}\log\left(P(y_c)\prod_{i=0}^{n}P(x_i \mid y_c)\right) \\
&= \arg\max_{y_c}\log\left[P(y_c)\prod_{i=0}^{n}\frac{1}{\sqrt{2\pi\sigma_{ci}^2}}\exp\left(-\frac{(x_i-\mu_{ci})^2}{2\sigma_{ci}^2}\right)\right] \\
&= \arg\max_{y_c}\left[\log P(y_c)+\sum_{i=0}^{n}\log\left(\frac{1}{\sqrt{2\pi\sigma_{ci}^2}}\exp\left(-\frac{(x_i-\mu_{ci})^2}{2\sigma_{ci}^2}\right)\right)\right] \\
&= \arg\max_{y_c}\left[\log P(y_c)-\frac{1}{2}\sum_{i=0}^{n}\log(2\pi\sigma_{ci}^2)-\frac{1}{2}\sum_{i=0}^{n}\frac{(x_i-\mu_{ci})^2}{\sigma_{ci}^2}\right]
\end{aligned} \tag{15}$$

高斯朴素贝叶斯分类器对小规模的数据表现更好，算法相对简单，结果易于理解，是文本分类常用的算法之一。

4)随机森林(Random Forests，RF)

随机森林是一个组合分类器(Classifier Combination)(Breiman，2001)。随机森林的分类性能较好，能同时处理连续变量和类别变量，运算速度较快，并且被证明对噪声和孤立点不敏感，且不容易过拟合，很适合用来建立文本分类模型。随机森林指的是利用多棵树对样本进行训练并预测的一种分类器。

其算法流程如下。

①随机样本：在样本集中用自助采样与聚合的集成方法，随机选择 n 个样本。

②随机特征：在所有属性 d 中随机选择 k 个属性($k<d$)，然后从 k 个属

性中选择最佳分割属性作为节点建立 CART 决策树。

③重复以上两个步骤 m 次，建立 m 棵 CART 决策树。

④这 m 棵 CART 决策树形成随机森林，随后通过投票表决结果，决定数据所属的类别。

随机森林通过对样本反复采样的方法获取不同的训练样本集，在这些新的训练样本集上分别训练学习器，最终合并每一个学习器的结果，作为最终结果。具体过程如图 6-4 所示。

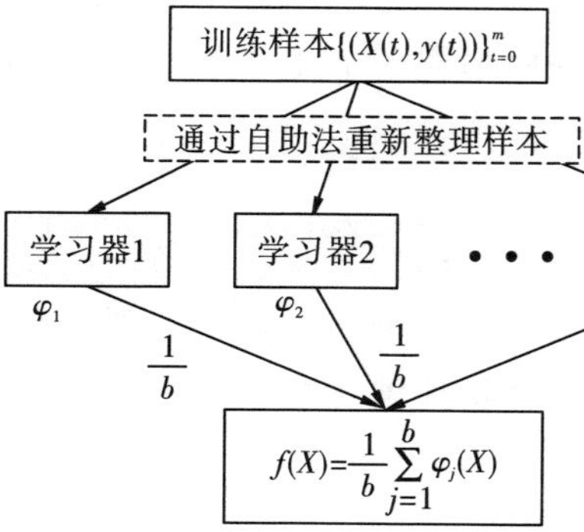

图 6-4　随机森林算法

随机森林的优点在于可以判断特征的重要程度和不同特征之间的相互影响，对于不平衡的数据集来说，它可以平衡误差，即使有很大一部分的特征遗失，仍可以维持准确度。

5)投票算法

机器学习算法很多，而每种算法解决问题的方式有所不同，所以对于同一个分类问题，不同的算法可能会给出不同的结果。投票分类器(Voting Classifier)则是结合多个不同的机器学习分类器，采用多数表决(硬投票)或者平均预测概率(软投票)的方式来预测分类标签。该分类器可以用于一组同样表现良好的模型，以便平衡它们各自的弱点。本书采取硬投票，即多数投票的方式。在硬投票中，每个特定样本的预测类别标签是所有单独分类器预测的类别标签中票数占据多数(模式)的类别标签。

假定集成包含 T 个基学习器$\{h_1, h_2, h_3, \cdots\}$，其中 h_i 在示例 x 上的输出为 $h_i(x)$。对分类任务来说，学习器 h_i 将从类别标记集合$\{c_1, c_2, c_3, \cdots, c_N\}$中预测出一个标记，最常见的结合策略是使用投票法。为便于讨论，将 h_i 在样本 x 上的预测输出表示为一个 n 维向量$[h_i^1(x); h_i^2(x); \cdots; h_i^N(x)]$，其中 $h_i^j(x)$是 h_i 在类别标记 c_j 上的输出。绝对多数投票法为

$$H(x)=\begin{cases}c_j, \text{if} \sum_{i=1}^{T} h_i^j(x) > 0.5 \sum_{k=1}^{N} \sum_{i=1}^{T} h_i^k(x) \\ \text{reject, otherwise}\end{cases} \tag{16}$$

例如，如果给定样本的预测式，

classifier 1_>class 1

classifier 2_>class 1

classifier 3_>class 2

VotingClassifier(voting=‘hard’)将根据多数类标签将示例分类为“class 1”。

在平局的情况下，Voting Classifier 将根据升序排序顺序选择类标签。例如，在下面的场景中，

classifier 1_>class 2

classifier 2_>class 1

class 1 将会被指定为该样本的类标签。

6.3　文本分类结果与分析

6.3.1　实验环境与评价方法

本实验采用 Python 编程语言进行实验，使用 SKlearn 库进行编程，调用不同的机器学习算法进行实验，并且使用不同的降维方法对多维特征进行特征选择。其中支持向量机(SVM)算法分别采用线性核函数和多项式核函数进行分类；决策树与随机森林算法皆使用基尼系数；GBDT 算法适用 100 个弱学习器；投票算法使用逻辑回归分类器、随机森林分类器、高斯朴素贝叶斯分类器。

1)交叉验证法

交叉验证法是一种有效评估分类器精度的算法。在机器学习中，将数据集 A 分为训练集(training set)B 和测试集(test set)C，在样本量不充足的情况下，为了充分利用数据集对算法效果进行测试，将数据集 A 随机分为 k 个包，每次将其中一个包作为测试集 C，剩下 $k-1$ 个包作为训练集 B 进行训练，这就是 K 折交叉验证。如果将 K 取值为 10，即常见的十折交叉验证方法，如果取 5，则为 5 折交叉验证方法。

留一验证法(留一法)每次只留下一个样本作测试集，其余所有样本皆为训练集。由于留一法不受随机样本划分方式的影响，即每个子集仅包含一个

样本，且其使用的训练集与初始数据集相比只少了一个样本，所以在绝大多数情况下，留一法中被实际评估的模型与期望评估的模型很相似。因此，该方法的结果往往被认为是比较准确的。

本书分别采用五折交叉验证和留一的方法对模型性能进行评估。每次训练都会得出一个测试结果，对多次训练结果进行求平均，即得到该分类器在数据上的精度结果。

2)分类器评价指标

在介绍评价指标之前，需要介绍一下混淆矩阵(confusion matrix)。混淆矩阵是对预测结果的一个粗略评价，如图 6-5 所示。

图 6-5　混淆矩阵

混淆矩阵		真实值	
		Positive	Negative
预测值	Positive	True Positive(TP)	False Positive(FP)
	Negative	False Negative(FN)	True Negative (TN)

True Positive(TP)表示实际上该样本为阳性(Positive)，模型也将该样本预测为阳性(Positive)的情况，这是预测正确的部分；True Negative(TN)表示实际上这个样本为阴性(Negative)，模型也将该样本预测为阴性(Negative)的情况，这也是模型预测正确的部分；False Positive(FP)表示实际上这个样本为阴性(Negative)，但是模型将其预测为阳性(Positive)的情况，这是预测错误的部分，也是统计学上的第一类错误(Type I Error)；False Negative(FN)表示实际上这个样本为阳性(Positive)，但是模型将其预测为阴性(Negative)的情况，这也是预测错误的部分，是统计学上的第二类错误(Type II Error)。

基于以上混淆矩阵中的概念，这里对模型评价指标准确率(Accuracy)、精度(Precision)、召回率(Recall)和 F_1 值(F_1 score)的计算公式做逐一说明。

准确率指的是“预测正确的样本数÷样本数总数”。计算公式为

$$A=\frac{N_{TP}+N_{TN}}{N_{TP}+N_{TN}+N_{FP}+N_{FN}} \tag{17}$$

注：TP 指 True Positive；TN 指 True Negative；FP 指 False Positive；FN 指 False Negative。

精度(Precision)，指的是在预测为阳性的样本里面，有多少确实为阳性。其公式为

$$P_{re}=\frac{N_{TP}}{N_{TP}+N_{FP}} \tag{18}$$

召回率(Recall)指的是，实际上为阳性的样本有多少被挑选了出来。其公式为

$$R=\frac{N_{\mathrm{TP}}}{N_{\mathrm{P}}} \tag{19}$$

F 值为准确率和召回率的加权调和平均：

$$F=\frac{(\alpha^{2}+1)\times P_{\mathrm{re}}\times R}{\alpha^{2}\times(P_{\mathrm{re}}+R)} \tag{20}$$

在确定参数 α 的值时，越关注召回率(recall)，则应选择越大的 α。例如，相比 F_1 score，F_2 score 赋予了召回率两倍的重要性。

当参数 α=1 时，就是最常见的 F_1，即：

$$F_1=\frac{2\times P_{\mathrm{re}}\times R}{P_{\mathrm{re}}+R} \tag{21}$$

6.3.2　特征集

本书第三章至第五章通过 t 检验的方法，从 131 个句法特征中选取了 30 个具有显著性差异的句法特征，其中包含 4 项句法复杂度特征、6 项线性句法特征和 20 项离散句法特征，具体特征及其意义见表 6 - 1。全部特征集中包含 131 个特征(见附录)，其中包含 101 项非差异性特征。

表 6 - 1　差异性特征集

序号	特征类别	特征代码	特征意义	P 值(双尾)
1	句法复杂度特征	MLC	平均子句长度	0.002**
2		C/S	每句中的子句数量	0.004**
3		CN/C	每个子句中复杂名词性短语数量	0.009**
4		T/S	每句中 T 单位数量	0.000***
5	线性句法特征分布拟合模型参数	SL-LF-k	句长-频次概率分布模型 EPNB 参数 k	0.02 *
6		SL-LF-p	句长-频次概率分布模型 EPNB 参数 p	0.014*
7		CL-RF-a	小句长秩频分布 Hyperpoisson 模型参数 a	0.000***
8		CL-RF-b	小句长秩频分布 Hyperpoisson 模型参数 b	0.000***
9		POS Motif-LF-k_3	POS 动链长度-频次拟合模型参数 k (小句为边界)	0.021*
10		POS Motif-LF-p_3	POS 动链长度-频次拟合模型参数 p (小句为边界)	0.020*

续表

序号	特征类别	特征代码	特征意义	P 值(双尾)
11		II	普通介词	0.001***
12		VVD	动词过去式	0.008**
13		IO	介词 of	0.020*
14		VVG	动词 ing	0.010**
15		CC	并列连词	0.000***
16		RP	副词性介词	0.000***
17		VBDZ	was	0.014*
18		GE	缩合和所有格符号'	0.035*
19		RT	准名词性时间副词	0.002**
20	POS 特征	PN	不定代词	0.006**
21		XX	否定式 not/n't	0.004**
22		CCB	but	0.003**
23		RG	程度副词	0.001***
24		VDD	did	0.003**
25		EX	存在句 there	0.001***
26		JJT	形容词最高级	0.03*
27		PPGE	名词性物主代词	0.001**
28		RGR	副词比较级	0.005**
29		CSW	whether	0.049*
30		VBG	doing	0.029*

注：* $P \leqslant 0.05$，** $P \leqslant 0.01$，*** $P \leqslant 0.001$。

通过信息增益算法，计算 30 个差异性特征的信息增益值，发现两种算法的结果具有较好的一致性。30 个特征均对系统的信息量有不同程度的贡献。其排序如图 6-6 所示。

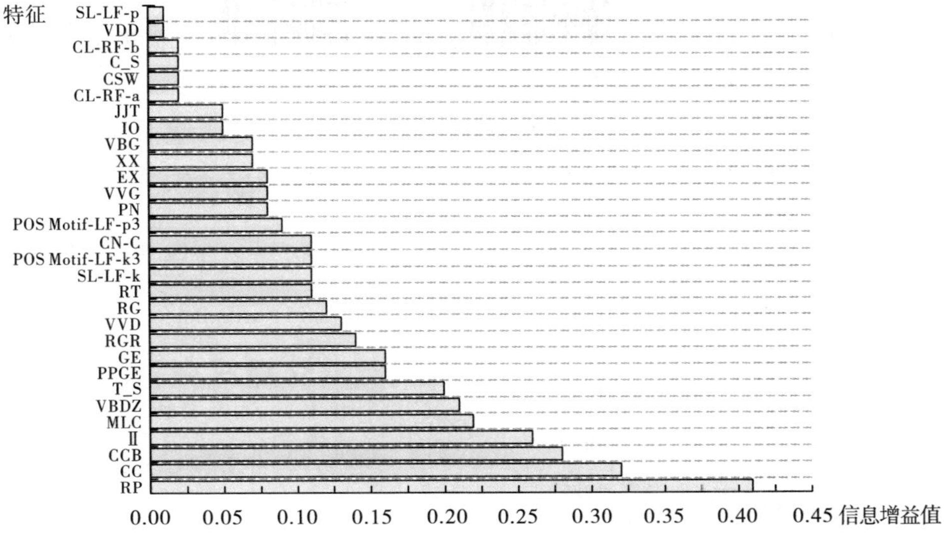

图 6－6　特征重要性排序

6.3.3　分类结果

首先，分别基于差异性特征集非差异性特征集和全部特征集对文本进行分类建模，对各个模型的分类结果进行对比分析，再选取表现最好的模型进行五折交叉验证和留一交叉验证，对模型的性能进行评估。其次，对前文研究中所发现的三组差异性句法特征，即 4 项句法复杂度特征、6 项线性句法特征和 20 项离散句法特征分别进行分类建模，对比三组特征分别对文本分类的效果。最后，将本书所发现的新型句法特征与经典的句长与小句长特征进行对比分类实验，验证本书所发现的特征是否比传统特征的分类效果更好。

1)基于差异性特征、非差异性特征和全部特征的分类结果

如表 6－2 所示：①基于差异性特征集的分类模型，其分类效果优于其他两组特征集。除了 K 近邻模型和决策树模型未体现出差异性特征的分类优势之外，其余模型的分类准确率和 F_1 值排序都遵循差异性特征＞所有特征＞非差异性特征。这证明了基于统计学方法特征选择的有效性，也验证了这 30 项差异性句法特征在译入、译出文本间表现稳定，区分度较高。②除了 K 近邻模型和决策树模型之外，所有模型的准确率都高于 80％，F_1 值也均在 80％以上，表现最突出的有逻辑回归模型、随机森林模型和高斯朴素贝叶斯模型，其中高斯朴素贝叶斯模型在准确率、精确率、F_1 值和召回率四个指标上均为 100％。基于以上三个分类模型的投票算法表现也很优秀，四项指标均为

100%。③因为数据量有限，三个深度学习模型多层感知机、Adaboost 和孪生网络的表现都不够好，分类的准确率和 F_1 值都没有体现出任何规律性。这印证了选择传统机器学习模型进行文本分类的正确性。

表 6-2　分类建模结果

序号	分类算法	特征集	准确率/%	F_1 值/%	精确率/%	召回率/%
1	支持向量机(SVM)线性	所有特征	70	76	73	80
		差异性特征	80	82	75	90
		非差异性特征	60	64	58	70
2	支持向量机多项式	所有特征	35	48	40	60
		差异性特征	80	80	80	80
		非差异性特征	45	52	46	60
3	逻辑回归	所有特征	75	76	73	80
		差异性特征	90	90	85	90
		非差异性特征	65	70	62	80
4	随机森林	所有特征	90	93	91	100
		差异性特征	95	95	92	100
		非差异性特征	60	50	67	40
5	朴素贝叶斯	所有特征	75	78	69	90
		差异性特征	80	82	75	90
		非差异性特征	50	55	50	60
6	高斯朴素贝叶斯	所有特征	55	67	53	90
		差异性特征	100	100	100	100
		非差异性特征	40	54	44	70
7	梯队提升决策树	所有特征	80	82	75	90
		差异性特征	85	86	82	90
		非差异性特征	50	44	58	70
8	决策树DT	所有特征	75	76	73	80
		差异性特征	75	76	73	80
		非差异性特征	45	56	47	70

续表

序号	分类算法	特征集	准确率/%	F_1 值/%	精确率/%	召回率/%
9	K 近邻 KNN	所有特征	60	56	63	50
		差异性特征	45	42	44	40
		非差异性特征	50	38	50	30
10	投票算法（LR、RF、GNB）	所有特征	70	75	64	90
		差异性特征	100	100	100	100
		非差异性特征	60	67	57	80
11	多层感知机 MLP	所有特征	50	0	0	0
		差异性特征	50	67	50	100
		非差异性特征	55	31	67	20
12	自适应提升算法	所有特征	80	80	80	80
		差异性特征	80	80	80	80
		非差异性特征	45	42	44	40
13	孪生网络 SN	所有特征	56	69	55	42
		差异性特征	62	71	63	45
		非差异性特征	53	64	62	25

为了进一步验证模型的性能，本书遵循前人经验，采用五折和留一的交叉验证方法，对随机森林模型、高斯朴素贝叶斯模型和投票算法模型的有效性进行验证。

留一交叉验证结果显示(见表 6 - 3)，基于三个模型的分类结果的准确率和 F_1 值都大于 90%，而高斯朴素贝叶斯则达到了 95%，分类效果非常好。五折交叉验证结果稍弱于留一验证，但除了随机森林模型的准确率和 F_1 为 88%之外，高斯朴素贝叶斯模型和投票算法模型的 F_1 值均高于 90%。另外，基于差异性特征集所构建的分类模型明显优于其他两类特征集，可见特征选择使得模型的分类性能得到了显著提升(见表 6 - 4)。

表 6-3　留一交叉验证结果

分类算法	特征集	准确率/%	F_1 值/%	精确率/%	召回率/%
随机森林（RF）	所有特征	83	82	84	80
	差异性特征	90	90	94	85
	非差异性特征	55	59	54	65
高斯朴素贝叶斯(GNB)	所有特征	55	69	53	100
	差异性特征	95	95	95	95
	非差异性特征	55	69	53	100
投票算法（LR、RF、GNB）	所有特征	80	83	73	95
	差异性特征	93	93	90	95
	非差异性特征	73	77	67	90

留一和五折交叉验证的结果显示，基于差异性特征的分类器具有良好的泛化能力，能够成功地区分译入、译出两类文本，高斯朴素贝叶斯分类器的性能最佳，表现最稳定。

表 6-4　五折交叉验证结果

分类算法	特征集	准确率/%	F_1 值/%	精确率/%	召回率/%
随机森林（RF）	所有特征	78	77	83	75
	差异性特征	88	88	91	80
	非差异性特征	68	67	68	70
高斯朴素贝叶斯(GNB)	所有特征	50	60	50	85
	差异性特征	90	90	90	90
	非差异性特征	48	59	47	85
投票算法（LR、RF、GNB）	所有特征	70	80	76	70
	差异性特征	91	91	90	90
	非差异性特征	68	65	71	80

2）基于句法复杂度特征（SC）、线性句法特征（LSF）和离散句法特征（POS）的分类结果

为了解三组差异性句法特征集各自对文本分类的效果，本书基于三组差异性句法特征各自构建了文本分类器，进行了文本分类对比试验。试验结果显示（见表 6-5）：①对于所有分类模型而言，分类效果最好的是离散句法特征和句法复杂度特征，线性句法特征次之；②当选用 SVM 核函数、线性回归（LR）和朴素贝叶斯（NB）三个分类模型时，分类效果最好的是句法复杂度

特征，F_1 值都大于 90%；③当选用高斯朴素贝叶斯(GNB)、随机森林(RF)、K 近邻 KNN 和投票算法四个模型时，离散句法特征的分类效果极优，F_1 值都在 95%～100%。

表 6－5　三组句法特征分类对比结果

序号	分类算法	特征集	准确率/%	F_1 值/%	精确率/%	召回率/%
1	SVM 核函数：linear	SC	80	83	71	100
		LSF	70	73	67	80
		POS	85	83	71	100
2	SVM 核函数：poly	SC	90	91	83	100
		LSF	80	78	88	70
		POS	60	71	56	100
3	线性回归(LR)	SC	90	91	83	100
		LSF	70	73	67	80
		POS	85	87	77	100
4	决策树(DT)	SC	75	78	69	90
		LSF	85	86	82	90
		POS	80	82	75	90
5	随机森林(RF)	SC	85	86	75	90
		LSF	75	74	78	70
		POS	95	95	91	100
6	K 近邻(KNN)	SC	80	80	80	80
		LSF	45	42	44	40
		POS	95	95	91	100
7	朴素贝叶斯(NB)	SC	90	90	90	90
		LSF	75	76	73	80
		POS	85	82	100	70
8	高斯朴素贝叶斯 GNB	SC	80	83	71	100
		LSF	75	76	73	80
		POS	100	100	100	100
9	梯队提升决策树(GBDT)	SC	80	81	75	90
		LSF	65	67	64	70
		POS	80	82	75	90
10	投票算法(LR、RF、GNB)	SC	80	83	71	100
		LSF	75	76	73	80
		POS	100	100	100	100

注：SC 是指 4 项句法复杂度(syntactic complexity)；LSF 是指 6 项线性句法特征(linear syntactic feature)；POS 是指 20 项离散句法特征。

3)基于三组差异性特征与传统指标的分类结果

为了解三组特征相对于传统的句长(SL)与小句长(CL)指标的分类效果是否有所改进，本书继续进行对比分类实验。分别基于差异性句法复杂度特征、差异性线性句法特征、差异性离散句法特征、句长与小句长指标构建文本分类器，选用三个表现最优的分类器对测试文本进行对比分类实验。表 6-6 表明，与传统的句长和小句长相比，基于句子复杂度指标的分类 F_1 值提高了 20%多，基于线性句法特征的分类器 F_1 值提高了 15%～20%，而基于 POS 特征的分类器 F_1 值提高了 35%～40%。可以看出，与传统的句长和小句长指标比较，本书所发现的差异性指标使得文本分类效果得到了显著提升。

表 6-6 三组句法差异性特征相比传统长度指标的分类结果

分类算法	特征集	准确率/%	F_1 值/%	精确率/%	召回率/%
随机森林(RF)	SL 与 CL	60	60	68	60
	SC	80	82	75	90
	LSF	75	74	78	70
	POS	95	95	91	100
高斯贝叶斯(GNB)	SL 与 CL	55	59	59	65
	SC	80	83	71	100
	LSF	75	76	73	80
	POS	100	100	100	100
投票算法(LR、RF、GNB)	SL 与 CL	58	60	69	65
	SC	80	83	71	100
	LSF	75	76	73	80
	POS	100	100	100	100

注：SL 是指句长(sentence length)；CL 是指小句长(clause length)。

6.4 本章小结

本章首先基于本书构造的句法差异性特征、句法非差异性特征和全部特征集，构建了译入、译出文本的自动化分类器，并进行分类对比试验。实验结果显示，基于差异性特征集所构建的分类器性能明显优于全特征集和非差异性特征集。同时，在所有分类器中，高斯朴素贝叶斯模型的分类效果最好，泛化能力最强。文本的自动化分类一方面验证了前期特征选择的有效性，另一方面也证明了译入与译出文本在某些句法复杂度、线性句法特征的概率分布和离散句法特征的分布方面，的确存在一些规律性差异。这些差异不但可以通过概率统计学的方法捕获，也可以通过文本分类的方法得到验证。

其次，基于三组差异性句法特征集，即句法复杂度特征、线性句法特征、离散句法特征分别构建了文本分类器，并对比其分类效果。结果显示，离散句法特征和句法复杂度特征的分类效果整体优于线性句法特征。当选用 SVM 核函数、线性回归(LR)和朴素贝叶斯(NB)三个分类模型时，分类效果最好的是句法复杂度特征，F_1 值都大于 90%。当选用高斯朴素贝叶斯(GNB)、随机森林(RF)、K 近邻 KNN 和投票算法四个模型时，离散句法特征的分类效果极优，F_1 值都在 95%～100%。

最后，选取三个文本分类器，分别对比三组差异性句法特征与传统的句长与小句长指标的分类效果。结果表明，与传统的句长和小句长相比，基于句子复杂度指标的分类 F_1 值提高了 20%多，基于线性句法特征的分类器 F_1 值提高了 15%～20%，而基于离散句法特征的分类器 F_1 值提高了 35%～40%。可以看出，与传统的句长和小句长指标相比，差异性指标使文本分类效果得到了显著提升。这说明，选用特定的句法特征能够更准确地捕捉译入和译出文本的差异，从而显著改善文本分类的效果。

第七章　结论与展望

本书立足于交叉学科，融合计量风格学、计量语言学和语料库翻译学的理论框架，进行句法特征的系统性设计，并通过数理统计的方法分析数据提取差异性特征集，最后用计算机自动化文本分类的方法验证了特征集的有效性。本章对研究的主要结论和创新点进行总结归纳，并对未来研究提出展望。

7.1　研究结论与创新点

本书采取系统的、科学的、学科交叉的研究方法，对国际译界倡导的"母语原则"进行了检验。研究设计了句法层面的特征集，筛选、验证了译入与译出文本间具有显著性差异的句法特征，并构建了译入、译出文本分类模型，具体回答了以下几个研究问题。

译入与译出文本在句法层面是否存在系统性差异？

译入与译出文本在句法复杂度、线性句法特征、离散句法特征方面存在哪些共性与差异？

译入与译出文本间的差异性句法特征是否能够很好地区分两类文本？

7.1.1　研究结论

研究结论主要包含以下几点。

第一，针对国际翻译学界在"母语原则"上的争议，本书用科学、实证、量化的方法比较了译入与译出文本的句法特征，发现译入与译出文本中同类语言特征的概率分布都可拟合为相同的数理语言学模型，且模型的大多数参数在不同方向并不存在显著性差异。这说明从句法层面来讲，译入与译出文本并不存在系统性差异，在一定程度上否定了"母语原则"的合理性，肯定了译出活动的意义，为构建中国特色翻译理论和译介学的学科发展提供了科学参考。

研究发现，译出与译入文本在句法层面不存在系统性差异。在句法复杂度特征上，线性句法特征及其分布规律、离散句法特征及其分布规律都表现出高度的相似性和趋同性，绝大多数指标在译入、译出文本间并无显著性差异。具体来讲，译入、译出文本在句法复杂度方面都显著高于原创文本，译入、译出文本总的句法复杂度数据不存在显著性差异；不同方向译本的语言动链、多词序列等线性特征及其概率分布都可以拟合为相同的数学模型，且绝大多数模型参数没有显著性差异；词类特征的秩频分布可以拟合为相同的数学模型，且模型参数没有显著性差异。

研究结论提示，在中国文学作品外译实践中，语言因素并非难以跨越的屏障，译出的文学作品语言质量并不天然劣于译入文本。该结论可提升中国翻译工作者的自信心，提升非母语翻译在国际译界的话语权，为讲好中国故事，助力中国文化走出去作出更大的贡献。

第二，针对译出的文学作品在目的语文化中接受度差强人意的问题，研究揭示了译入与译出文本在 4 项深层句法特征、6 项细粒度语言线性特征和 20 项句法离散特征上的规律性差异，并回归语境分析了差异性特征的风格学意义，有助于从语言层面解释译作传播效果不佳的现实问题，为当下蓬勃开展的中国文学外译实践、非母语翻译教学、翻译批评、译文质量评估等提供借鉴与参考。

研究发现，句法差异性具体表现在以下三个方面。①从句法复杂度特征来看，相比译入文本，译出文本呈现出深度句法结构复杂化的倾向；从句长与小句长的概率分布来看，译入、译出文本的句长与小句长的概率分布规律表现出显著性差异。②从句法线性特征及其分布规律来看，细粒度的 POS 动链的概率分布规律在译入、译出文本间存在显著性差异；基于 POS 4 元组的文本相似度研究显示，虽然两类译本相似度普遍较高；但不同翻译方向的译本对于特定序列的偏好存在一定的差异。③从句法离散特征及其分布规律来看，20 项词类特征在译入、译出文本间的分布存在显著性差异，翻译方向作为一个重要的外部变量，对译文语言产生不可忽视的作用。个案分析发现，相比译入文本，译出文本的口语性和习语性稍弱，文体正式性更高，语义更加显化；译出文本时态的表达更加忠实于原文，译本语言动态性更强，句子的视点较为分散，而译入文本体现出更强的静态性，情感传递更丰富。

研究提示，中国文学译者积极参与文学外译活动的同时，应关注目的语文化、读者的阅读习惯、审美情趣等，从而提高译作在目的语文化的接受度和文化竞争力，为当下蓬勃开展的中国文学外译实践、非母语翻译教学、翻译批评、译文质量评估等提供借鉴与参考。

第三，针对语言学-计算机跨学科研究中对于文本句法层面关注不足的问题，构造了新型句法特征集，并基于此构建了文本分类器，进行三个分类对比实验。试验结果验证了本书的差异性特征集在文本分类上的有效性和稳定性。这些句法计量特征，为文本分类提供了新的指标，拓展了特征工程的研究视域。同时，这些指标具有明确的语言学意义，也加强了文本分类研究的解释力，为语言学和计算机学科交叉研究提供了新的思路。

研究发现，基于差异性句法特征的文本分类器效果优良。基于差异性特征集所构建的分类器性能明显优于全特征集和非差异性特征集，这一方面验证了本书特征选择的有效性，另一方面也证明了译入与译出文本在某些句法复杂度、线性句法特征的概率分布和离散句法特征的分布方面，的确存在一些规律性差异。这些差异不但可以通过概率统计学的方法捕获，也可以通过文本分类的方法得到验证。同时，本书发现的 4 项深层句法复杂度指标、6 项细粒度的线性句法特征和句法离散特征的特征集，与传统的句长和小句长指标相比，能明显提高文本分类的效果。此外，离散句法特征和句法复杂度特征的分类效果整体优于线性句法特征。

7.1.2　本书创新点

本书的创新点可以概括为以下四点。

第一，本书系统设计了包含浅层句法特征、深层句法特征、线性句法特征和离散句法特征的句法特征体系，该体系可兼顾量化研究的解释力和语言研究的科学性。

第二，本书为“母语原则”的争议提供了实证研究方面的证据，研究结论在一定程度上证伪了“母语原则”的合理性，肯定了非母语翻译活动的意义，为构建中国特色翻译理论和译介学的发展提供了科学参考。

第三，本书发现了译入与译出文本在深层句法特征、细粒度语言序列特征和文体风格上的差异，有助于从语言层面解释译作传播效果不佳的现实问题，为当下蓬勃开展的中国文学外译实践、非母语翻译教学、翻译批评、译文质量评估等提供借鉴与参考。

第四，本书研究所构造的差异性句法特征集，拓展了特征工程的研究视域，加强了文本分类研究的解释力，为语言学融合计算机学科的交叉研究提供了新的思路。

7.2　局限与展望

本书在一定程度上证伪了“母语原则”的合理性，发现了译入与译出文本之间的规律性句法差异，并构建了有效的文本分类器，但该研究课题尚有深入探索的空间。未来工作可在以下几方面进行深化和完善。

第一，扩展语料库。本书是在控制了原作者、源语体裁、源文本和译者翻译水平多个变量的情况下，构建的一本多译平行语料库，文本数量和译者数量相对有限。未来研究可考虑不控制源文本和体裁，构建多体裁的平衡语料库，从而扩充语料量和译者数量，在不同的文体中对本书结论进行验证。另外，当前研究仅限于汉英语对间的考察，未来研究有望涉及多语言对，检验在不同语言对中“母语原则”的合理性，同时考察语言和翻译方向是否存在交互作用，共同影响译本语言特征。

第二，拓展语言指标维度。本书对语言维度的设计聚焦于句法层面，未来研究可进一步向其他语言维度进行拓展，借助复杂网络、依存句法和语料库语言学工具，如 LIWIC 等，将语言指标向语篇和语义层面进行拓展，深化对两类文本语言特征的描写。

第三，完善理论阐释。当前研究虽然从宏观层面并未发现两类文本存在系统性差异，在一定程度上证伪了“母语原则”的合理性，但是研究的确发现了两类文本在深层句法特征、微观句法线性特征以及某些词类特征的分布上，存在一些规律性差异。将来可深化对这些差异的理论阐释，如导致这些差异的认知因素有哪些，不同方向的译者倾向于采取哪些不同的策略，源语言和目标语的语言规范对不同翻译方向的译者会产生哪些不同影响。

参考文献

安福勇，2015. 不同水平CSL学习者作文流畅性、句法复杂度和准确性分析：一项基于T单位测量法的研究[J]. 语言教学与研究，(03)：11-20.

鲍贵，2009. 英语学习者作文句法复杂性变化研究[J]. 外语教学与研究，41(04)：291-297+321.

陈二静，姜恩波，2017. 文本相似度计算方法研究综述[J]. 数据分析与知识发现，1(06)：1-11.

陈伟平，2003. 从词义角度谈现在进行时言外之意[J]. 钦州师范高等专科学校学报，(01)：54-58.

陈芯莹，李雯雯，王燕，2012. 计量特征在语言风格比较及作家判定中的应用：以韩寒《三重门》与郭敬明《梦里花落知多少》为例[J]. 计算机工程与应用，48(03)：137-139+208.

范楚琳，刘颖，2020. 基于多维度分析法的鲁迅三种文体比较研究[J]. 中文信息学报，34(10)：94-104.

冯佳，王克非，2021. 翻译方向和文本难度对注意分配的影响：基于英/汉翻译的实证证据[J]. 中国外语，18(04)：97-104.

贺湘情，刘颖，2014. 基于文本聚类的语言韵律和节奏风格特征挖掘[J]. 中文信息学报，28(06)：194-200+207.

侯林平，郎玥，何元建，2022. 翻译方向对概念障碍加工路径的影响：语料库辅助认知对比研究[J]. 外国语(上海外国语大学学报)，45(04)：108-119.

胡德香，2006. 对译入译出的文化思考[J]. 海南大学学报(人文社会科学版)，(03)：355-359.

黄立波，2011. 基于双语平行语料库的翻译文体学探讨：以《骆驼祥子》两个英译本中人称代词主语和叙事视角转换为例[J]. 中国外语，(06)：100-106.

黄立波，2011. 译出还是译入翻译方向探究：基于语料库的翻译文体考察 [J]. 外语教学，32(02)：96-101.

霍跃红，2010. 典籍英译译者文体分析与文本的译者识别[D]. 大连：大连理工大学.

江希和，1982. 现代英语中的Aren't I? /Ain't I? 和有关的缩写形式[J]. 外国语(上海外国语学院学报)，(01)：15-19.

蒋跃，李听炎，2020. 主位系统视角下的译入译出文本风格对比研究[J]. 西安电子科技大学学报(社会科学版)，30(01)：116－126.

蒋跃，蒋新蕾，2019. 最大依存距离对口译中非流利度的影响[J]. 外语研究，36(01)：81－88.

蒋跃，马瑞敏，韩红建，2021. 句法层面“第三语码”的计量研究[J]. 外语教学与研究，53(06)：830－841＋958－959.

蒋跃，王乐韬，詹菊红，2017. 基于语料库的《阿Q正传》两个英译本的风格研究[J]. 西安电子科技大学学报(社会科学版)，(03)：113－121.

蒋跃，李听炎，2020. 主位系统视角下的译入译出文本风格对比研究 [J]. 西安电子科技大学学报(社会科学版)，30(01)：116－126.

蒋跃，王乐韬，詹菊红，2017. 基于语料库的《阿Q正传》两个英译本的风格研究[J]. 西安电子科技大学学报(社会科学版)，27(03)：113－121.

杰弗里·利奇，程晓，2012. 当代英语中的语法变迁：运用对应语料库追踪语言变化[J]. 外语教学理论与实践，(04)：13－20.

李惠，刘颖，2013. 基于语言模型和特征分类的抄袭判定[J]. 计算机工程，39(05)：230－234.

李艳丽 等，2019. 基于计量风格学的小说质量分析[J]. 计算机与现代化，(05)：19－24＋107.

李颖玉，2020. 基于陕西文学英译语料库的译入译出文本比较研究：以词语情感色彩的传达为例[J]. 西安外国语大学学报，28(04)：81－86.

李越，王克非，2012. 老舍作品英译中的译出、译入比较[J]. 外国语文，28(03)：83－88。

凌征华，林泽欣，2019. “第三码”再解析：基于自建语料库CONTEC的汉译英简化共性量化研究[J]. 成都大学学报(社会科学版)，(04)：64－72.

刘海涛，黄伟，2012. 计量语言学的现状，理论与方法[J]. 浙江大学学报(人文社会科学版)，(02)：178－192.

刘海涛，王雅琴，2019. 当代小说句式特征的计量研究：《繁花》与其他10部茅盾文学奖作品对比[J]. 山西大学学报(哲学社会科学版)，42(06)：65－72.

刘海涛，2017. 计量语言学导论[M]. 北京：商务印书馆.

刘万同，1987. 关于英语中的缩约式[J]. 山东外语教学，(02)：81－84.

刘奕杉，王玉琳，李明鑫，2017. 词频分析法中高频词阈值界定方法适用性的实证分析[J]. 数字图书馆论坛，09(218)：44－51.

刘颖，肖天久，2014.《红楼梦》计量风格学研究[J]. 红楼梦学刊，(4)：260－281.

刘颖，肖天久，2014. 金庸与古龙小说计量风格学研究[J]. 清华大学学报(哲学社会科学版)，29(05)：135－147＋179.

刘颖，肖天久，2014. 金庸与古龙小说计量风格学研究[J]. 清华大学学报(哲学社会科学版)，29(05)：135－147＋179.

陆小飞，许琪，2016. 句法复杂度分析器及其在二语写作研究中的应用[J]. 外语教学与研究，48(3)：409-420+479-480.

马士奎，2012. 从母语译入外语：国外非母语翻译实践和理论考察[J]. 上海翻译，(03)：20-25+69.

潘文国，2004. 译入与译出：谈中国译者从事汉籍英译的意义[J]. 中国翻译，(02)：42-45.

沈威，吴玉容，2021. 巴金和茅盾小说词汇计量风格学研究[J]. 四川文理学院学报，31(04)：63-71.

孙海霞，钱庆，成颖，2010. 基于本体的语义相似度计算方法研究综述[J]. 现代图书情报技术，(01)：51-56.

涂梦纯，刘颖，2019. 余华与莫言长篇小说的计量统计和分析[J]. 中文信息学报，33(02)：131-142.

王萃田，1985. T-unit：一种测量句法成熟程度的标尺[J]. 现代外语，(01)：11-14.

王瑞，黄立波，2015. 贾平凹小说译入译出风格的语料库考察[J]. 中国外语，12(04)：97-105.

王雅琴，2020. 多维视角的语体句法计量研究[D]. 杭州：浙江大学.

王颖冲，王克非，2013. 中文小说英译的译者工作模式分析[J]. 外国语文，29(02)：118-124.

王颖冲，王克非，2014. 现当代中文小说译入、译出的考察与比较[A]. 中国翻译，(02)：33-38.

吴海燕，刘颖，2020. 基于注意力网络的语体多元特征挖掘[J]. 计算机应用，40(08)：2171-2181.

向明友，1996. AM NOT 缩合形式的微观语言学分析[J]. 山东外语教学，(04)：21-24.

肖天久，刘颖，2015.《红楼梦》词和 N 元文法分析[J]. 现代图书情报技术，(04)：50-57.

肖天久，刘颖，基于聚类和分类的金庸与古龙小说风格分析[J]. 中文信息学报，2015，29(05)：167-177.

谢天振，2014. 中国文学走出去：问题与实质[J]. 中国比较文学，(01)：1-10.

徐佐浩，蒋跃，詹菊红，2021.《离骚》的译入与译出：情感元素与屈原形象再造[J]. 外语研究，38(04)：81-88.

许多，许钧，2019. 中国典籍对外传播中的“译出行为”及批评探索：兼评《杨宪益翻译研究》[J].《中国翻译》，40(05)：130-137.

许明，蒋跃，2020.《阿 Q 正传》译入译出文本的风格计量学对比[J]. 外语研究，37(03)：86-92+103.

杨轩，2022. 基于语言动链的作者身份认证的计量风格研究：以《魔戒》与《哈利·波特》文本为例[D]. 西安：西安交通大学.

詹菊红，蒋跃，2017. 汉英文学翻译中的缩合现象研究：以鲁迅小说为例[J]. 外语研究，(05)：75－82.

詹菊红，蒋跃，2016. 语言计量学特征在译者身份判定中的应用：《傲慢与偏见》的两个译本为例[J]. 外语学刊，(03)：95－101.

詹菊红，蒋跃，2017. 汉英文学翻译中的缩合现象研究：以鲁迅小说为例[J]. 外语研究，34(05)：75－82.

赵全备，邢红兵，熊文新，2023. 对应频率和翻译方向对翻译歧义词加工的影响[J/OL]. 现代外语：1－13. DOI：10. 20071/j. cnki. xdwy. 20230104. 010.

赵俊海，陈慧媛，2012. 英语学习者书面语语法复杂度的测量研究[J]. 外语教学理论与实践，(01)：27－33.

赵征军，2019. 基于《牡丹亭》语料库的译入、译出群体风格对比研究[J]. 山东外语教学，40(03)：111－119.

周丽岩，2010. 英语 V-ing 名词化特征研究[D]. 延边：延边大学.

周宣丰，闫培香，2023.“翻译中国”的文化政治：从“翻译方向”的优劣之辩谈开去[J]. 广州大学学报(社会科学版)，22(01)：73－82.

ABNEY S P，1997. Stochastic attribute-value grammars [J]. Computational Linguistics，23(4)：597-618.

ALTMANN G，1991. Modeling diversification phenomena in language[M] // Rothe U. Diversification processes in language：grammar. Hagen：Rottmann：33－46.

ALTMANN G，1980. Prolegomena to menzerath's law [J]. Glottometrika (02)：1－10.

ALTMANN F，2013. Altmann-fitter user guide. 3rd ed. [C/OL]. http：//www. ram-verlag. biz/wp-content/uploads/2013/06/Fitter-User-Guide.

ARGAMON S，KOPPEL M，AVNERI G，1998. Style-based text categorization：what newspaper am I reading[C] // Proceedings of the AAAI workshop on Text Categorization：1－4.

ARGAMON S，LEVITAN S，2005. Measuring the usefulness of function words for authorship attribution. [C] // Proceedings of the 2005 ACH/ALLC conference：4－7.

BAILEY R W，1969. Statistics and style：a historical survey，in statistics and style[M]//DOLEŽEL L，BAILEY R W. Mathematical linguistics and automatic language processing. New York：American Elsevier Publishing Company.

BAKER M，FRANCIS，TOGNINI-BONELLI，E，1993. Text and technology：in honor of John Sinclair [G]. Philadelphia/Amesterdam：John Benjamins Publishing Company.

BAKER M，2000. In other words：a course book on translation [M]. Beijing：

Foreign Language Teaching and Research Press.
BAKER M, 2000. Towards a methodology for investigating the style of a literary translator [J]. International journal of translation studies, 12(2): 241 - 266.
BAREKAT B, BANIASADY B, 2014. The impact of phrasal verb avoidance on the writing ability of the university EFL learners [J]. Procedia-social and behavioral sciences, 98: 343 - 352.
BATANOVI Ć V, BOJI Ć D, 2015. Using part-of-speech tags as deep-syntax indicators in determining short-text semantic similarity[J]. Computer science & information systems, 12(1): 1 - 31.
BEEBY A, 1998. Direction of translation (directionality) [C]//BAKER M. Routledge Encyclopedia of translation studies. London/New York: Routledge: 63 - 67.
BELIANKOU A, KÖHLER R, NAUMANN S, 2013. Quantitative properties of argumentation motifs[C]//OBRADOVI I. ?, KELIH E, K? HLER R. Methods and applications of quantitative linguistics: selected papers of the VIIIth international conference on quantitative linguistics. Belgrade: Akademska Misao: 35 - 43.
BENJAMIN W, 1988. The task of the translator, illuminations, edited and with an introduction by Hannah Arendt. New York: Schocken Books.
BERMAN A, 2021. Translation and the trials of the foreign[M]// Venuti L. The translation studies reader. London &New York: Routledge: 247 - 260.
BIBER D, BARBIERI F, 2007. Lexical bundles in university spoken and written registers[J]. English for specific purposes, 26(3): 263 - 286.
BIBER D, JOHANSSON S, LEECH G, et al. 1999. Longman grammar of spoken and written English [M]. Harlow: Pearson Education.
BLACK M, 1977. An investigation into factors influencing the choice between the syllabic and contracted forms of is [J]. Studies in English usage: the resources of a present-day English corpus for linguistic analysis, (1): 171 - 182.
BLATT B, 2017. Men shout and women scream-at least in fiction. Wall street journal [P/OL]. https: //www. wsj. com/articles/men-shout-and-women-screamat-least-in-fiction-1489677795.
BLEI D M, NG A Y, JORDAN M I, 2003. Latent dirichlet allocation [J]. Journal of machine learning research, 3: 993 - 1022.
BONDI M, SCOTT M, 2010. Keyness in texts [M]. Amsterdam: Benjamins.
BORBÉLY G, KORNAI A, 2019. Sentence length[J]. arXiv preprint arXiv: 1905. 09139

BORODA M G, 1982. Die melodische elementareinheit [J]//Orlov, J. K., BORODA, NADAREJŠVILI, Sprache, text, kunst, quantitative analysen (in German). Bochum: Brockmeyer: 205 - 222.

BREEZE R, 2019. Part-of-speech patterns in legal genres: text-internal dynamics from a corpus-based perspective [C]//Corpus-based research on variation in English legal discourse. John Benjamins: 79 - 103.

BREIMAN L, 2001. Random forests [J]. Machine learning, 45(1): 5 - 32.

BURROWS J F, HASSALL A J, 1988. Anna Boleyn and the authenticity of Fielding's feminine narratives [J]. Eighteenth century studies (21): 427 - 453.

BURROWS J F, 1992. Computers and the study of literature[M]//BUTLER C S. Computers and written texts. Oxford: Blackwell.

BURROWS J F, 1987. Word patterns and story shapes: the statistical analysis of narrative style [J]. Journal of the association for literary and linguistic computing, 2 (2): 61 - 70.

CAMPBELL S, 1998. Translation into the second language [M]. London: Longman.

CAMPBELL S, 2014. Translation into the second language [M]. London and New York: Routledge.

CASANAVE C P, 1994. Language development in students' journals [J]. Journal of second language writing, 3(3): 179 - 201.

CASTRO D C, ARCIA Y A, BRIOSO M P, et al., 2015. Authorship verification, average similarity analysis [C]//Proceedings of the international conference recent advances in natural language processing: 84 - 90.

ČECH R, VINCZE V, ALTMANN G, 2017. On motifs and verb valency[M]// LIU H T, LIANG J Y. Motifs in language and text. Berlin: de Gruyter: 13 - 36.

CHASKI C E, 2001. Empirical evaluations of language-based author identification techniques [J]. International journal of speech, language and the law, 8(1): 1 - 65.

CHEN H, LIANG J Y, 2017. Chinese word length motif and its evolution [M]//LIU H T, LIANG J Y. Motifs in language and text[M]. Berlin: de Gruyter: 37 - 64.

CHEN R N, 2017. Quantitative text classification based on POS-motifs[M]. //LIU H T, LIANG J Y. Motifs in language and text[M]. Berlin: de Gruyter: 65 - 84.

CLAYMAN D, 1981. Sentence length in Greek hexameter poetry[J]. Hexameter studies: quantitative linguistics (11): 107 - 136.

CONSTANTINA S, 2008. Stylochronometry: stylistic development, sequence of composition, and relative dating [J]. Literary & linguistic computing (2): 181 - 199.

CROSSLEY S A, KYLE K, MCNAMARA D S, 2016. The tool for the automatic analysis of text cohesion (TAACO): automatic assessment of local, global, and text cohesion[J]. Behavior research methods, 48(4): 1227 - 1237.

CRYSTAL D, DEREK D, 1969. Investigating English style [M]. London: Longmans: 143.

EFRON B, THISTED R, 1976. Estimating the number of unseen species: how many words did Shakespeare know? Biometrika, 63 (3): 435 - 447.

EL-DAKHS D, 2016. The lexical knowledge and avoidance of phrasal verbs: the case of Egyptian learners of English [J]. International journal of applied linguistics and English literature, 5(1): 132 - 144.

EL-FIQI H, Petraki E, Abbass HA, 2019. Network motifs for translator stylometry identification [J]. PLoS One, 14(2): e0211809.

ELLEGARD A, 1962. A statistical method for determining authorship: the junius letters [M]. Gothenburg: University of Gothenburg: 1769 - 1772.

FANG Y, 2017. L-motif TTR for authorship identification in hongloumeng and its translation [M]//LIU H T, LIANG J Y. Motifs in language and text. Berlin: de Gruyter: 87 - 108.

FISHER R A, CORBE A S, WILLIAMS C B, 1943. The relation between the number of species and the number of individuals in a random sample of an animal population [J]. Journal of animal ecology, 12(1), 42 - 58.

GAMON M, 2004. Linguistic correlates of style: authorship classification with deep linguistic analysis features [C]// Proceedings of the 20th international conference on computational linguistics. Geneva: COLING: 611 - 617.

GARCÍA A M, MARTÍN J C, 2007. Function words in authorship attribution studies [J]. Literary and linguistic computing, 22, (1): 49 - 66.

GARDNER D, DAVIES M, 2007. Pointing out frequent phrasal verbs: a corpus-based analysis [J]. TESOL quarterly, 41(2): 339 - 359.

GERARD L, THOMAS M, 1994. Shakespeare, Fletcher, and the two noble kinsmen [J]. Literary and linguistic computing, 9(3): 235 - 248.

GOMAA W H, FAHMY A A. A Survey of text similarity approaches [J]. International journal of computer applications, 2013, 68(13): 13 - 18.

GORAN KJELLMER, 1998. On contraction in modern English [J]. Studia neophilologica, (69): 155 - 186.

GRAHAM, A C, 1968. Poems of late T'ang [M]. Baltimore: Penguin Books.

GRIEVE J, 2007. Quantitative authorship attribution: an evaluation of techniques [J]. Literary and linguistic computing, 22(3): 251 - 270.

GRZYBEK P, KELIH E, 2005. Towards a general model of grapheme frequencies in Slavic languages [J]. Computer treatment of Slavic and east European languages: 73 - 87.

HALVERSON S, 2017. Gravitational pull in translation: testing a revised model [C]// DE SUTTER G., LEFER M. A., DELAERE I. Empirical translation studies: new methodological and theoretical traditions. Berlin: de Gruyter: 9 - 47.

HALVERSON S, 2003. The cognitive basis of translation universals [J]. Target, 15(2): 197 - 241.

HAREIDE L, 2017. Is there gravitational pull in translation: a corpus-based test of the gravitational pull hypothesis on the language pairs Norwegian-Spanish and English-Spanish [C]//JI MENG, HAREIDE L, LI D, et al. Corpus methodologies explained: an empirical approach to translation studies. London: Routledge: 198 - 241.

HEEB H A, 2016. Professional translators' self-concepts and directionality: Indications from translation process research [J]. The journal of specialized translation (25): 74 - 88.

HERDAN G, 1966. The advanced theory of language as choice and chance [M]. Berlin/Heidelberg: Springer-Verlag.

HOFMANN T, 1999. Probabilistic latent semantic analysis [C]// Proceedings of the 15th conference on uncertainty in artificial intelligence.

HOLMES D I, FORSYTH R S, 1995. The federalist revisited: new directions in authorship attribution, literary and linguistic computing, 10(2): 111 - 127.

HOLMES D I, 1992. A stylometric analysis of Mormon scripture and related texts [J]. Journal of the royal statistical society, 155 (1): 91 - 120.

HOLMES D I, 1994. Authorship attribution[J]. Computers and the humanities (28): 87 - 106.

HOU R, HUANG C R, Do H S, et al., 2017. A study on correlation between Chinese sentence and constituting clauses based on the menzerath-altmann law [J]. Journal of quantitative linguistics, 24(4): 350 - 366.

HOUVARDAS, J, STAMATATOS E, 2006. N-gram feature selection for authorship identification [C]// EUZENAT, J, DOMINGUE, J. Artificial intelligence: methodology, systems, and applications. AIMSA: 77 - 86.

HUANG W, 2021. On the stability of statistical characteristics of script complexity in the simplification of Chinese characters structure [J]. Applied linguistics (1): 53 - 64.

HUANG W, 2017. Length motifs of words in traditional and simplified Chinese scripts [M]// LIU H T, LIANG J Y. Motifs in language and text. Berlin: de Gruyter: 109 - 132.

HUNT K W, 1970. Syntactic maturity in schoolchildren and adults [J]. Monographs of the society for research in child development, 35(1): iii - 67.

JI M, 2009. Phraseology and idiomaticity: a progress report on a corpus-based study of two contemporary Chinese versions of cervantes' don quixote [M]// HU, K. B. Translation and interdisciplinary studies. Beijing: Foreign Language Teaching and Research Press: 184 - 190.

JIANG Y, MA R M, 2022. Does menzerath-altmann law hold true for translational language: evidence from translated English literary texts [J]. Journal of quantitative linguistics, 29(1): 37 - 61.

JING Y Q, LIU H T, LIANG J Y, 2017. Dependency distance motifs in 21 indo-European languages [M]. //LIU H T, LIANG J Y, Motifs in language and text Berlin: de Gruyter: 133 - 150.

JURAFSKY D, MARTIN J H, 2000. Speech and language processing: an introduction to natural language processing, computational linguistics and speech recognition [M]. Prentice Hall.

KAISSE E M, 1983. The syntax of auxiliary reduction in English [J]. Language (59): 93 - 122.

KASTER A, SIERSDORFER S, WEIKUM G. 2005. Combining text and linguistic document representations for authorship attribution [C]//SIGIR workshop: stylistic analysis of text for information access: 27 - 35.

KENNY A, 1986. A stylometric study of the New Testament. Oxford University Press.

KEŠELJ V, PENG F, CERCONE N, et al. 2003. N-gram-based author profiles for authorship attribution [C]//Proceedings of the conference pacific association for computational linguistics: 255 - 264.

KESELJ V, PENG F, CERCONE N, et al. , 2003. N-gram based author profiles for authorship attribution [C] //In proceedings of the pacific association for computational linguistics: 255 - 264.

KHOSLA S, ACHARYA H, 2018. Identifying syntactic transformations through POS tag distribution in two languages [J]. International journal of applied engineering research, 13(18), 13911 - 13918.

KING, HAROLD V, 1970. On blocking the rules for contraction in English [J]. Linguistic inquiry (1): 134 - 136.

KJELL B, ADDISON W W, Frieder O, 1994. Discrimination of authorship using visualization [J]. Information processing & management, 30(1): 141 - 150.

KLEIN D, MANNING C D, 2003. Accurate unlexicalized parsing [C]// Proceedings of the 41st annual meeting of the association for computational linguistics：423 – 430.

KOCHER M，SAVOY J，2019. Evaluation of text representation schemes and distance measures for authorship linking [J]. Digital scholarship in the humanities，34(1)：189 – 207.

KÖHLER R，NAUMANN S，2009. A contribution to quantitative studies on the sentence level [M]//KÖHLER R，Issues in quantitative linguistics. lüdenscheid：RAM-Verlag：34 – 57.

KÖHLER R，NAUMANN S，2010. A syntagmatic approach to automatic text classification. Statistical properties of F-motifs and L-motifs as text characteristics [M]// GRZYBEK P，KELIH E，MAČUTEK J. Text and language. Vienna：Praesens Verlag：81 – 89.

KÖHLER R，2015. Linguistic motifs[M]//GEORGIOS，MAČUTEK，Sequences in language and text. Berlin，Boston：de Gruyter：89 – 108.

KÖHLER R，2008. Sequences of linguistic quantities report on a new unit of investigation [J]. Glottotheory，1(1)：115 – 119.

KÖHLER R，2006. The frequency distribution of the lengths of length sequences [M]// FAVETE L. Studies in honour of Victor Krupa：145 – 152.

KÖHLER R，2008. Word length in text：a study in the syntagmatic dimension [M]// MISLOVIČOVÁ S. Jazyk a jazykoveda v pohybe. Bratislava：Veda：416 – 421.

KYLE K，2016. Measuring syntactic development in L2 writing：fine grained indices of syntactic complexity and usage-based indices of syntactic sophistication [D]. Georgia：Georgia State University.

LAAN N M，1995. Stylometry and method：the case of euripides [J]. Literary and linguistic computing，10(4)：271 – 278.

LANDAUER T K，DUMAIS S T，1997. A solution to Plato's problem：the latent semantic analysis theory of acquisition，induction，and representation of knowledge [J]. Psychological review，104(2)：211 – 240.

LANGLOIS J，2021. When linguistics meets computer science：stylometry and professional discourse [J]. Training，language and culture，5(2)：51 – 61.

LEECH G，GARSIDE R，ATWELL E S，1983. The automatic grammatical tagging of the LOB corpus [J]. International computer archive of modern and medieval English journal(7)：13 – 33.

LEECH G，2004. Recent grammatical change in English：data，description，theory [J]. Language and computers：61 – 81.

LEFERA M A，DE SUTTERB G，2022. Using the gravitational pull hypothesis to explain patterns in interpreting and translation：the case of concatenated nouns in mediated European parliament discourse [J]. Mediated discourse at the European parliament: 133.

LEHTONEN M, 2015. On sentence length distribution as an authorship attribute [M]//KIM K J. Information science and applications. Springer, Berlin: Heidelberg: 811 - 818.

LIU H T, LIANG J Y, 2017. Motifs in Language and text. Berlin: Walter de Gruyter GmbH & Co KG.

LIU K L, AFZAAL M, 2021. Syntactic complexity in translated and non-translated texts: a corpus-based study of simplification [J]. Plos one, 16 (6): e0253454.

LIU K, LIU Z, Lei L, 2022. Simplification in translated Chinese: an entropy-based approach [J]. Lingua(275): 103364.

LIU M, 2021. Towards a part-of-speech (PoS) gram approach to academic writing: a case study of research introductions in different disciplines [J]. Lingua (254): 103052.

LIU Y, XIAO T J, 2020. A stylistic analysis for Gu Long's kung fu novels [J]. Journal of quantitative linguistics, 27(1): 32 - 61.

LONSDALE A B, 2004. Direction of translation (directionality) [A]// Baker M. Routledge encyclopedia of translation studies [C]. London: Routledge: 63 - 64.

LÓPEZ-ANGUITA R, MONTEJO-RÁEZ A, DÍAZ-GALIANO M C, 2018. Complexity measures and POS n-grams for author identification in several languages [C]. https: //ceur-ws. org/Vol-2125/paper _ 95. pdf

LU X F, 2010. Automatic analysis of syntactic complexity in second language writing [J]. International journal of corpus linguistics, 15(4): 474 - 496.

LU X F, 2011. A corpus-based evaluation of syntactic complexity measures as indices of college-level ESL writers' language development [J]. TESOL quarterly, 45(1): 36 - 62.

MANNION D, DIXON P, 1997. Authorship attribution: the case of Oliver Goldsmith[J]. Journal of the royal statistical society: series D (the statistician), 46(1): 1 - 18.

MANOUSAKIS N, STAMATATOS E, 2018. Devising rhesus: a strange collaboration between Aeschylus and Euripides [J]. Digital scholarship in the humanities, 33(2): 347 - 361.

MARCO J, 2021. Testing the gravitational pull hypothesis on modal verbs expressing obligation and necessity in Catalan through the COVALT corpus [J]. Empirical studies in translation and discourse(14): 27 - 52.

MARMARIDOU S, 1996. Directionality in translation processes and practices [J].

International journal of translation studies, 8(1): 49 - 73.

MEALAND D L, 1995. Correspondence analysis of Luke [J]. Literary and linguistic computing, 10(3): 171 - 182.

MENDENHALL T C, 1887. The characteristic curves of composition [J]. Science, 9(214): 237 - 246.

MENZERATH P, 1954. The architecture of German vocabulary [M]. Bonn: Dümmler.

MERRIAM T, 1982. The authorship of sir Thomas More. ALLC Bulletin, (10): 1 - 7.

MERRIAM T, 1980. What Shakespeare wrote in Henry VIII (Part 2): the bard, (2): 111 - 118.

MERRIAM T, 1979. What Shakespeare wrote in Henry VIII (Part 1): the bard, (2): 81 - 94.

MIKOLOV T, SUTSKEVER I, CHEN K, et al. 2013. Distributed representations of words and phrases and their compositionality [C]// Advances in neural information processing systems (NIPS 2013): 3111 - 3119.

MILIČKA J. 2015. Is the distribution of l-motifs inherited from the word lengths distribution? [M]// MIKROS G K, MAČUTEK J. Sequences in language and text. Berlin: de Gruyter: 86 - 93.

MORTON A Q, 1965. The authorship of Greek prose [J]. Journal of the royal statistical society. series a (general), 128(2): 169 - 233.

MORTON A Q, 1978. Literary detection. New York: Scribners.

MOSTELLER F, WALLACE D L, 1963. Inference in an authorship problem: a comparative study of discrimination methods applied to the authorship of the disputed federalist papers [J]. Journal of the American statistical association, 58 (302): 275 - 309.

MOSTELLER F, WALLACE D L, 1964. Inference and disputed authorship: the federalist paper [M]. Reading, MA: Addison - Wesley.

NEAL T, SUNDARARAJAN K, FATIMA A, et al., 2017. Surveying stylometry techniques and applications [J]. ACM Computing surveys, 50(6): 1 - 36.

NEWMARK P, 1988. A textbook of translation [M]. New York: Prentice Hall.

OLOHAN M, 2003. How frequent are the contractions? a study of contracted forms in the translational English corpus [J]. Target (15): 59 - 89.

OMAR A, IBRAHIM E B, ALI M, 2019. Authorship attribution revisited: the problem of flash fiction a morphological-based linguistic stylometry approach [J]. Arab world English journal (10): 528 - 530.

PABLO Á, ARAQUE O, IGLESIAS C A, 2020. Radical text detection based on stylometry [C]// Proceedings of the 6th international conference on information systems security and privacy, Valletta: Malta: 524 - 531.

PANDE H, DHAMI H S, 2015. Determination of the distribution of sentence length frequencies for Hindi language texts and utilization of sentence length frequency profiles for authorship attribution [J]. Journal of quantitative linguistics, 22(4): 338 - 348.

PAVLOVIĆ N, ANTUNOVIC G, 2013. The effect of interpreting experience on distance dynamics: testing the literal translation hypothesis [J]. Translation and interpreting studies, 8(2): 233 - 252.

PAVLOVIĆ N, 2007. Directionality in collaborative translation processes: a study of novice translators [D]. Thesis tarragona: Universitat Rovira i Virgili.

PAVLOVIĆ T, 2013. Exploring directionality in translation studies [J]. Explorations in English language and linguistics, 1(2): 149 - 165.

PAWLOWSKI A, 2010. Language in the line vs. language in the mass: on the efficiency of sequential modelling in the analysis of rhythm [EB/OL]. Journal of quantitative linguistics: 70 - 77.

PEDERSEN V H, 2000. Translation into L2: in practice, and in the classroom [J]//GROSMAN M, KADRIC M, I. KOVAĆIĆ I. Y M, et al. Translation into non-mother tongues: in professional practice and training. Tubinga: Stauffenburg Verlag: 109 - 116.

PENG F, SHUURMANS F, KESELJ V, et al., 2003. Language independent authorship attribution using character level language models [C]. Proceedings of the 10th European association for computational linguistics.

POKORN N K, 1998. Translation into a non-mother tongue in translation theory: deconstruction[C]//Translation in context: selected contributions from the EST congress, Granada: John Benjamins Publishing (39): 61.

POKORN N K, 2005. Challenging the traditional axioms: translation into a non-mother tongue [M]. Amsterdam: John Benjamins Publishing.

POKORN N, BLAKE J, REINDL D, et al., 2020. The influence of directionality on the quality of translation output in educational settings [J]. The interpreter and translator trainer, 14(1): 58 - 78.

POKORN N, 2016. Is it so different? competences of teachers and students in L2 translation classes [J]. Rivista internazionale di tecnica della traduzione (18): 31 - 48.

POKOU Y J M, FOURNIER-VIGER P, MOGHRABI C, 2016. Authorship

attribution using variable length part-of-speech patterns[C]//ICAART (2): 354 - 361.

POPESCU I I, MAČUTEK J, ALTMANN G. 2009. Aspects of word frequencies [M]. Lüdenscheid: RAM-Verlag.

OAKES M P, JI M, 2012. Quantitative methods in corpus-based translation studies: a practical guide to descriptive translation research[M]. Amsterdam: John Benjamins Publishing.

ROVENCHAK A, BUK S, 2018. Part-of-speech sequences in literary text: evidence from Ukrainian [J]. Journal of quantitative linguistics, 25(1): 1 - 21.

RYBICKI J, Heydel M, 2013. The stylistics and stylometry of collaborative translation: Woolf's night and day in polish [J]. Literary and linguistic computing, 28(4): 708 - 717.

RYBICKI J, 2012. The great mystery of the (almost) invisible translator [M]// Quantitative methods in corpus-based translation studies: a practical guide to descriptive translation research: 232 - 248.

SALTON G, WONG A, YANG C S, 1975. A vector space model for automatic indexing [J]. Communications of the ACM, 18(11): 613 - 620.

SANADA H, 2010. Distribution of motifs in Japanese texts [M] // GRZYBEK P, KELIH E, MAČUTEK J. Text and language: structures, functions, interrelations, quantitative perspectives. Wien: Praesens: 183 - 194.

SAVOY J, 2020. Machine learning methods for stylometry[M]. Switzerland: Springer International Publishing.

SAYAHEEN B, DARWISH I, 2020. Revisiting directionality in translation studies [J]. Jordan journal of modern languages and literatures, 12(1): 123 - 37.

SCHILS E, HAAN P, 1993. Characteristics of sentence length in running text [J]. Literary and linguistic computing, 8(1): 20 - 26.

SCHUSTER T, SCHUSTER R, SHAH D J, et al., 2020. The limitations of stylometry for detecting machine-generated fake news [J]. Computational linguistics, 46(2): 499 - 510.

SCHWARZ W, 1963. The history of principles of Bible translation in the western world [J]. Babel, 9(1 - 2): 5 - 22.

SCOTT M, 1997. PC analysis of key words-and key keywords [J]. System, 25 (2): 233 - 245.

SCUDDER H H, 1923. Sentence length[J]. The English journal, 12(9): 617 - 620.

SHUTTLEWORTH M, COWIE M, 1997. Dictionary of translation studies [M].

Manchester: St. Jerome.

SICHEL H S, 1975. On a distribution law for word frequencies [J]. Journal of the American statistical association, 70(351a): 542 - 547.

SICHEL H S, 1974. On a distribution representing sentence-length in written prose[J]. Journal of the royal statistical society: series a (general), 137(1): 25 - 34.

SIDOROV G, VELASQUEZ F, STAMATATOS E, et al., 2014. Syntactic n-grams as machine learning features for natural language processing [J]. Expert systems with applications, 41(3): 853 - 860.

SIGURD B, EEG-OLOFSSON M, VAN WEIJER J, 2004. Word length, sentence length and frequency: Zipf revisited [J]. Studia linguistica, 58(1): 37 - 52.

SILVA, T, 1993. Toward an understanding of the distinct nature of L2 writing: the ESL research and its implications [J]. TESOL quarterly (27): 657 - 675.

SIYANOVA A, SCHMITT N, 2007. Native and nonnative use of multi-word vs. one-word verbs [J]. International review of applied linguistics in language teaching, 45(2): 119 - 139.

SMITH M W A, 1985. An investigation of the basis of morton's method for the determination of authorship [J]. Style: 341 - 368.

SMITH, M W A, 1985. An investigation of Morton's method to distinguish Elizabethan playwrights [J]. Computers and the humanities, 19 (1): 3 - 21.

SMITH M W A, 1987. Hapax legomena in prescribed positions: an investigation of recent proposals to resolve problems of authorship[J]. Literary and linguistic computing, 2(3): 145 - 152.

SMITH, M W A, 1987. Merriam's application of morton's method[J]. Computers and the humanities, (21): 59 - 60.

SMITH, M W A, 1986. The authorship controversy of sir Thomas More: an analysis of the arguments [J]. Literary and linguistic computing, (1): 106 - 108.

STAMOU C, 2007. Stylochronometry: stylistic development, sequence of composition, and relative dating [J]. Literary and linguistic computing, 23(2): 181 - 199.

STRUBE M, PONZETTO S P, 2006. WikiRelate! computing semantic relatedness using wikipedia [C]//Proceedings of the 21st national conference on artificial intelligence.

STUART L M, TAZHIBAYEVA S, WAGONER A R, et al. 2013. On identifying authors with style [C]//2013 International conference on systems, man, and cybernetics: 3048 - 3053.

SZWED P, 2017. Authorship attribution for polish texts based on part of speech tagging [C]//International conference: beyond databases, architectures and structures. Springer, Cham: 316 – 328.

SZWED P, 2017. Stylometric features for authorship attribution of polish texts [C]//International conference on artificial intelligence and soft computing. Springer, Cham: 171 – 182.

TALLENTIRE D R, 1973. Towards an archive of lexical norms: a proposal[C]. AITKEN, BAILEY, HAMILTON-SMITH. The computer and literary style. Edinburgh: Edinburgh University Press.

THISTED R, Efron B, 1987. Did Shakespeare write a newly-discovered poem? [J]. Biometrika, 74(3): 445 – 455.

VENUTI L, 1995. The translator's invisibility. London, New York: Routledge.

WAKE W C, 1957. Sentence-length distributions of Greek authors [J]. Journal of the royal statistical society: series a (general), 120(3): 331 – 346.

WALEY, ARTHUR, 1963. The secret history of the mongols and other pieces [M]. London: Allen & Unwin.

WANG B, 2011. Lu Xun's fiction in English translation: the early years [D]. Hong Kong: University of Hong Kong.

WANG Q, Li D F, 2011. Looking for translator's fingerprints: a corpus-based study on Chinese translations of Ulysses [J]. Literary and linguistic computing, 27(1): 81 – 93.

WANG Y Q, 2017. Quantitative genre analysis using linguistic motifs [M]// LIU H T, LIANG J Y. Motifs in language and text. Berlin: de Gruyter: 165 – 180.

WARD E Y E, VALENZA R J V, 2000. Can the Oxford candidacy be saved? a response to W. Ron Hess, Shakespeare's dates: their effect on stylistic analysis. The Oxfordian, (3): 71 – 97.

WHYATT B, KO? CIUCZUK T, 2013. Translation into a non-native language: the double life of the native-speakership axiom [J]. Translation journal (5): 60 – 79.

WIERSZYCKA, J, 2013. Phrasal verbs in learner English a semantic approach: a study based on POS tagged spoken corpus of learner English [J]. Research in corpus linguistics(1): 81 – 93.

WILLIAMS C B, 1940. A note on the statistical analysis of sentence-length as a criterion of literary style [J]. Biometrika, 31(3/4): 356 – 361.

XU J, LI J, 2021. A syntactic complexity analysis of translational English across genres [J]. Across languages and cultures, 22(2): 214 – 232.

YAN J, 2017. The rank-frequency distribution of part-of-speech motif and dependency motif in the deaf learners' compositions[M]// LIU H T, LIANG J

Y. Motifs in language and text. Berlin: de Gruyter: 181－200.

YANG J, 2017. Quantitative properties of polysemy motifs in Chinese and English [M]// LIU H T, LIANG J Y. Motifs in language and text. Berlin: de Gruyter: 201－216.

YORIO C A, 1989. Idiomaticity as an indicator of second language proficiency [J]. Bilingualisam across the lifespan: 55－72.

YUE M, Sun B, 2021. Translationese and interlanguage in inverse translation: a case study[J]. Across languages and cultures, 22(1): 45－63.

YULE G U, 1938. On sentence-length as a statistical characteristic of style in prose, with application to two cases of disputed authorship[J]. Biometrika (30): 363－390.

YULE G U, 1944. The statistical study of literary vocabulary[M]. Cambridge: Cambridge University Press.

ZAHEDI S, 2013. L2 translation at the periphery: a meta-analysis of current views on translation directionality [J]. A journal of translation and cultural studies, 5(1－2): 43－60.

ZHANG C, 2017. The words and f-motifs in the modern Chinese versions of the gospel of mark[M]//LIU H T, LIANG J Y. Motifs in language and text. Berlin: de Gruyter: 217－230.

ZHANG H, LIU H, 2017. Motifs of generalized valencies[M]//LIU H T, LIANG J Y. Motifs in language and text. Berlin: de Gruyter: 232－255.

Zhao Y, Zobel J, 2005. Effective and scalable authorship attribution using function words[C]//Asia information retrieval symposium. Berlin, Heidelberg: Springer: 174－189.

ZHENG R, LI J, CHEN H, et al., 2006. A framework for authorship identification of online messages: writing-style features and classification techniques[J]. Journal of the American society for information science and technology, 57(3): 378－393.

ZIPF G K, 1932. Selected studies of the principle of relative frequency in language [M]. Cambridge: Harvard University Press.

ZIPF G K, 1949. Human behavior and the principle of least effort: an introduction to human ecology [M]. Cambridge: Addison-Wesley.

ZWICKY, ARNOLD M, 1970. Auxiliary reduction in English [J]. Linguistic inquiry (1): 323－336.

附　录

附录 A　CLAWS 词性赋码集

标记符号	意义
APPGE	possessive pronoun, pre-nominal(my, your, our)
AT	article(the, no)
AT1	singular article(a, an, every)
BCL	before-clause marker[in order (that), in order (to)]
CC	coordinating conjunction(and, or)
CCB	adversative coordinating conjunction(but)
CS	subordinating conjunction(if, because, unless, so, for)
CSA	as (as conjunction)
CSN	than (as conjunction)
CST	that (as conjunction)
CSW	whether (as conjunction)
DA	after-determiner or post-determiner capable of pronominal function (such, former, same)
DA1	singular after-determiner (little, much)
DA2	plural after-determiner (few, several, many)
DAR	comparative after-determiner (more, less, fewer)
DAT	superlative after-determiner (most, least, fewest)
DB	before determiner or pre-determiner capable of pronominal function (all, half)
DB2	plural before-determiner(both)
DD	determiner (capable of pronominal function) (any, some)
DD1	singular determiner (this, that, another)

续表

标记符号	意义
DD2	plural determiner (these, those)
DDQ	wh-determiner (which, what)
DDQGE	wh-determiner, genitive (whose)
DDQV	wh-ever determiner, (whichever, whatever)
EX	existential there
FO	formula
FU	unclassified word
FW	foreign word
GE	germanic genitive marker - (' or's)
IF	for (as preposition)
II	general preposition
IO	of (as preposition)
IW	with, without (as prepositions)
JJ	general adjective
JJR	general comparative adjective (older, better, stronger)
JJT	general superlative adjective (oldest, best, strongest)
JK	catenative adjective (able in be able to, willing in be willing to)
MC	cardinal number, neutral for number (two, three...)
MC1	singular cardinal number (one)
MC2	plural cardinal number (sixes, sevens)
MCGE	genitive cardinal number, neutral for number (two's, 100's)
MCMC	hyphenated number (40 - 50, 1770 - 1827)
MD	ordinal number (first, second, next, last)
MF	fraction, neutral for number (quarters, two-thirds)
ND1	singular noun of direction (north, southeast)
NN	common noun, neutral for number (sheep, cod, headquarters)
NN1	singular common noun (book, girl)
NN2	plural common noun (books, girls)
NNA	following noun of title (M. A.)
NNB	preceding noun of title (Mr. , Prof.)

续表

标记符号	意义
NNL1	singular locative noun (Island, Street)
NNL2	plural locative noun (Islands, Streets)
NNO	numeral noun, neutral for number (dozen, hundred)
NNO2	numeral noun, plural (hundreds, thousands)
NNT1	temporal noun, singular (day, week, year)
NNT2	temporal noun, plural (days, weeks, years)
NNU	unit of measurement, neutral for number (in, cc)
NNU1	singular unit of measurement (inch, centimetre)
NNU2	plural unit of measurement (ins. , feet)
NP	proper noun, neutral for number (IBM, Andes)
NP1	singular proper noun (London, Jane, Frederick)
NP2	plural proper noun (Browns, Reagans, Koreas)
NPD1	singular weekday noun (Sunday)
NPD2	plural weekday noun (Sundays)
NPM1	singular month noun (October)
NPM2	plural month noun (Octobers)
PN	indefinite pronoun, neutral for number (none)
PN1	indefinite pronoun, singular (anyone, everything, nobody, one)
PNQO	objective wh-pronoun (whom)
PNQS	subjective wh-pronoun (who)
PNQV	wh-ever pronoun (whoever)
PNX1	reflexive indefinite pronoun (oneself)
PPGE	nominal possessive personal pronoun (mine, yours)
PPH1	3rd person sing. neuter personal pronoun (it)
PPHO1	3rd person sing. objective personal pronoun (him, her)
PPHO2	3rd person plural objective personal pronoun (them)
PPHS1	3rd person sing. subjective personal pronoun (he, she)
PPHS2	3rd person plural subjective personal pronoun (they)
PPIO1	1st person sing. objective personal pronoun (me)
PPIO2	1st person plural objective personal pronoun (us)

续表

标记符号	意义
PPIS1	1st person sing. subjective personal pronoun (I)
PPIS2	1st person plural subjective personal pronoun (we)
PPX1	singular reflexive personal pronoun (yourself, itself)
PPX2	plural reflexive personal pronoun (yourselves, themselves)
PPY	2nd person personal pronoun (you)
RA	adverb, after nominal head (else, galore)
REX	adverb introducing appositional constructions (namely)
RG	degree adverb (very, so, too)
RGQ	wh- degree adverb (how)
RGQV	wh-ever degree adverb (however)
RGR	comparative degree adverb (more, less)
RGT	superlative degree adverb (most, least)
RL	locative adverb(alongside, forward)
RP	prep. adverb, particle (about, in)
RPK	prep. adv. , catenative (about in be about to)
RR	general adverb
RRQ	wh- general adverb (where, when, why, how)
RRQV	wh-ever general adverb (wherever, whenever)
RRR	comparative general adverb (better, longer)
RRT	superlative general adverb (best, longest)
RT	quasi-nominal adverb of time (now, tomorrow)
TO	infinitive marker (to)
UH	interjection (oh, yes, um)
VB0	be, base form (finite i. e. imperative, subjunctive)
VBDR	were
VBDZ	was
VBG	being
VBI	be, infinitive (To be or not... It will be...)
VBM	am
VBN	been

续表

标记符号	意义
VBR	are
VBZ	is
VD0	do, base form (finite)
VDD	did
VDG	doing
VDI	do, infinitive (I may do... To do...)
VDN	done
VDZ	does
VH0	have, base form (finite)
VHD	had (past tense)
VHG	having
VHI	have, infinitive
VHN	had (past participle)
VHZ	has
VM	modal auxiliary (can, will, would, etc.)
VMK	modal catenative (ought, used)
VV0	base form of lexical verb (give, work)
VVD	past tense of lexical verb (gave, worked)
VVG	-ing participle of lexical verb (giving, working)
VVGK	-ing participle catenative (going in be going to)
VVI	infinitive (to give... It will work...)
VVN	past participle of lexical verb (given, worked)
VVNK	past participle catenative (bound in be bound to)
VVZ	-s form of lexical verb (gives, works)
XX	not, n't
ZZ1	singular letter of the alphabet (A, b)
ZZ2	plural letter of the alphabet (A's, b's)

附录 B　句法特征集

指标类别	指标	指标意义
L2SCA 句法复杂度指标	MLS	平均句子长度
	MLC	平均子句长度
	MLT	平均 T 单位长度
	C/S	每句中的子句数量
	CN/C	每个子句中复杂名词性短语数量
	T/S	每句中 T 单位数量
	VP_T	每个 T 单位中动词短语数量
	C_T	每个 T 单位中子句数量
	DC_C	从属子句比率
	DC_T	T 单位中从属子句数量
	CT_T	复杂 T 单位比率
	CP_T	每个 T 单位中并列短语数量
	CP_C	每个子句中并列短语数量
	CN_T	每个 T 单位中复杂名词性短语数量
句长及其分布特征	ASL	平均句长
	SL-SD	句长标准差
	SL-RF-*a*	句长秩频分布模型 Hyperpoisson 参数 *a*
	SL-RF-*b*	句长秩频分布模型 Hyperpoisson 参数 *b*
	SL-LF-*k*	句长-频次概率分布模型 EPNB 参数 *k*
	SL-LF-*p*	句长-频次概率分布模型 EPNB 参数 *p*
小句长及其分布特征	ACL	平均小句长
	CL-LF-*p*	小句长-频次分布 SKH 模型参数 *p*
	CL-LF-*a*	小句长-频次分布 SKH 模型参数 *a*
	CL-RF-*a*	小句长秩频分布 Hyperpoisson 模型参数 *a*
	CL-RF-*b*	小句长秩频分布 Hyperpoisson 模型参数 *b*

续表

指标类别	指标	指标意义
F 动链相关特征	F-motif RF-a	F 动链秩频分布 拟合 Zipf-Mandelbrot 参数 a
	F-motif RF-b	F 动链秩频分布拟合 Zipf-Mandelbrot 参数 b
	F-motif LF-a	F 动链长度-频次拟合 Hyperpoisson 参数 a
	F-motif LF-b	F 动链长度-频次拟合 Hyperpoisson 参数 b
	F-motif AL	F 动链平均长度
	F-Motif NPS	每句中的平均 F-动链数
	F-Motif HP ratio	单现 F-动链占比
	F-motif TTR	F-动链动链型例比
POS 动链相关特征	POS Motif - LF - k_1	POS 动链长度-频次拟合模型参数 k(语篇为边界)
	POS Motif - LF - p_1	POS 动链长度-频次拟合模型参数 p(语篇为边界)
	POS Motif - LF - k_2	POS 动链长度-频次拟合模型参数 k(句子为边界)
	POS Motif - LF - p_2	POS 动链长度-频次拟合模型参数 p(句子为边界)
	POS Motif - RF - a	POS 动链 R-F 拟合参数 a
	POS Motif - RF - b	POS 动链 R-F 拟合参数 b
	POS Motif - LF - k_3	POS 动链长度频次拟合模型参数 k(小句为边界)
	POS Motif - LF - p_3	POS 动链长度频次拟合模型参数 p(小句为边界)
	POS - motif AL	POS 动链平均长度
	POS - Motif NPS	每句中的平均 POS 动链数
	POS - Motif HP ratio	单现 POS 动链占比
	POS - motif TTR	POS 动链动链型例比
	POS RF - k	POS 词类秩频分布拟合参数 k
	POS RF - m	POS 词类秩频分布拟合参数 m
离散句法特征	POS	见附录 CLAWS 词性赋码集

附录 C　短语动词词表(前 50)

位次	译出			译入		
	短语动词	频次	比例	短语动词	频次	比例
1	go out	59	0.0384	go on	60	0.0227
2	come back	47	0.0306	come back	48	0.0182
3	look up	35	0.0228	go out	43	0.0163
4	sit down	34	0.0221	come out	40	0.0151
5	stand up	32	0.0208	go back	39	0.0148
6	get up	28	0.0182	get up	33	0.0125
7	go back	28	0.0182	sit down	32	0.0121
8	go on	26	0.0169	turn out	31	0.0117
9	come out	24	0.0156	take up	24	0.0091
10	come in	24	0.0156	look up	24	0.0091
11	make up	18	0.0117	pick up	23	0.0087
12	cut off	18	0.0117	take back	22	0.0083
13	pick up	15	0.0098	set out	21	0.0080
14	lie down	14	0.0091	come down	21	0.0080
15	put up	14	0.0091	come up	19	0.0072
16	go in	14	0.0091	make out	18	0.0068
17	turn around	13	0.0085	come in	18	0.0068
18	turn out	13	0.0085	turn back	17	0.0064
19	take out	11	0.0072	cut off	17	0.0064
20	go up	11	0.0072	take on	17	0.0064
21	look out	11	0.0072	go up	17	0.0064
22	bring up	11	0.0072	set up	16	0.0061
23	walk on	10	0.0065	get back	16	0.0061
24	get out	9	0.0059	find out	15	0.0057
25	find out	9	0.0059	lie down	14	0.0053
26	take up	9	0.0059	put up	14	0.0053

续表

位次	译出			译入		
	短语动词	频次	比例	短语动词	频次	比例
27	rush out	9	0.0059	keep on	14	0.0053
28	take off	9	0.0059	end up	14	0.0053
29	put down	9	0.0059	get out	14	0.0053
30	kneel down	9	0.0059	stand up	12	0.0045
31	come up	9	0.0059	put out	12	0.0045
32	grow up	9	0.0059	go around	12	0.0045
33	give up	8	0.0052	give up	11	0.0042
34	make out	8	0.0052	go off	11	0.0042
35	come down	8	0.0052	coil up	11	0.0042
36	look around	8	0.0052	carry on	10	0.0038
37	carry on	8	0.0052	help out	10	0.0038
38	go over	7	0.0046	begin out	10	0.0038
39	turn back	7	0.0046	get off	10	0.0038
40	carry off	7	0.0046	look around	10	0.0038
41	break up	6	0.0039	walk off	9	0.0034
42	try up	6	0.0039	look back	9	0.0034
43	pull up	6	0.0039	worry about	9	0.0034
44	carry out	6	0.0039	grow up	9	0.0034
45	want out	6	0.0039	pick out	9	0.0034
46	bring in	6	0.0039	go down	9	0.0034
47	point out	6	0.0039	hold back	9	0.0034
48	go down	6	0.0039	take out	9	0.0034
49	let down	6	0.0039	work up	9	0.0034
50	call out	6	0.0039	call out	8	0.0030